KB119428

술에
밥 말아먹던
김부장은 어떻게
새사람이
됐을까?

술에 밥 말아먹던 김부장은 어떻게 새사람이 됐을까?

초 판 1쇄 2019년 01월 29일

지은이 김도사
펴낸이 류종렬

펴낸곳 미다스북스
총 괄 명상완
에디터 이다경

등록 2001년 3월 21일 제2001-000040호
주소 서울시 마포구 양화로 133 서교타워 711호
전화 02) 322-7802~3
팩스 02) 6007-1845
블로그 http://blog.naver.com/midasbooks
전자주소 midasbooks@hanmail.net
페이스북 https://www.facebook.com/midasbooks425

© 김도사, 미다스북스 2019, *Printed in Korea*.

ISBN 978-89-6637-639-1 03190

값 15,000원

미다스북스는 다음세대에게 필요한 지혜와 교양을 생각합니다.

술에 밥 말아먹던 김부장은 어떻게 새사람이 됐을까?

김도사 지음

미다스북스

마셔도 못 마셔도 괴로운 술!
술로부터 자유로워져라!

여수 발 서울행 열차. 3호차엔 한 남자만이 타고 있다. 승객이 없어서
일까? 아니다. 3호차의 승객들은 모두 이 칸 저 칸으로 흩어져 빈자리를
찾아 나섰다. 사람들을 모두 몰아내는 이 남자.

"우엑! 우에엑!"

만취한 이 남자는 3차까지 가면서 마셨던 술과 안주들을 앉은 자리에
서 끝도 없이 게워내고 있었다. 그 와중에서 자신을 내팽개치고 어디론
가 사라진 일행들을 원망하는 말들까지 함께 토해내고 있었다.

아침 일찍, 남자를 포함한 동호회 회원들은 즐거운 마음으로 열차에
올랐다. 관광을 하며 머리도 식히고 이름난 곳에서 맛있는 음식도 먹으
면서 친목을 다지자는 취지에서였다. 즐거운 하루를 마감하며 그들은 저
녁을 겸해 한 잔 하기로 의견을 모았다.

"의미 있는 모임을 위해 한 잔, 기분 좋은 하루를 위해 한 잔, 아름다웠던 풍경을 위해 한 잔, 맛있는 음식을 만들어주는 사람을 위해 한 잔, 그리고 술을 위해 한 잔!"

남자는 술에 강했다. 술에 약한 여성을 위해 흑기사까지 자청했다. 마냥 즐겁기만 했다. 화장실에 가기 위해 남자가 자리에서 일어섰을 때, 그는 비틀거렸다. 동료들이 부축하려 했지만 소가 꼬리로 파리를 쫓듯이 우아하게 밀쳐냈다.

문제는 그 다음에 일어났다. 화장실에 다녀와보니 일행들이 한 명도 없었다. 일하는 종업원에게 '아까 그 사람들 어디 갔느냐'고 물었다. 돌아오는 대답은 모르겠다는 말뿐이었다. 그는 어이가 없어 다시 들어가 물었다. 대답은 똑 같았다. 남자는 자기를 놀리는 거라 생각하고 한참을 기다렸지만 그들은 끝내 돌아오지 않았다. 할 수 없이 남자는 혼자서 돌아가기로 마음먹고 열차표를 끊었던 것이다.

'어떻게 그럴 수가 있단 말인가. 야속한 인간들. 내 다시는 그 인간들을 만나나 봐라.'

그러면서 내내 '우엑우엑', 열차에서 내릴 때쯤, 남자는 정신이 맑아졌다. 그제야 사람들의 따가운 시선이 느껴졌다. 붉어지는 얼굴을 숙이고 재빨리 역을 빠져나와 집으로 돌아왔다. 아내는 깜짝 놀랐다. 그도 그럴 것이 일행은 아직도 그곳에서 남자를 애타게 기다리고 있었다. 화장실에 간다던 남자가 몇 시간째 돌아오지 않으니 얼마나 걱정이 되었을지 알만하다. 어찌된 일인가. 그들은 2층에서 술을 마셨다. 그런데 남자는 1층에서 일행을 찾았던 것이다. 왜 1층에서 애타게 그들을 찾게 되었는지 뒤죽박죽. 도무지 기억이 나지 않는다.

　웃음이 나오는 이야기다. 그러나 그 뒤의 이야기를 들으면 심각해진다. 남자는 자주 필름이 끊기는 현상을 경험한다고 한다. 처음엔 그다지 심각하게 생각하지 않았는데 회식자리나 모임 같은 곳에서 실수를 하는 일이 많아졌다고 한다. 이제는 모임이 있고 난 다음날이면 또 무슨 실수나 하지 않았는지, 횡설수설 지껄여 누구에게 상처를 주지는 않았는지, 사람들을 대하기가 두렵다고 한다. 음주량을 줄여보려 별별 다짐을 하지만 취기가 오르면 그런 생각은 까마득히 잊고 술잔을 돌리고 있는 자신을 본다는 것이다. 그는 이제 술자리가 파하고도 한 잔 더 하자며 동료들을 붙잡는 바람에 '기피대상 1호'가 되었다. 남자는 술을 먹은 날이면 쓸쓸하게 혼자서 밤거리를 헤매다 새벽에 들어온다고 한다. 그러나 그 밤에 어떤 일이 있었는지 기억을 못하는 날이 많다.
　기억이 뚝 끊기는 현상, 블랙아웃은 술을 마신 후 흔히 '필름이 끊긴다'고 표현되는 단기기억상실을 가리키는 의학용어다. 이 상태에서는 대개 의도적이고 자발적인, 그리고 비교적 어려운 행위들까지도 수행할 수 있다. 그러나 음주 중 입력된 내용들을 전혀 기억하지 못하거나 시간이 지난 후에 기억해내는 데 어려움을 보인다. 그런데도 사람들이 그다지 심각하게 여기지 않는 이유는 무엇일까? 그것은 아마도 블랙아웃이 음주 직전 습득한 정보나 그 이전부터 가지고 있던 장기기억에는 큰 문제를 일으키지 않기 때문일 것이다. 그러나 자신도 모르는 사이에 싸움을 하고, 기물을 파손하는 등 폭력적이 되어 범죄를 저지르기도 한다. 최근 홍콩에서 가족을 살해한 혐의로 체포된 김모 씨는 '술에 취해 기억나지 않는다'고 진술해 충격을 안겼다. 또 돈을 함부로 사용하거나 필름이 끊긴 상태에서 운전을 하여 큰 사고를 당하기도 한다. 음주운전으로 시내버스와 부딪치고 도주하다가 택시까지 들이받은 뒤 경찰에 붙잡힌 임모 씨는 당시 혈중 알코올 농도 0.201%로 면허취소 수준이었다. 경찰 관계자는 '술을 좀 먹으면 순간 필름이 끊기는 그런 증세가 있었다고 한다'고 말했다. 한 기사에 따르면 음주운전의 재범률은 마약 동종 재범률인 32.3%보다 높은 44.7%에 육박한다. 음주운전 사상자 비용은 한해 7,600억 원에 다다른다.

블랙아웃은 과다한 알코올 섭취 시에 나타나는 누구나 경험할 수 있는 일이다. 그러나 블랙아웃은 해마의 신경세포 재생을 억제한다. 따라서 이런 일이 반복되면 기억력에 심각한 문제를 일으킬 수 있다. 간혹 뇌에 영구적인 손상이 와서 알코올성 치매로 발전하기도 한다.

'윤창호 법'을 들어보았는가? '윤창호 법'은 비극적인 사건에서 비롯되었다. 2018년 9월, 윤창호 씨가 군 복무 중 부산 해운대로 휴가를 나왔다가 음주운전 차량에 치여 뇌사상태에 빠졌다가 결국 22세의 나이로 사망했다. 이때 윤창호 씨의 지인들이 평소 윤 씨의 발언을 토대로 윤창호 법을 발의했으며 국회의원 104명이 이에 동의했다.

윤창호 법은 음주운전 처벌을 강화하고 음주운전 치사사고를 살인죄와 동급으로 처벌하는 도로교통법 일부개정법률과 특정범죄가중처벌 등에 관한 법률 일부개정법률이다. 특가법 개정법과 운전면허 결격사유와 취소·정지 규정은 2018년 12월에 시행되었으며, 도로교통법 개정법은 2019년에 시행된다.

– "윤창호 사건 뭐기에? 카투사 복무 중 음주운전 차량에 뇌사" 〈금강일보〉 2019.01.14

이 특가법에 따르면 음주운전 치사는 최소 3년형에서 무기징역이 된다. 사람을 다치게 하면 1년형에서 15년형까지 가능하다. 한마디로 '음주운전하면 패가망신'이라는 것이다.

나는 술을 좋아한다. 한때는 술이 나를 이끄는 삶을 살기도 했다. 감정이 조절되지 않은 상태에서 이상 행동을 보이기도 했지만 술을 끊고 싶지는 않았다. 대신 마시는 양과 속도를 조절하는 법을 익혔다. 천천히 마시고, 한 번 술을 마신 뒤 다음 술자리를 갖기까지 충분한 간격을 두었다. 그 결과 나는 술로부터 자유로워졌다. 쉽지 않았지만 그렇다고 어렵지도 않았다.

혼자의 힘으로 금주나 절제가 힘들다면 유튜브 채널 〈김도사TV〉, 〈네빌고다드TV〉를 구독하거나 네이버 카페 〈한국책쓰기1인창업코칭협회에〉 가입하면 보다 많은 도움을 받을 수 있다.

나는 이 한 권에 술에 관한 모든 것을 담았다. 누군가는 너무 많이 마셔 탈이고, 누군가는 너무 못 마셔 괴로운 술. 그들에게 이 책은 술술 익혀질 것이다.

2019년 1월
김도사

Contents ————————————————————————————————

1장
술의 노예가 되어버린 사람들

4장
일과 인생이 술술 풀리는 7가지 음주 원칙

5장
술을 다스리면 얻을 수 있는 인생의 선물들

세계보건기구(WHO)에서 개발한 검사방법으로 점수는 ⓐ는 0점, ⓑ 1점, ⓒ 2점, ⓓ 3점, ⓔ 4점으로 각 문항의 합계를 낸다.

1. 술을 얼마나 자주 마십니까?
   ⓐ 전혀 마시지 않는다   ⓑ 한 달에 한 번 미만   ⓒ 한 달에 2~4회
   ⓓ 1주일에 2~3회   ⓔ 1주일에 4회 이상

2. 평소 술을 마시는 날 몇 잔 정도나 마십니까?
   ⓐ 1~2잔 ⓑ 3~4잔 ⓒ 5~6잔 ⓓ 7~9잔 ⓔ 10잔

3. 한번 술을 마실 때, 소주 1병이나 맥주 4병 이상의 음주는 얼마나 자주 하십니까?
   ⓐ 전혀 없다   ⓑ 한 달에 한 번 미만   ⓒ 한 달에 한 번
   ⓓ 1주일에 한 번   ⓔ 매일

4. 지난 1년간, 술을 한번 마시기 시작하면 멈출 수 없다는 것을 안 때가 얼마나 자주 있었습니까?
   ⓐ 전혀 없다   ⓑ 한 달에 한 번 미만   ⓒ 한 달에 한 번
   ⓓ 1주일에 한 번   ⓔ 매일

5. 지난 1년간, 평소 같으면 할 수 있었던 일을 술 때문에 하지 못했던 적이 얼마나 자주 있었습니까?
   ⓐ 전혀 없다   ⓑ 한 달에 한 번 미만   ⓒ 한 달에 한 번
   ⓓ 1주일에 한 번   ⓔ 매일

6. 지난 1년간, 과음을 한 다음날 아침에 일을 하러 나가기 위해 해장술이 필요했던 적이 얼마나 자주 있었습니까?

   ⓐ 전혀 없다   ⓑ 한 달에 한 번 미만   ⓒ 한 달에 한 번

   ⓓ 1주일에 한 번   ⓔ매일

7. 지난 1년간, 술 마신 뒤에 죄책감이 들거나 후회를 한 적이 얼마나 자주 있습니까?

   ⓐ 전혀 없다 ⓑ 한 달에 한 번 미만 ⓒ 한 달에 한 번 ⓓ 1주일에 한 번 ⓔ 매일

8. 지난 1년간, 술 때문에 전날 일이 기억나지 않았던 적이 얼마나 자주 있습니까?

   ⓐ 전혀 없다 ⓑ 한 달에 한 번 미만 ⓒ 한 달에 한 번 ⓓ 1주일에 한 번 ⓔ 매일

9. 술로 인해 자신이나 다른 사람이 다친 적이 있습니까?

   ⓐ 없었다 ⓑ 있지만 지난 1년간은 없었다 ⓒ 지난 1년간 있었다

10. 주변 또는 의사가 당신의 음주에 대해 걱정하거나 술 끊기를 권유한 적이 있습니까?

   ⓐ 전혀 없다 ⓑ 한 달에 한 번 미만 ⓒ 한 달에 한 번 ⓓ 1주일에 한 번 ⓔ 매일

※결과 체크

: 총점 12점 이상이면 상습적 과음주자로 주의가 필요하며 15점 이상이면 문제 음주자, 25점 이상이면 알코올중독자로 볼 수 있다.

1. 자기연민에 잘 빠지며 술로 인해 이를 해결하려 한다
2. 혼자 마시는 것을 좋아한다.
3. 술 마신 다음날 해장술을 마신다.
4. 술기가 오르면 술을 계속 마시고 싶은 생각이 지배적이다.
5. 술을 마시고 싶은 충동이 일어나면 거의 참을 수가 없다.
6. 최근에 취중의 일을 기억하지 못하는 경우가 있다.
7. 대인관계나 사회생활에 술이 해로웠다고 느낀다.
8. 술로 인해 직업기능에 상당한 손상이 있다.
9. 술로 인해 배우자(보호자)가 나를 떠났거나 떠난다고 위협한다.
10. 술이 깨면 진땀, 손 떨림, 불안이나 좌절 혹은 불면을 경험한다.
11. 술이 깨면서 공포나 몸이 심하게 떨리는 것을 경험하거나 혹은 헛것을 보거나 헛소리를 들은 적이 있다.
12. 술로 인해 생긴 문제로 치료받은 적이 있다.

※결과 체크
: 위에서 제시한 12개 질문에서 3개 이상 "예"의 경우 알코올중독일 가능성이 높다. 4개 이상 "예"의 경우 알코올중독 상태로 인정될 수 있다. 특히 불안이나 공포 등 금단증상을 나타내는 11번이나 12번 문항에 해당되는 사람은 다른 문항에 해당되는 사람, 다른 문항의 결과에 상관없이 알코올중독으로 진단할 수 있다.

알코올중독 자가진단 테스트 ③

1. 해장술을 마신다.
2. 2,3일 술을 마시지 않으면 술을 마시기 위해 구실을 만든다.
3. 기분 나쁜 일이나 좋은 일이 생기면 해결을 우선하지 않고 술부터 마신다.
4. 술이 깰 때 식은땀이 흐르며 이유 없이 불안하다.
5. 음주로 인해 직장에 결근 또는 지각하는 일이 잦다.
6. 취했을 때 사건, 사고로 경찰서에 간 적이 있다.
7. 술을 감춰두고 몰래 마신다.
8. 음주 때 순간 '블랙아웃'을 자주 경험한다.
9. 음주 때 안주에 거의 손을 대지 않는다.
10. 수입 중 술값 지출이 많아 배우자(애인)와 불화를 일으키거나 생활에 지장을 받는다.
11. 음주운전을 한 경험이 다수이다.
12. 취중에 가족(배우자와 자녀)에게 사사로운 일로 폭언, 폭행을 행사한 적이 있다.
13. 대인관계 시 음주를 동반하는 경우가 많다.
14. 술로 인해 건강을 해쳐 의사의 경고를 들었음에도 불구하고 술을 계속 마신다.
15. 옛날에 비해 음주 횟수가 크게 증가했다.
16. 자신의 음주 습관에 심각한 문제가 있다고 생각해본 적이 있다.

※결과 체크

: 위 사항 중 단 하나라도 자신에게 적용된다면 알코올에 의존하고 있다고 보면 된다.
  당장 술을 끊거나 병원을 찾아 상담을 받아볼 필요가 있다.

"악마가 사람을 찾아다니기에 바쁠 때에는
그의 대리로 술을 보낸다."

— 프랑스 격언

1장

술의
노예가
되어버린
사람들

알코올중독으로
꼬여만 가는 내 인생

우리나라 사람들은 술을 즐기기보다 술에 집착한다. 대부분 술자리는 1차에서 끝나지 않고 2차, 3차로 이어진다. 그러다 보면 다양한 범죄에 노출되거나 주사로 인해 좋았던 관계에 금이 가기도 한다. 다음 날 아침이 되면 '블랙아웃(필름이 끊기는 현상)'으로 머릿속이 복잡하다. '그냥 1차에서 끝낼 걸.' 하는 후회가 떠나지 않는다.

직장생활을 잘하던 사람이 갑자기 추락하는 경우가 있다. 대부분 원활하지 못한 인간관계에서 비롯된다. 가장 큰 원인은 절제하지 못한 음주로 인해 생기는 일이 다반사다.

입사 4년차인 영업직 회사원 참이슬 씨. 그녀는 대학교에 다닐 때만 해도 주량이 소주 반병밖에 되지 않았다. 대학 새내기 때는 친목도모를 위한 것이라며 무조건 술을 먹이려 드는 선배들에게 반발하다가 '당돌한 신입생'으로 찍히기도 했다.

그러나 입사한 후로 참석하는 술자리는 학생 때와는 분위기가 달랐다. 회식자리에서 선배들의 권유를 뿌리칠 수는 없었다. 더욱이 팀장은 용모가 빼어난 이슬 씨를 거래처 관리를 위한 술자리에 대동하기를 좋아했다. 아무래도 거래처 중엔 여사장님이 많아 남자인 팀장 혼자보다는 이슬 씨가 합석하는 것이 여러 가지 면에서 효과가 있었던 것이다. 처음엔 식사 대접에 의미를 두었는데 화끈한 여사장님들은 밥보다는 술을 즐겼다. 시간이 지날수록 자연스레 이슬 씨의 주량도 늘어갔다. 이제는 소주 두세 병을 마셔도 취하지 않았다. 팀장의 눈에 그녀는 든든한 부하직원으로 비춰졌다. 때로 그녀가 지각하거나 사소한 실수를 하더라도 눈을 감아주었다.

그녀는 친구들과의 편한 자리에서도 접대할 때와 비슷한 양의 술을 마시는 자신을 발견하고는 깜짝 놀랐다.
"너 언제 술이 이렇게 늘었어?"
"거래처 접대하다보니까 나도 모르게…."

자신도 모르게 술 주량이 늘었던 것이다.
매주 세 번 정도의 술자리는 새벽까지 이어졌고, 오후만 되면 오늘은 또 무슨 술자리가 있을지 스트레스를 받을 지경이었다. 이제는 술자리라는 말에 노이로제가 걸릴 정도였다.
그리고 언젠가부터 그녀에게 주사가 생겨났다. 술만 마시면 자신의 신세를 한탄하며 처량하게 울곤 했다. 때론 옆 사람들에게 시비까지 걸었다. 거래처 사람들은 하나 둘 슬금슬금 그녀를 피하기 시작했다. 주문이 서서히 줄기 시작하더니 실적은 바닥으로 곤두박질쳤다. 팀장은 모든 원인을 그녀에게 돌리며 닦달하기 시작했다. 동료들 앞에서 공개적으로 그녀를 나무라기까지 했다.

부서 회식이 있던 날이었다. 분위기가 어느 정도 무르익었을 무렵, 난데없이 그녀가 자리에서 일어나더니 혀 꼬부라진 소리로 팀장을 불렀다.

"야, 김 팀장! 왜 나를 무시하고 그래?"

그동안 꾹 참았던 분노가 폭발하고 만 것이다.

"참이슬 씨, 술을 너무…."

"내가 우리 회사 흑공주냐? 왜 허구한 날 나한테 거래처 사람들 접대하라고 하냐구?"

모두들 얼빠진 눈으로 그녀를 쳐다보았다. 저 사람이 참이슬이라니, 믿어지지 않는다는 표정이었다.

"아니, 이슬 씨, 왜 이러는 거야? 여기가 어디라고…."

"어디긴 어디야. 손바닥만 한 이깟 회사? 그만두면 될 것 아니야. 이거나. 놓지 못해! 이제 너희들 다 죽었어."

그녀는 동료들에 의해 질질 끌려 나갔고, 회식은 그렇게 씁쓸하게 끝이 나고 말았다.

다음 날, 그녀는 회사에서 고개만 숙인 채 모니터만 뚫어져라 쳐다보고 있었다. 아무리 기억을 떠올려도 어젯밤 기억이 떠오르지 않았다.

"이슬 씨, 팀장님에게 잘못했다고 말씀드려. 효과가 있을진 모르겠지만."

옆자리의 동료가 정색하는 것을 보면 대형 사고를 쳤다는 것을 짐작할 수 있겠는데….

그녀는 혹시나 하는 마음에 알코올중독전문 치료기관에서 상담을 받았다. 그 결과, 그녀는 알코올의존의 초기단계로 볼 수 있는 '문제 음주' 상태라는 진단이 내려졌다. 그녀는 술을 즐기지도, 잘 마시지도 않았지만 과도한 접대에다 스트레스를 풀기 위해 한두 잔씩 술을 마신 것이 화근이었다. 어느새 자신도 모르게 음주가 습관이 된 것이다.

뉴스나 신문의 사회면에 보면 많은 사고가 술과 관계가 있다는 것을 알 수 있다. 교통사고, 익사사고, 작업 안전사고, 살인, 폭행, 자살, 성범죄, 아동 학대, 가정폭력 등의 사고들 가운데 상당 부분에 술이 끼어있다. 범죄뿐만 아니라 질병의 이면 역시 술이 관계되어 있다. 간질환, 위병, 구강암이나 유방암 등 각종 암, 치매, 골다공증 등 질병도 술과 관련된 경우가 많다. 한마디로 술은 정신적, 육체적, 사회적, 경제적 측면에서 큰 손실을 초래한다.

주위에는 생활고를 잊기 위해 술에 의존하는 사람들이 많다. 통계청이 2018년 음주 및 음주 횟수 통계를 발표했다. 그 결과, 지난 1년간 술을 1잔 이상 마셨다고 대답한 직장인 중에서 주 1회 이상 음주하는 사람은 44%에 달했고, 거의 매일 마신다고 응답한 사람도 5.2%에 달했다. 그들은 퇴근시간이 다가오면 여기저기 전화를 걸어 술 마실 건수를 만들기에 바쁘다. 자기도 모르게 알코올의존증을 앓게 된다.

누구나 성공하는 인생, 행복한 인생을 살 권리가 있다. 하지만 대부분의 사람들은 그 권리를 누려보지도 못한 채 음주로 인해 인생이 망가져 간다. 한순간의 음주 절제를 하지 못해 상사나 동료와 부딪히곤 한다. 때로 술기운에 폭탄선언으로 스스로를 위기에 빠트리기도 한다. 술을 절제를 하지 못한 탓에 그동안 쌓아온 것을 한순간에 잃어버린 사람들도 많다.

지인 중에 술을 밥 먹듯이 하는 사람이 있다. 그는 하루도 술을 마시지 않는 날이 없다. 그의 일주일 일과표는 술로 점철되어 있다.

월요일은 원래부터 마시는 날.

화요일은 화끈하게 마시는 날.

수요일은 수수하게 마시는 날.

목요일은 목적 없이 마시는 날.

금요일은 금방 마시고 또 마시는 날.

토요일은 토할 때까지 마시는 날.

일요일은 일일이 찾아다니면서 마시는 날.

그는 기분이 좋으면 좋은 대로, 나쁘면 나쁜 대로 술을 마신다. 술을 마시기 시작하면 블랙아웃이 될 때까지 마시는 탓에 그와 술을 마시려는 사람이 없다. 언젠가부터 그는 동료들이나 친구들로부터 따돌림을 당하고 있다.

술 좋아하는 사람치고 자기 분야에서 탁월한 성과를 발휘하는 사람을 보지 못했다. 그들은 잦은 지각에다 속 쓰린 표정으로 화장실을 들락날락한다. 당연히 업무 효율은 떨어지게 마련이고 상사의 눈 밖에 나게 된다.

물론 술의 긍정적인 측면도 무시하지 못한다. 적정 음주가 심장질환을 없애고 인간의 수명을 연장시킬 수도 있다는 연구결과가 있다. 하지만 대부분 사람들의 음주실태를 고려할 때 술의 긍정적인 효과를 보는 사람들이 소수에 불과할 것이다. 따라서 나는 긍정적인 측면보다 부정적인 측면이 더 많다고 말한다.

대부분의 음주자들은 '술에는 장사가 없다'는 것에 동의한다. 조절이 어렵다는 것을 잘 알면서도 과음을 하게 된다. 이는 자신의 자존심과 건강, 가족의 안녕을 타인의 손에 맡기는 것이다. 언제 터질지 모르는 시한폭탄을 안고 있는 것과 같다.

프랑스 격언에 "악마가 사람을 찾아다니기에 바쁠 때에는 그의 대리로 술을 보낸다."라는 말이 있다. 술잔과 입술 사이에는 많은 실수가 숨어 있다. 따라서 성공하는 인생을 살고 싶다면 술을 멀리해야 한다. 무엇보다 인생은 생각보다 길다. 술 때문에 장밋빛 인생이 핏빛이 되어선 안 된다.

단 한 번뿐인 인생이다. 인생의 주인공은 다름 아닌 당신이다. 술병에 주인공 자리를 빼앗겨선 안 된다. 꿈과 목표를 향해 거침없이 달려가야 한다. 술에 취해 살기에는 인생이 너무도 짧고 소중하기 때문이다.

남편의 천태만상 술버릇으로
얼룩진 가정

|

우리 사회는 승진, 개업, 결혼, 출산과 같은 기쁜 일, 실직, 상(喪)과 같은 슬픈 일 등 일상생활에서 술이 빠지지 않는다. 의례 한 잔 하는 것이 일상화되어 있다. 또 저렴한 주류 가격으로 어디에서나 쉽게 술을 구할 수 있다.

우리나라 사람들의 사고에는 원만한 대인관계를 위해서는 술을 한 잔쯤은 마실 줄 알아야 한다는 생각이 깃들어 있다. 그래서 술을 마시지 못하는 사람은 대인관계에서 소외될 수밖에 없다. 그렇다보니 회식이나 각종 모임 등의 술자리에서 술을 강제로 권하거나 술잔을 돌리는 일이 자연스럽게 받아들여진다. 오히려 서로 간에 벽을 허물기 위해선 다함께 마시고 취해야 한다는 사고가 팽배해 있다.

따라서 술로 인한 문제점에 대해서는 매우 관용적이다. 요즘에는 많이 달라졌지만 아직도 취중 주정에 대해서는 술버릇 정도로 가볍게 생각하는 경향이 짙다. 취중에 일어난 실수에 대해서는 중차대한 과실임에도 불구하고 사람을 탓하기보다 술을 탓하며 관용을 보인다. 그런 잘못된 술 문화 탓에 많은 시간이 지나도 술 문화가 개선되지 않는 것이다.

알코올중독은 인간관계, 직장생활을 넘어 가정마저 무너뜨리고 있다.

행복해야 할 가정이 알코올중독으로 인해 멍들고 있는 것이다. 알코올중독으로 인한 가정폭력 역시 심각하다. 여성의 전화·가족폭력상담소 등에 문의를 하는 가정폭력의 대부분이 알코올에 의한 폭력이다.

최근에는 알코올중독으로 인한 가정 안의 폭력이 심지어 살인까지 불러일으키고 있어 이제 더 이상 방관할 수 없는 지경에까지 이르렀다. 알코올중독은 만성정신질환으로 처음에는 사교적으로 마시기 시작하다가 나중에는 술을 마실 수밖에 없는 중증질환으로 넘어가 행동장애, 경계선장애 등을 일으킨다.

알코올중독은 자기 자신만의 문제가 아니다. 그와 관련된 사람들 즉 가족과 친구들, 직장동료들의 문제이기도 하다. 알코올중독으로 인해 끊임없이 불협화음이 생기기 때문이다.

알코올중독자들에게는 한 가지 공통점이 있다. 바로 '자기중심적'이라는 것이다. 평소에는 너무도 친절하지만 술에 취하면 그런 마음을 찾아볼 수 없다. 평소에는 얌전하고 수줍음이 많은 새색시 같은 사람도 술에 취하게 되면 망나니로 돌변하는 이유가 여기에 있는 것이다. 그들은 자신의 뜻과 상반된다는 이유로 험한 욕설 또는 폭력을 행사한다. 심지어 배우자 혹은 부모에게도 씻을 수 없는 상처를 준다.

알코올중독자의 가정폭력은 언어폭력으로부터 시작한다. 밀치고 뺨을 때리기도 하며 집기를 집어던지다가 걷잡을 수 없는 폭력행위로 발전된다. 결국 자신의 의도와는 달리 살인까지 저지르기도 한다. 지인들과 화기애애한 술자리를 가졌다가 큰 곤경에 처하는 사건사고가 끊이지 않는다. 어떤 사람은 오랜 동안 쌓아온 명성을 술로 인해 하루아침에 잃어버리기도 한다. 참으로 불행한 일이 아닐 수 없다.

술은 모든 관계를 깨뜨리는 암적인 요소라고 할 수 있다. 그동안 나는 친구관계, 동료관계, 연인관계, 부모관계가 술로 인해 금이 가는 것을 수없이 지켜봤다.

저의 남편은 아내인 저보다 술을 더 좋아합니다. 그래서 자주 다투게 됩니다. 다툴 때마다 연애할 때의 아름다웠던 추억은 바래지고 앞날에 대한 두려움만 깊어갑니다.

이제는 남편이 술을 진탕 마시고 귀가하면 나도 모르게 심한 말마저 하게 됩니다. 그동안 꾹 참았던 분노가 폭발하는 것입니다.

요즘은 자주 남편에게 '헤어지자'는 말을 합니다. 그럴 때마다 남편은 술을 끊겠다고 약속을 합니다.

"이제부터 정말 술을 안 마실게."

"무슨 일이 있더라도 술 마시는 일은 없을 거야."

"우리 가족의 미래가 나한테 달렸는데, 꼭 끊을 거야."

그런데 문제는 남편이 술에 취한 상태에서 약속을 한다는 것입니다. 약속을 하고 나면 하루 이틀은 정말 술을 마시지 않습니다. 그러다 사흘 정도 지나고 나면 집에서 맥주 딱 한 병만 마시면 안 되겠느냐고 사정을 합니다. 그러면 저는 '집에서야 뭐 괜찮겠지.' 하는 생각에 허락을 합니다. 남편은 어린애 같이 좋아하며 술을 마십니다.

다음날은 술에 떡이 되어 집으로 돌아와서는 온갖 괴로운 표정을 지으며 신세 한탄을 합니다. 위에서는 누르고 밑에서는 치고 올라오는 통에 샌드위치가 된 자기 신세가 처량하다며 눈물까지 보입니다.

"가족의 생계를 책임지기 위해 회사에서 버티기가 얼마나 힘이 드는지 알아?"

"나처럼 돈 없고 백 없는 사람들이 살기에는 너무 힘들어. 빌어먹을 세상이 자꾸만 술을 마시게 하잖아."

남편은 언제나 그렇듯이 자신처럼 능력 없는 남자 만나서 고생만 하는 제가 너무 불쌍하다는 말도 빼놓지 않습니다. 그러면 저는 이 남자가 너무 힘이 든 나머지 극단적인 행동을 하지 않을까 걱정이 들었습니다.

"여보, 그렇게 힘이 들면 가끔은 술 마셔도 돼."

나도 모르게 이렇게 말하곤 합니다. 하지만 이제와 돌이켜보면 그 모든 행동들이 술을 마시기 위한 남편의 수법이라는 것을 깨달았습니다. 그러자 그나마 남아 있던 소중한 감정들이 사라져버렸습니다. 술을 마시는 것, 그 자체만으로도 건강은 말이 아닐 테지만 그것보다는 폭력으로 인한 가족의 위기가 더욱 걱정이 됩니다. 이제는 술에 취해 들어오는 남편의 모습에 지쳤습니다. 그리고 무섭고 두렵기만 합니다. 더 늦지 않게 서로를 위해서도 헤어져야겠다는 확신이 들었습니다.

알코올중독자의 가정은 가족기능에 손상을 주며, 배우자들이 심한 우울증을 겪게 된다. 따라서 일반가정의 별거나 이혼률보다 7배가량 높다. 무엇보다 알코올중독자 가정은 역기능 가정이 되기 쉽다. 역기능적 가정이란, 부모들이 도박, 외도, 지나친 취미활동이나 경제활동, 언어 및 신체폭력, 무관심 등의 문제가 있는 가정을 말한다.

이런 역기능적 가정의 자녀들은 알코올이나 약물 및 중독에 걸리기 쉽다. 알코올중독자 부모처럼 중독자나 역기능 가정을 만들 가능성이 높거나 그런 사람과 결혼하게 된다. 그리고 성장과정 중에 신체적, 정신적, 심리적으로 많은 문제들이 나타난다.

저와 남편은 2년 정도 연애해서 결혼했습니다. 벌써 결혼한 지 3년이 지났습니다. 공무원인 남편은 제가 말 한마디만 하면 사소한 것까지 다 들어주는 타입입니다.

그런데 한 가지 흠이 있습니다. 남편에게 주사가 있다는 것입니다. 그렇다고 해서 남편이 저를 때리거나 하진 않습니다. 하지만 심한 언어폭력을 일삼습니다. 그리고 종종 십 원짜리 욕도 하고 손에 잡히는 물건을 집어던집니다. 언젠가 아이 침대도 던졌던 적이 있습니다.

남편의 주사를 시어머니께 말씀드렸습니다. 시어머니는 "술 먹으면 남자들 다 그런다." 하시며 남편을 두둔하는 것이었습니다. 그러면서 시동생 역시 주사가 있다고 말하는 것이었습니다.

제가 보기에 시아버님도 술을 무지 좋아하십니다. 그동안 며느리들 앞에서 크게 실수하신 적은 없지만 술을 마셨다 하면 시시콜콜 살림에 간섭하십니다. 제 생각에는 집안 내력에 문제가 있는 것 같습니다.

어제도 남편은 술에 취해 새벽녘에 들어왔습니다. 저는 그때 잠들어 있었는데, 신랑이 왔는데 나와 보지 않는다며 집기들을 집어던지는 것이었습니다. 아마 남편 때문에 이웃집 사람들도 잠에서 깼을 것입니다.

이제 더는 이렇게 못살겠습니다. 남편을 향한 제 마음의 문이 닫혔습니다. 할 수만 있다면 남편과 헤어지고 싶습니다. 그러나 아이들 때문에 그럴 수도 없습니다.

저는 남편을 하숙생으로 생각하기로 했습니다. 그 하숙생이 벌어오는 돈으로 생활하는 것이구요.

술병과 가까이하는 순간 술병에 자리를 내주게 된다. 더 이상 자신의 위치를 지킬 수 없다. 혹자는 너무 과대포장해서 말하는 것 아니냐고 따질 수도 있겠다. 하지만 가정을 무너뜨리는 천태만상 술버릇들을 생각하면 절대 과대포장이라고 할 수 없다.

전국의 알코올중독자 수는 약 140여만 명으로 추산되고 있다. 가정폭력은 유교적 관습과 쉬쉬하는 영향으로 피해 받는 가족들의 피해는 더욱 커지고 있다. '주사'나 '술버릇'을 그까짓 것쯤으로 여겨선 안 된다. 이는 결국 호미로 막을 것을 가래로 막게 되는 사태로 번지게 된다.

술을 즐겨 마시는 당신! 그런 당신에게 묻겠다. 술과 가정 중에 어느 것이 더 소중한가? 가정이라면 더 이상 늦기 전에 과감히 술을 절제하는 습관을 들여야 한다. 그렇지 않다면 가까운 시일 내에 술병이 당신의 자리를 꿰찰지도 모르니까.

술김에 보낸 문자로
해고당한 직장인

|

"카! 좋다!"

퇴근 후 포장마차에서 마시는 소주 한 잔에 피곤이 눈 녹듯 한다. 그래서일까, 늦은 밤 포장마차에는 어김없이 직장인들이 삼삼오오 앉아 술잔을 기울이고 있다. 저마다 그들은 자신이 안고 있는 고충을 술로 달래는 것이다.

술은 일상생활에서 빠질 수 없다. 주위를 둘러봐도 금연하는 사람은 있어도 술을 마시지 않는 사람은 거의 없다. 우리는 기분이 좋으면 좋은 대로, 나쁘면 나쁜 대로 술을 마신다. 결과적으로 보면 술을 마시기 위한 핑계에 지나지 않는다.

술은 '신의 물방울'과 같다. 술 몇 잔으로 울적했던 기분이 풀리고 그동안 껄끄러웠던 사람과의 관계도 매끄러워진다. 그리고 움츠려있는 사람에게 자신감을 심어주고 사기가 저하된 조직에는 사기를 충전시켜준다. 상대방의 얼굴이 한층 예뻐 보이고 멋있게 보인다.

이런 긍정적인 요소에도 불구하고 술은 해악이 더 크다. "술에는 즐거움과 독이 함께 병존한다."라는 프랑스 격언만 봐도 알 수 있다. 술이 주는 기쁨과 즐거움은 절제할 줄 아는 사람만이 가질 수 있다.

시인 헨리 롱펠로는 다음과 같이 충고했다.

"더 이상 술잔에 손을 대지 말라. 가슴 속속들이 병들게 한다. 술의 향기는 죽음의 사자의 입김이요, 술잔 속에 나타나는 빛은 죽음의 사자의 흉한 눈초리다. 조심하라, 질병과 슬픔과 근심은 모두 술잔 속에 있나니."

나는 이 말에 전적으로 공감한다. 성인이라면 누구나 한두 번 술 때문에 곤경에 처했던 경험이 있을 것이다. "그때 술만 안 마셨더라면…", "그때 1차에서 끝냈더라면…" 며칠 동안 이런 후회가 떠나지 않는다. 그동안 많은 사람들이 술 때문에 기회를 놓치거나 공들여 쌓은 탑을 무너뜨리게 되는 경우를 목격했다.

디자인 회사에 근무하는 이건우 씨.

그는 내성적인 성격 탓에 별명이 '새색시'다. 입사한 지 7개월이 지났건만 아직도 시끌벅적한 사무실 분위기에 적응이 되지 않는다. 지금껏 마음을 터놓고 지내는 동료 하나 없다. 늘 마음 한구석에서는 외롭다는 생각이 떠나지 않는다.

그러나 그가 하는 광고디자이너 일은 나름대로 재미가 있다. 그래서 또래의 친구들에 비해 연봉이 현저히 낮아도 그다지 큰 불만은 없다.

그런데 얼마 전에 팀장이 새로 부임하고 나서 업무량이 많아졌다. 그러다보니 퇴근 시간이 들쑥날쑥 일정하지가 않다. 어떤 날은 퇴근해 씻고 잠들기도 바쁘다. 그렇다고 그것으로 끝나는 게 아니다. 매일 이런저런 사유로 팀장에게 쪼이기만 한다. 정신적, 육체적으로 힘들어져 자꾸만 그만두고 싶은 생각이 들었다. 그는 자연스레 집 근처 포장마차에서 술을 마시곤 했다. 술이라도 마셔야 회사에 대한 불만과 자신의 처지를 잊을 수 있었기 때문이다. 걸핏하면 팀장은 경력을 따지고 들었다.

"그래서 경력은 무시할 수가 없는 거야, 이건우 씨."

"건우 씨는 남들보다 몇 배는 더 열심히 해야 해. 아직도 내가 한 말뜻을 모르고 있잖아."

시간이 지날수록 그의 술 마시는 횟수가 늘어났다. 이제는 매일 술을 마셨다. 술기운이 오르면 친구나 직장 동료를 불러내 진탕 즐겼다. 담뱃불로 묘기를 부리기도 하고, 괴상한 모습으로 분장을 하여 좌중을 박장대소하게 만들었다. 사람들은 어디에 그런 끼가 숨어 있었는지 의아해했다. 술은 그를 전혀 다른 사람으로 만들었다.

어느 날, 오랜만에 회식이 있었다. 그러나 그 회식이 그를 구조조정의 벼랑으로 내몰 줄은 꿈에도 몰랐다.

고기 집에서 술을 곁들인 저녁을 먹고 2차로 생맥주 집에 갔다. 그리고 회식코스에 따라 3차로 노래방을 갔다. 술기운에 대담해진 그는 그날의 스타가 되었다. 그는 한쪽 양복바지를 접어올리고 넥타이는 머슴처럼 머리에 묶은 다음 노래를 불렀다. 노래, 춤 솜씨가 뛰어났다. 그 모습을 처음 본 여자동료들은 모두 뒤로 넘어갔다. 유쾌한 시간이었다. 그것으로 끝났으면 좋았을 텐데, 헤어지기가 아쉬워 건우 씨는 다시 4차를 외치는 서너 명의 남자동료와 함께 또 술집을 찾았다. 그는 술을 마시자 자신도 모르게 회사에 대한 불만을 토로했다.

"힘들어요. 내 딴엔 열심히 한다고 하는데 팀장님은 제가 맘에 들지 않나 봐요."

그의 푸념에 동료들은 술잔을 채워주며 위로했다. 그럴수록 자신도 모르게 더 서글퍼졌다.

그는 술김에 팀장에게 휴대폰 문자를 보냈다.

'죄송합니다. 아무래도 제가 그만두어야 하겠습니다.'

문자를 본 팀장이 동료들처럼 자신의 고충을 이해해주고 위로해주기를 바랐기 때문이었을까? 그러나 아무런 응답이 없었고 다음 날도 팀장은 아무 말이 없었다. 아무렇지 않았던 건 건우 씨도 마찬가지다. 그는 자신이 팀장에게 문자를 보낸 사실을 기억하지 못했다.

그리고 한 달이 훨씬 흘렀다. 사무실을 두 개 두고 있었던 회사는 경기가 나빠져 하나로 통합하는 작업을 시작했다. 당연히 직원이 넘쳐났다.

팀장은 건우 씨를 불렀다.

"건우 씨, 지난 번 그만두고 싶다고 문자 보낸 거 생각나지?"

"네? 어떤 문자……."

"어디보자. 아, 여기 있네, 여기. 그래 갈 곳은 알아봤나? 건우 씨는 자격증이 많아서 써줄 곳이 많을 거야."

팀장이 내민 휴대폰 문자를 보고 자신이 보낸 것임을 확인할 수 있었다. 그렇게 그는 술김에 보낸 문자 한 통으로 직장을 잃고 말았다.

술을 마시게 되면 경계심이 풀어지게 된다. 그래서 평소 같으면 완고하게 원칙이나 규정을 들먹이던 사람들이 한없이 너그러운 사람이 되기도 한다. 기업에서 비싼 돈 들여가며 술 접대를 하는 이유가 여기에 있다.

성공을 바란다면 술을 절제할 줄 알아야 한다. 술을 가까이 할수록 상대방(경쟁자)에게 단점을 노출하게 된다. 자연히 기회를 놓치게 되고 성공은 멀어지게 된다. 성공은 티끌이라는 작은 기회들을 모아 시너지를 발휘할 때 가능하다.

가수 박상철의 〈무조건〉이라는 독특한 가사의 노래가 생각난다.

"내가 필요할 때 나를 불러줘. 언제든지 달려갈게. 낮에도 좋아 밤에도 좋아 언제든지 달려갈게."

가사에 나오는 애인이 곁에 있다면 정말 행복할 것이다. 반대로 시도 때도 없이 술자리에 달려가는 애인이 있다면 불행의 시작이다. 불행의 씨앗을 안고 사는 것과 같다.

지금보다 더 나은 삶을 원한다면서 술을 끊거나 절제할 수 있어야 한다. 그렇지 못하다면 오히려 지금보다 더 나빠질 것이다. 성공하는 사람들을 주의 깊게 살펴보라. 그들은 하나같이 미련 없이 술의 유혹에서 자유로운 사람들임을 알게 될 것이다.

술버릇을
자식에게 대물림한 아버지

|

아테네의 유명한 시인 에우폴리스에게 어느 날 한 젊은이가 물었다.

"술을 마시면 어떻게 되지요?"

그러자 에우폴리스가 대답했다.

"한 잔 마시면 의사가 필요 없고, 두 잔 마시면 싱글벙글, 석 잔 마시면 잠이 오는데, 여기에서 끝내는 게 최상책이야. 넉 잔부터는 술이 술을 부르게 되어 다섯 잔에 목소리가 높아지고, 여섯 잔이면 무례해지고, 일곱 잔 들어가면 권투선수가 되고, 여덟 잔이면 골치가 아프지."

술은 한두 잔 적당히 마시면 몸과 마음, 인간관계에도 이롭다. 하지만 술이라는 것이 '술술' 넘어가기 때문에 중도에 멈추기가 쉽지 않다. 술자리에서 혼자 슬그머니 빠져나오는 것도 바람직하지 않다는 사고가 팽배하기 때문이다. 그러다 술자리가 2차, 3차로 이어져 처음 술잔을 들었을 때의 의도와는 다르게 언성이 높아지고 심지어 멱살까지 잡게 된다. 술을 즐겨 마시는 사람치고 이런 일 한두 번 당하지 않은 사람은 없을 것이다.

술이 우리에게 주는 폐해는 헤아릴 수 없이 많다. 하지만 우리 눈에는 그다지 많은 폐해가 보이지 않는다. 폐해의 주범인 자신만이 아니라 함께 술을 마신 사람들이 그날 있었던 폐해를 쉬쉬하며 감추기 때문이다.

그동안 나는 백여 명의 습관성 음주를 즐기는 사람들을 관찰했다. 그들의 직업은 언론사 기자, 병원 간호사, 작가, 생산직 근로자, 자동차 세일즈맨, 일용직 근로자 등 다양했다. 그런데 그들은 직업은 다양했지만 하나같이 습관성 음주로 인해 자신만이 아니라 타인에게 고통을 주는 점에서는 모두 같았다. 그들의 유형을 나열해보면 다음과 같다.

과도한 음주로 여러 가지 신체질환 혹은 정신질환을 앓고 있는 사람.

술에 취해 저지른 추태 때문에 직장생활과 인간관계에서 많은 불이익을 감수해야 하는 사람.

간밤에 마신 술값 때문에 경제적 고통을 겪고 있는 사람.

음주 운전 사고를 일으켜 많은 금전적 손실 및 교도소에서 후회로 나날을 보내는 사람.

술에 취해 가정을 공포의 도가니로 만드는 사람.

술김에 타인을 폭행한 사람.

술에 취해 상사의 비밀을 폭로한 사람.

술에 취해 이성을 잃은 나머지 자신의 자동차나 집에 불을 지르는 사람.

술 마시고 아내와 말다툼하다 자신도 모르게 살인을 저지르는 사람.

이외에도 술 마시고 일을 하다 신체 중 일부가 절단되거나 술김에 친구와 수영을 하다 익사사고로 이어진 일도 있었다. 좋은 사람들과 기분 좋게 마신 술이 종국에는 인간관계를 망치게 하고 심지어 벼랑으로 내몰거나 죽음에 이르게 한 것이다.

술로 인한 폐해는 술 마시는 당사자들에게만 국한되는 것이 아니다. 음주 운전의 경우만 봐도 자신과 함께 상대편 자동차에 타고 있는 아무 잘못 없는 사람들까지 신체적 불구 또는 죽음으로 이끌게 된다. 한 개인의 술 마시는 즐거움이 다른 누군가에게는 돌이킬 수 없는 재앙이 되는 것이다.

술이 가져다주는 폐해 중 결코 간과할 수 없는 것이 있다. 음주 습관이나 술버릇이 자식에게 대물림된다는 것이다. 어쩌면 당신은 '정말 알코올 중독도 유전이 될까?' 하는 의문이 생길지도 모른다. 하지만 많은 사람들은 음주 습관과 술버릇이 자식에게 유전된다는 것을 알고 있다. 이를 뒷받침해주는 전문가의 연구결과도 있다.

가톨릭대 정신과 김대진 교수와 한림대 정신과 최인근 교수 연구팀은 알코올중독을 일으키는 유전자형과 그렇지 않은 유전자형이 알코올중독의 위험도가 90배 이상 차이가 난다고 밝혔다.

연구팀은 3년 동안 '알코올중독 환자 및 정상인의 임상자료와 알코올 분해 효소의 유전적 다형성을 연구'했는데, 그 결과 알코올중독 환자 중

약 87%가 유전자에 영향을 받은 것으로 나타났다.

김대진 교수는 "알코올중독은 술을 마셨을 때 몸이 취하는 두 가지 반응 유전자형과 연관 있다"고 말했다.

한국인의 대다수는 특별한 알코올 부작용 없이 음주를 한다. 하지만 특정 유전자형을 갖고 있는 일부는 특히 알코올중독의 위험도가 높기 때문에 의식적으로 술을 멀리 해야 한다.

술을 많이 마시면 위험한 집안이 따로 있다. 강남 세브란스병원 정신건강의학과 박진영 교수는 "현대 정신의학에서 알코올중독은 유전적 인자가 있는 사람이 술을 자주 많이 마실 때 발현하는 뇌 질환으로 정의한다."라고 했다. "가족 중 알코올중독 환자가 있다면 지금은 비록 건전한 음주를 한다고 하더라도 향후 알코올중독으로 발전할 위험이 매우 높다"고 말했다. 알코올중독은 유전성이 매우 높은 질환이기 때문에, 알코올중독의 가족력과 음주습관을 확인하는 자세가 특히 필요한 이유가 여기에 있다.

가족력과 자신의 음주습관에 위험신호를 감지해, 알코올중독이 의심이 되면 병원에서 간단한 설문과 상담을 통해 전문의의 확실한 진단을 받아야 한다. 자신이 알코올중독인지 여부는 평소 음주량, 술 마시는 장소, 음주 후 행동, 심리적 변화 특히 정신과적 문제 등 다양한 증상을 분석해 판독이 가능하다. 특히 술을 마신 다음 날 머리가 심하게 아프거나, 기억이 안 나거나, 실수를 하는 등 3가지 증상이 모두 해당된다면 반드시 전문의에게 상담과 치료를 받아야 한다.

  습관성 음주는 자신은 물론 가족 특히 자식에게까지 대물림된다. 아버지가 폭음 습관이 있으면 아들도 좋지 않은 음주습관을 물려받을 가능성이 높다는 연구결과도 이를 뒷받침해준다. 다사랑중앙병원의 알코올의존증 입원 환자 200명 중에서, 전체의 50%가량이 '부모가 알코올 문제가 있었다'고 답했다.

  정신건강의학과 전문의 다사랑중앙병원 허성태 원장은 다음과 같이 말했다.

  "알코올의존증 환자의 자녀분들은 상당히 괴롭고 힘든 상황을 보내게 됩니다. 중독의 영향으로 우울증, 불안증, 다른 정신과적 질환으로 이완될 가능성이 있고, 자녀들에게 심대한 영향을 줄 수 있기 때문입니다. 알코올중독은 내선에서 회복하지 않으면 끊임없이 되풀이되는 경향이 있습니다. 회복하도록 노력하는 것이 가족과 나를 위하는 길입니다."
  – "술에 취한 아버지, 닮아가는 아들" 〈쿠키뉴스〉 2017.08.24

  알코올중독은 유전적 요인이 가장 크지만 어린 자녀들은 부모관계 등 가정환경의 영향을 많이 받기 때문에 부모의 행동을 그대로 답습하게 된다는 것이다. 따라서 과거에 알코올중독이었거나 현재 술로 인한 고통을 겪고 있는 부모를 둔 아이들은 부부간 폭력과 가정 내 불화 등으로 그렇지 않은 아이들에 비해 정신적 스트레스가 높다.

나는 그동안 알코올중독인 부모를 보고 자란 자녀들이 어른이 되어 어떻게 행동하는지 봐왔다. 술에 취해 집기들을 때려 부수거나 아내(남편)을 폭행하는 모습을 줄곧 보고 자란 아이들 역시 훗날 어느 순간에 부모가 가졌던 술버릇을 그대로 답습하게 된다. 처음에 아이들은 '난 아버지처럼 살지 않아야지.', '엄마처럼 살지 않겠어!' 하고 다짐한다. 하지만 직장에서 능력을 인정받지 못해 스트레스가 쌓이거나 인간관계 등에서 고통을 받을 때 술을 찾게 되고 자신도 모르게 부모의 그릇된 음주습관을 연출하게 된다.

그래서 전문가들은 한목소리로 이렇게 조언한다.

"알코올중독인 부모라면 자신의 건강과 자녀의 건강 둘 다 위해서 적극적 치료를 해야 한다. 가난을 물려주지 않겠다는 의지처럼 알코올중독도 의지가 있다면 충분히 대를 끊을 수 있다."

사람들은 가난만은 절대로 자식에게 물려주지 않겠다고 다짐한다. 직접 가난을 경험했기 때문에 그 고통이 얼마나 큰지 잘 알기 때문이다. 그런데 가난보다 더 무서운 것이 그릇된 음주습관의 대물림이다. 그릇된 음주습관은 공들여 쌓았던 명성을 한순간에 무너뜨릴 수 있는 핵폭탄과 같다는 것을 잊어선 안 된다.

배우자의 폭력과 의처증으로
망가진 가정

|

성공하는 인생을 사는 사람과 그렇지 않은 사람이 있다. 마찬가지로 가정에도 항상 웃음꽃이 피는 가정과 배우자의 폭력과 의처증으로 망가진 가정이 있다. 웃음꽃이 피는 가정에 속한 부모와 아이들은 저마다 자신의 역할을 충실히 해낸다. 부모는 가정이나 직장에서 성과를 발휘해 능력을 인정받게 되고 아이들 역시 선생님과 친구들에게 사랑받게 마련이다.

반면에 폭력과 의처증으로 얼룩진 가정에 속한 부모와 아이들은 어떨까? 남편과 아내는 각자 자신의 역할을 제대로 해내지 못할 뿐 아니라 서로의 신뢰에 금이 가게 된다. 아이들 역시 심한 정신적 스트레스로 인해 심리적·정서적인 문제로 확대될 수 있다. 좀 더 심하게 말하면 배우자의 폭력과 의처증은 서서히 가정의 붕괴를 불러온다고 할 수 있다.

그런데 가정폭력과 의처증의 생겨난 원인으로는 음주, 성격차이, 경제 갈등, 부부간 불신 등이 있다. 그 중에서 가장 큰 원인을 꼽는다면 '음주'를 들 수 있다.

2018년 제주지방경찰청은 '제주도 가정폭력실태 분석 보고'에 따르면 제주지역 가정폭력사건 신고 건수는 2013년 2224건부터 2017년까지

4322건으로 거의 2배가 증가했다.

2018년 가정폭력 가해자는 남성이 84.9%, 여성이 15.1%였다. 연령대는 40대가 34.9%로 가장 많고 그 뒤를 이어 50대가 25.7%, 30대가 22.8%였다. 200명을 기준으로 원인을 살펴봤을 때는 주취 문제가 19%로 가장 많았다. 또한 가해자들의 절반가량인 47%는 음주상태에서 가정폭력을 저지른 것으로 분석되었다.

김영옥 제주경찰청 여성청소년과장은 '제주지역 가정폭력과 주취자 신고 요일이 모두 토요일, 일요일인 것으로 비추어보았을 때 음주가 가정폭력에 상당한 영향을 미치고 있다'고 분석했다.

"통계 분석자료와 가정폭력 상담사의 의견을 참고한 결과 음주행위가 가정폭력에 영향을 주는 것으로 보인다."

– "'폭력에 멍드는 가정' 해마다 늘어…제주도 일평균 11.8명꼴" 〈뉴스1〉 2018.10.31

많은 연구결과를 통해서도 음주와 가정폭력은 밀접히 연관되어 있다는 것을 알 수 있다. 비음주자가 가정폭력을 일으키는 가능성을 1.0으로 잡았을 때 1주일에 소주 1병을 3~4일 마시는 상습 음주자가 가정폭력을 일으킬 위험도는 2.883로 3배 가까이 높았다. 반면, 소주 1병씩 1주일에 1~2일 술을 마시는 음주자는 가정폭력 위험도가 1.025로 비음주자와 큰 차이가 없었다.

상습적 음주는 의처증을 유발한다. 알코올중독에 의해 잘못된 생각과 망상이 굳어지기 때문이다.

집안의 집기를 부수고 아내에게 폭력을 휘두르다가 아들의 신고를 받고 출동한 경찰에 연행된 후 알코올중독치료센터에 강제 입원하게 된 52세의 K씨.

그가 아내에게 폭력을 휘두른 이유는 아내가 동네 남자들과 바람을 핀다고 오해했기 때문이다. 그는 평소에 술에 취하면 입버릇처럼 "어떤 놈하고 붙어먹었는지 몰라도 10년도 넘게 속아왔다"며 "자식도 내 자식인지 아닌지 확인을 해봐야 한다"고 행패를 부렸다.

그는 지난 20여 년간 술을 마셔왔다. 술의 양이 늘어난 것은 7년 전 회사에서 구조조정을 당한 뒤부터였다. 4년 전부터는 술을 마시면 아내를 다그치고 구타하는 일이 빈번했고, 2년쯤 전부터는 술을 마시지 않은 상태에서도 아내를 의심했다. 아내가 시장에 가서 조금만 늦게 들어오면 꼬치꼬치 캐물었고, 같이 동네를 나가면 스쳐 지나간 사람에게 무슨 신호를 보냈냐고 다그치기도 했다.

그는 알코올중독치료센터에 입원해 있으면서도 사람들에게 이렇게 말했다.

"아내 때문에 퇴원해서도 걱정이라며 지금 입원해 있으니 밖에서 어떤 짓을 할지 뻔하다."

부인은 딸과 함께 1주일에 1번 정도 찾아와 한숨만 쉬다가 돌아가곤 했다. 그러나 다행히 치료한 지 1년이 지나자 의처증세가 많이 호전되었고, 가족과의 대화도 많이 회복되었다. 얼마 후 K씨는 퇴원했다. 퇴원 후 5개월이 지난 지금 정기적인 통원 및 약물 치료를 받고 있다. 그는 술 생각이 조금 나지만 안 마실 작정이라고 다짐했다. 그 역시 아내에 대한 의처증이 알코올중독에서 비롯되었다는 것을 잘 알기 때문이다.

의처증이나 의부증은 때로 살인을 부르기도 한다. 배우자를 의심하게 되면 상습적으로 다그치고 캐묻거나 폭력을 행사하게 된다. 그러면 일방적으로 당하는 배우자의 입장에서는 반발심과 분노가 쌓이게 된다. 그러다 어느 순간 꾹꾹 참았던 감정이 폭발하게 되는 것이다.

25년간 남편의 폭력과 의처증에 고통을 받다가 결국 남편을 살해한 아내에게 법원이 징역 3년의 실형을 선고했다.
서울북부지법 형사13부(박남천 부장판사)는 살인 혐의로 기소된 A(45·여)씨에게 징역 3년을 선고했다고 13일 밝혔다.

A씨는 올해 5월 7일 서울 자택에서 남편이 아들과의 관계를 의심하며 욕설을 하자 누워 있던 남편의 목을 졸라 살해한 혐의로 재판에 넘겨졌다. A씨의 남편은 올해 초 알코올성 간경변으로 조만간 사망할 수 있다는

진단까지 받았다. 하지만 가정폭력은 더욱 심해졌다. 최근 1년 동안 가정
폭력 112신고만 21회에 이를 정도였다.

재판부는 "A씨가 범행 직후 아들을 통해 스스로 경찰에 신고했고, 피해
자의 유족인 자녀들이 선처를 탄원한 점을 고려했다"며 양형 이유를 설명
했다.

- "25년간 의처증 · 폭행 시달리다 남편 살해한 아내 징역 3년" 〈연합뉴스〉 2017.07.13

의처증이나 의부증은 알코올중독이 지속되면 나타나는 정신질환 중의
하나이다. 처음에는 술에 취한 상태에서 의심하는 말이나 행동을 조금씩
하지만, 점차로 심해져서 급기야는 술을 마시지 않은 상태에서도 배우
자를 의심하고, 또 폭력을 행사하는 경우도 빈번하다. 지나친 음주로 인
해 정신적인 합병증이 동반된 상태로, 전문가들은 "술을 끊고 의처증, 의
부증에 대한 치료가 필요하며 증상이 심한 경우에는 입원이 필요하다"고
말한다.

웃음꽃 피는 가정, 행복한 가정, 단란한 가정까지 바라지 않아도 좋다.
그저 오래 살고 싶다면 술을 아예 끊든지 올바른 음주습관을 가져야 한
다. 술주정 혹은 폭력으로 가족이나 가까운 사람들을 못살게 군다면 더
이상 그들도 참고만 있지 않을 것이다. '지렁이도 밟으면 꿈틀거린다.'라
는 말을 기억하라.

이제부터라도 술병을 내던지고 몸을 사려야 한다. 사회도 그릇된 음주 습관이나 술버릇으로 배우자 혹은 타인에게 고통을 주는 행위에 결코 너그럽지 못하다. 앞으로 음주자에 대한 차가운 시선은 더욱 심해지게 마련이다.

"술과 미인은 악마가 소유하고 있는 두 개의 그물이다.
아무리 경험이 많은 새라 해도
그 그물에 걸리지 않을 수 없다."

– 프리드리히 뤼케르트(독일의 시인)

2장

내키는 대로
술 마시면
인생이 망가진다

다리가 비틀거려?
인생이 비틀거린다

인간은 동물과는 다르게 꿈과 목표를 가지고 있다. 그것을 실현시키기 위해 구체적인 노력을 기울인다. 꿈과 목표를 향해 나아가는 과정 속에 행복도 맛보게 된다. 이것이 대부분의 사람들이 가지고 있는 라이프스타 일이다.

그런데 자신의 꿈과 목표를 잊어버린 채 남의 꿈과 목표를 방해까지 하는 꿈 방해자들이 있다. 그들은 "그냥 포기해.", "너는 절대 해낼 수 없 어.", "지금 네 처지를 생각해." 등의 말로 기를 죽인다. 아무리 열정적인 사람일지라도 이런 부정적인 말을 반복적으로 듣게 되면 기운이 빠지게 된다. 그리고 '정말 내 힘으로는 불가능할지도 몰라.', '차라리 이쯤에서 포기할까?'라는 부정적인 생각을 하게 된다.

조직 내에도 그런 사람들이 있다. 자신의 꿈과 목표는 방목한 채 동료 의 꿈과 목표에 대해 관심을 기울이는 방해자들. 그들은 두 가지 공통점 을 가지고 있다. 한 가지는 앞에서도 말했듯이 정작 자신은 명확한 꿈과 목표가 없다는 것이다. 그래서 동료가 자신보다 앞서가거나 뛰어날까봐 불안한 탓에 자꾸만 의도적으로 방해하는 것이다. 다른 하나는 상습적인 음주 습관에 젖어 있다는 것이다. 그들은 겉으로는 업무에 성실하거나 회사에 충성심을 표현하지만 실상 그 속을 들여다보면 대충 시간만 때우다 월급만 타먹자는 검은 속셈이다. 그러니 자연히 염불보다 잿밥에 더 관심이 많게 마련이다. 업무에는 극히 소극적이면서 회식과 같은 술자리에는 적극적이다. 그러다 보니 술자리에서 해선 안 될 실수를 하거나 추태를 부리기도 한다. 이런 사람들은 만일 구조조정과 같은 상황이 벌어지면 당연히 0순위에 오르게 된다.

주위에 업무 성과가 저조하거나 근태가 불량한 동료들을 살펴보라. 한 가지 공통점을 찾을 수 있다. 음주가무를 즐긴다는 것이다. 그들은 회사에서는 배터리가 방전된 로봇처럼 수동적으로 움직이지만 퇴근 후 술자리에서는 배터리가 완전 충전된 로봇처럼 까불어댄다. 다른 사람들에 비해 말도 많고 빠른 속도로 술을 들이킨다. 그리고 대부분 술자리를 1차나 2차에서 정리하려할 때 혼자 3차를 외친다. 밤늦도록 술집에다 노래방에서 놀다가 자정이 지나서 문어처럼 흐느적거리며 집으로 향한다. 과연 이들에게 꿈과 목표가 있을까?

확고한 꿈과 목표가 있는 사람은 자신의 현 위치를 잘 알고 있다. 그래서 꿈과 목표를 실현시키기 위해 어떤 노력이 필요한지도 알고 있다. 그런 그들이 음주가무에 취해 정신을 놓을 수 있을까? 그동안 내가 겪어본 비전을 가진 사람들은 그렇지 않았다. 때로 술자리에 참석하더라도 자신의 주량에 맞게 마심으로써 정신 줄을 놓지 않았다. 술은 이성보다 감성에 가까운 음료다. 그래서 술에 취하게 되면 이성을 잃게 되고 감성적인 사람이 되는 것이다.

나는 우연히 한 포털사이트에서 한 직장인이 올린 글을 읽게 되었다. 잦은 술자리 때문에 고충을 토로하는 내용이었다.

저, 술 넌덜머리나게 싫어하고, 체질적으로 술과 맞지 않아, 맥주든, 소주든, 한 모금만 들이키면 얼굴이 새빨갛게 달아오르는 사람입니다.

그런데 저, 술을 미친 듯이 마셔대고 태생적으로 술과 찰떡궁합인, 맥주든, 소주든, 섞어 마시기를 좋아하는 그런 회사에 다니고 있습니다.

술을 좋아하지 않아도 당연히 마셔야 하고, 술을 거부하면, "트레이닝을 더 받아야 한다"며 껄껄거리는 직장 상사들 틈에서 술 때문에 괴로운, 사회생활 4년차를 보내고 있습니다.

"공짜로 술 사주는 회사 다녀서 좋겠다!"라거나 "술은 마시면 30배까지는 는다는데 무슨 엄살이야!"라는 속 모르는 말씀은 말아주십시오.

오늘, 저처럼 술과 맞지 않는데, 회사생활 10년 내내 점심이면 점심, 저녁이면 저녁, 접대 받느라, 접대 하느라 싫은 내색 제대로 하지 못하고 지내는 선배 하나가, 얼굴이 사색이 되어 들어왔습니다. 낮부터 시작된 거래처와의 술자리 때문에 이미 얼굴은 뻘겋게 달아오르는 단계를 지나, '국소성 홍조' 단계를 보이고 있습니다.

그 선배는 "저 이러다 죽습니다!"라고 울부짖기라도 하는 듯, 반쯤은 슬프고, 반쯤은 분노에 찬 눈을 하고 있었습니다. 어김없이 그 눈 속에 모세혈관들은 알코올 기운을 이겨내지 못하고 일제히 터져 있습니다.

정말 남의 일 같지 않습니다. 술 때문에 언제나 부담스럽고, 술자리에서 과음해서 몸을 혹사시키고, 그렇게 4년째 하고 있는데, 이미 순환기계 쪽에 이상 징후가 나타나고 있습니다.

그런데도, 술, 계속 마셔야 합니다.

폭탄주 신나게 '제조'해서 돌리는 직장 상사에게, "저 심장 안 좋은 거 아시잖아요."라고 웃으며 거절하면 '이거 먹으면 심장에 피가 더 잘 돈다'며 농담처럼 받아치고, "○○씨는 술 약하니까, 이제 그만 먹지?"라고 챙겨주는 사람도 결코 있을 수 없습니다.

"이러다 큰일 납니다…."

오늘 선배의 그 눈빛을 보고나니, 참 서글퍼집니다. 직장생활이라는 거요…. 술을 태생적으로 잘 못 마시는 제가 참 원망스럽기도 하구요.

물론 체질적으로 술을 잘 마시는 사람도 있다. 하지만 그런 사람도 매일 말술을 마시게 되면 몸 여기저기서 빨간불이 켜지게 마련이다. 그런데 하물며 글쓴이처럼 체질적으로 맞지 않는 사람이 술을 자주 마셔야한다면 고문과 다를 바 없다. 내 주위에도 소주 한 잔만 마셔도 혼자 다 마신 것처럼 금세 취기가 오르는 사람이 있다. 그래서 그는 절대로 소주 반

잔 이상 마시는 일이 없다. 소주 반 잔조차도 여러 번 나누어서 마실 정도로 조심하는 편이다. 그의 심정은 당사자가 아닌 이상 알 수 없다.

나는 위의 글을 읽으면서 동시대를 살아가는 입장으로서 안타까운 마음이 들었다. 직장을 때려치우고 싶어도 그럴 수 없는 심정, 그 누가 이해할 수 있을까?

대부분의 사람들은 잦은 술자리 때문에 직장을 그만두는 것을 용납하지 못한다. 직장에 일용할 양식을 구하는 직장인이라면 그 정도는 감내해야한다고 여기는 사회적 풍토도 한몫을 하기 때문이다. 더군다나 지금처럼 불경기로 인해 국내경기가 좋지 않은 시점에서 그런 일을 감행한다면 "고생 더 해봐야 돼." 하고 손가락질 받을 것은 불 보듯 뻔하다.

그러나 내 개인적인 견해로는 직장보다 심신(心身)이 더 중요하다. 심신이 건강해야 제대로 역량을 발휘할 수 있기 때문이다. 무엇보다 그런 상태에서는 꿈과 목표를 실현시킬 수 없다. 종국에는 망가진 심신과 산산조각난 꿈과 목표만이 남게 될 것이다.

음주가무를 좋아하는 구성원이이건 그렇지 않은 구성원이건 모두 조직에서 괄목할만한 성과를 발휘하고 싶어 한다. 크게 두 가지만 지킨다면 어렵지 않은 일이다. 첫째, 동료의 꿈과 목표를 방해해선 안 된다. 오히려 그들의 꿈과 목표에 동참해야 한다. 아니, 지지자가 되어야 한다. 또한 업무 공조를 통해 그들을 열정을 자신의 것으로 만들어야 한다. 둘째, 음주가무를 멀리하는 것이다. 직장생활을 하다 보면 뜻하지 않게 이런저런 일로 술자리가 잦게 마련이다. 그렇다고 해서 분위기에 휩쓸려 권하는 대로 마시다 보면 자기 주량을 넘어서게 된다. 그러면 뜻하지 않게 실수하게 될 뿐 아니라 다음날 숙취로 고생하게 된다. 숙취 때문에 쓰라린 속을 부여잡고 화장실을 들락날락해야 할지도 모른다. 이런 상황에서 업무는 그다지 중요하지 않게 여겨지게 된다. 가장 간절한 것은 얼른 쓰라린 속이 평소처럼 나아지는 것이다. 그러면 자연히 숙취해소는 꿈과 목표보다 더 우선순위에 오르게 된다. 이런 일들이 자주 반복된다면 업무 성과를 비롯해 꿈과 목표는 물 건너간 것이나 다름없다.

술병보다 꿈과 목표, 업무 성과가 더 중요하다. 그 세 가지는 우리가 세상을 살아가는 데 꼭 필요한 요소이다. 그 때문에 자신감과 용기, 열정이 솟고 창의력이 생겨난다. 그리고 오늘은 고달프고 힘들어도 내일에 희망을 걸게 되는 것이다.

술을 마시면 스트레스가 풀린다?
더 쌓인다!

|

'술고래' K는 오랜만에 찾아온 친구들과 술자리를 가졌다.

"오늘따라 술이 달다."

반가운 나머지 K는 그만 과음을 하고 말았다.

분위기가 한창 무르익을 때 한 친구가 일어나더니 이렇게 묻는 것이었

다.

"화장실 어딨어?"

K가 대답했다.

"저기 보이지?"

"어디?"

K는 큰 소리로 다시 말했다.

"너 술 취했구나. 저 냉장고 위에 있잖아!"

그 순간 친구들의 시선이 일제히 K를 향했다.

"나 회사 오늘 쉬고 싶어."

"왜?"

"피곤하니까."

동시대를 살아가는 직장인은 고달프다. 구조조정이 일상화되면서 무한 경쟁이 강요되는 직장은 스트레스의 발원지이다. 직장인에게 있어 가장 큰 스트레스원은 직장 상사라고 할 수 있다.

국내 한 취업 포털 사이트 조사를 보면 스트레스 해소 방안으로 직장인들은 '술이나 담배(25.9%)'를 가장 많이 꼽았다.

보건복지부는 2016년 '국민건강영양조사'를 발표했다. 20~30대 남성과 여성의 월간 폭음률(최근 1년간 월 1회 이상 한 번의 술자리에서 남성 7잔, 여성 5잔이상 음주)은 각각 58.2%, 36.2%나 됐다.
– "스트레스 · 흡연 · 폭음… 2030직장인의 건강이 위험하다" 〈세계일보〉 2017.12.04

최근 한 채용업체에서 직장인 1,270명을 대상으로 설문조사를 실시했다. 그 결과, 응답자의 85.8%가 '직장 상사 때문에 스트레스를 받는다'고 답했다. 상사의 변덕스러움과 권위적 태도로 네 명 중 한 명은 이직을 고려하고 있으며, 이로 인해 소화불량증, 두통, 불면증 등에 시달리는 것으로 나타났다. 그리고 '상사 때문에 스트레스가 쌓일 땐 어떻게 해소하나?'라는 물음에는 대부분 '술을 마신다'고 답했다.

그렇다. 대부분의 직장인들은 스트레스 해소를 위해 술을 마신다. 동료들과 술을 마시면서 과다한 업무, 권위주의 상사, 변덕스러운 상사, 제멋대로인 부하직원 등의 이야기를 안주 삼는다. 그렇게 가슴속에 응어리

져있는 스트레스를 동료들에게 발산하고 나면 그나마 스트레스가 풀리는 것 같다. 무엇보다 자신의 이야기에 맞장구도 쳐주는 동료들이 고맙고 위안도 된다.

실제로 술을 마시면 스트레스를 풀어주는 경험을 한다. 하지만 이는 적정음주를 하는 경우에만 해당된다. 술자리의 분위기에 휩쓸려 자신의 주량을 넘어서면 얘기는 달라진다. 스트레스를 풀기 위해 마신 술이 오히려 스트레스를 더 쌓이게 한다. 처음에는 동료의 얘기도 끈기 있게 들어주고 위로해준다. 시간이 지나면서 취기가 올라오고 동료의 얘기에 귀 기울이기보다 자기 말을 더 많이 하게 된다. 그러다보면 충고 아닌 충고를 하게 되고 급기야 "지금 내 얘기 건성으로 듣는 거야?", "네가 그럴 줄 몰랐다.", "어떻게 그런 말을 할 수 있어?"라며 언성을 높이게 된다.

얼마 전 친구 P가 찾아와 함께 술잔을 기울였던 적이 있다. 그 당시 P는 분을 삭이지 못했는데, 그의 말을 요약해보면 이렇다. 자신이 상사 때문에 속이 상해 한 직장 동료와 술을 마시게 되었다고 했다. 처음에는 동료가 자신의 말을 귀담아 들어주더니, 시간이 지나면서 동료는 P의 고민에는 아랑곳없이 상사의 좋은 점만 주저리 나열한다는 것이었다. 더욱 분통이 터지는 것은 P가 상사에게 인정받지 못하는 것은 본인 탓이라고 언성을 높이더라는 것이다. 그 후로 P는 그와는 일체 말을 하지 않고 지낸다고 했다.

이와 비슷한 예는 쉽게 찾아볼 수 있다. 술로써 스트레스를 해소하려고 해선 안 된다. 술은 스트레스를 풀기 위해 있는 것이 아니기 때문이다. 만성적인 과음을 하거나 폭음을 하게 되면 알코올이 스트레스 호르몬 분비를 증가시켜 스트레스를 더욱 심하게 한다. 알코올의존성 만성 음주자는 일반인에 비해서 20배 이상의 정신과 질환을 앓고 있다고 한다. 그 이유는 술이 스트레스 불면증, 불안증, 우울증 해소에 도움이 될 것이라는 잘못된 판단 때문이다. 실제로는 만성적인 음주가 우울증 등 정신적인 문제를 유발하거나 악화시킨다.

불면증에 시달리는 사람들 가운데 술의 힘을 빌려 잠을 청하는 경우가 종종 있다. 술이 중추신경계 억제제로 작용하여 수면을 유발하는 것은 사실이지만 한편으론 수면의 질을 현격하게 떨어뜨린다. 음주 후에는 몇 시간이 지나지 않아 자주 깨거나 얕은 잠을 자게 된다. 알코올의 진정 효과가 최적 수면상태인 렘(REM) 수면을 방해하기 때문이다. 술에 의존해 잠드는 버릇을 가진 사람은 술을 마시지 않으면 오히려 잠들지 못한다. 술은 불면증을 치료하는 것이 아니라 불면증을 유발한다.

때로 슬프거나 고통스런 기억을 잊어버리기 위해 술을 마시기도 한다. 이 역시 술을 마실수록 돌이키고 싶지 않은 기억들을 각인시키게 하는 부작용이 따른다. 술을 마시는 자체가 슬프거나 고통스런 기억을 잊지 못하기 때문이다. 그러니 술을 마시면서 그런 기억을 돌이키게 될 것은 자명한 사실이다.

술을 마시면 아픈 기억들을 줄여주는 것이 아니라 오히려 오래 끌게 한다는 연구결과가 있다.

일본 도쿄대학 약리학교수 마쓰키 노리오 박사는 알코올에 들어있는 에탄올은 좋지 않은 기억을 줄여주는 것이 아니라 오히려 오래도록 머물게 한다는 사실을 동물실험을 통해 밝혔다. 마쓰키 박사는 쥐들에 충격을 가해 공포를 유발시킨 뒤 한 그룹엔 에탄올을, 또 다른 그룹엔 식염수를 정맥에 주사하고 우리에 넣어 지켜본 결과 공포에 질려 몸을 웅크린 자세가 에탄올 쥐들이 식염수 쥐들에 비해 훨씬 더 오래 가는 것으로 나타났다는 것이다. 에탄올 쥐들은 이러한 공포의 자세가 평균 2주일이나 계속되었다.

이 결과, 술을 마셔서 아픈 기억들을 잊으려고 하면 오히려 그 기억들이 더욱 생생하게 머릿속에 머물게 된다는 것을 알 수 있다.

떠올리기 싫은 기억을 잊으려면 아픈 기억이 발생한 초기에 부정적인 기억을 긍정적인 기억으로 덮어씌우고 술을 마시지 않는 것이 가장 좋은 방법이라고 그는 덧붙였다

마음에 드는 직장에 다니는 사람은 소수에 불과하다. 근무조건이 마음

에 들더라도 상사가 마음에 안들 수도 있고, 상사가 마음에 들어도 근무 조건이 마음에 차지 않을 수 있기 때문이다. 직장이라는 곳이 원래 마트에서 물건 고르듯이 고를 수 있는 것이 아니다. 따라서 누구나 어느 정도 직장생활에 대한 스트레스를 가지고 있다. 다만 겉으로 표현하지 않을 뿐이다.

나만 힘든 척, 스트레스를 술에 의존해 해소하려고 해선 안 된다. 이는 결코 바람직하지 않다. 그렇다고 해서 부당한 상황을 무조건 참다간 병으로 발전할 수 있다. 이럴 땐 분노하기 전 우선 상사나 동료의 입장을 헤아리는 노력이 필요하다. 예를 들어 지시 사항을 바꾸는 이유가 상사의 성격 탓인지, 아니면 거래처 등 피치 못할 업무 때문인지를 파악할 필요가 있다는 것이다. 아무리 악한 상사가 있다 해도 지시 사항을 쉽게 바꾸진 않는다. 부속적인 계획의 방향까지 달라지기 때문이다.

스트레스의 원인이 상사의 성격이 문제라는 생각이 들 때는 느긋한 시각으로 상사의 모습을 바라보는 자세를 가져야 한다. 일방적 지시만을 내리는 권위적인 상사에게는 '군사 독재 시대의 피해자'라는 연민을 가지면서 '내가 저 위치에 있을 땐 훨씬 성숙하고 좋은 상사가 되어야지.'라고 생각하는 것이다. 그리고 이견이 있을 때는 '상대가 틀린 말을 한다.'고 생각하기보다 '나와 입장과 생각이 다르다.'라고 해석하는 것이 좋다. 그러면 상대에 대한 미운 감정이 들기보다 한결 마음이 가벼워진다.

이외에 성격이 이상한 상사나 동료라면 가급적 피하는 것이 좋다. 나름대로 잘 지내보려고 하다가 오히려 불협화음만 커질 위험성이 있기 때문이다.

무엇보다 조직에서 능력을 인정받고 성공하기 위해선 업무 역량을 강화해야한다. 자기계발 등으로 나만의 영역을 쌓으라는 것이다. 지금 이 시대는 무한 경쟁사회이다. 따라서 자기만의 전문 영역을 쌓는다는 것은 다른 경쟁자가 나를 넘보지 못하게 하는 창과 방패를 가지는 것과 같다.

음주자들 가운데 특히 직장인이 많다. 그만큼 조직생활이 힘든 탓이다. 사고방식과 성격, 개성이 제각각인 사람들이 모여 있는 만큼 불협화음이 따르게 마련이다. 여기에다 산더미처럼 쌓여 있는 업무와 상사와 부하직원 속에 끼인 샌드위치 신세는 더욱 스트레스를 유발한다.

그러나 속상하다고 해서 술자리를 가져선 안 된다. 차라리 근처 산에라도 올라 큰소리로 자신에게 스트레스를 주는 상대를 향해 욕을 해보자. 속이 후련해질 것이다. 아니면 일찍 귀가해 누구보다 나를 믿고 지지해주는 아내 혹은 남편에게 속내를 털어놓아보자. 그럼으로써 서로간의 신뢰를 돈독하게 하고 덩달아 스트레스도 해소할 수 있다. 무엇보다 화목한 가정은 직장인에게 가장 큰 힘이라는 것을 잊지 말자.

상습 음주,
뇌가 호두처럼 쪼그라든다
|

"김 대리, 퇴근 후 한잔 어때?"

"좋지! 안 그래도 술이 당겼는데….."

지금처럼 무더운 여름이면 퇴근 후 시원한 맥주 한 잔이 간절하다. 사실 업무에 지친 심신을 달래주고 기분전환에 술보다 더 효과 있는 것은 없다. 그런데 사람들 가운데 한 잔 술이 두 잔 술이 되고, 사람이 술을 마시는 것이 아니라 술이 사람을 마셔버리는 상황까지 가는 사람이 있다.

최근 영국 의사협회는 성인이 하루 3잔 이상씩 매일 마시면 알코올의 존증에 빠져 간질 같은 금단증상과 우울증, 기억상실 등의 정신질환을 앓게 된다고 발표했다. 갈증 해소를 위해 무심코 마신 술로 인해 건강상 문제를 일으킬 수도 있다는 얘기다. 하지만 술로 인한 피해는 건강에만 국한되지 않는다. 업무상 돌이킬 수 없는 실수를 하거나 중요한 인간관계에 금이 가게 하는 후회를 낳게 된다.

현재 30대인 사람들은 음주량을 조절해야 한다. 사실 30대는 활동이 가장 왕성한 시기여서 술 소비도 가장 많은 세대이다. 따라서 30대 이후부터 40대로 접어들 무렵은 생활습관병이 서서히 나타나는 시기이기도 하다. 아무리 적은 양이라 할지라도 매일 술을 마시다 보면 술에 대한 내성이 생겨 주량이 늘게 된다. 자연히 알코올에 의지하게 되는 정신질환이 올 수 있다.

한국인의 알코올중독 증세는 심각하다. 재단법인 한국음주문화연구센터는 저서『알코올백과』에서 그 원인을 이렇게 밝힌다.

첫째, 술이 너무 가까이 있다.

우리 사회는 승진, 개업, 결혼 혹은 출산과 같은 기쁜 일, 실직, 상식 같은 슬픈 일, 모임이나 친구 사귐과 같은 일상적인 일 등 모든 일에서 술이 빠질 수 없으며 한 잔 하는 것이 일상화되어 있는 사회이다. 또 저렴한 소주 가격에 전국 방방곡곡 어디에서나 쉽게 술을 구할 수 있으며, 심지어 어린아이까지 술을 살 수 있는, 술이 너무 가까이 있는 사회이다.

둘째, 술을 마셔야 한다.

술을 한 잔쯤은 마실 줄 알아야 한다는 생각이 보편화되어 있고, 술을 마시지 못하는 사람은 대인관계에서 소외될 수밖에 없다는 생각이 일반화되어 있는 사회이다. 모임이나 대인관계를 위한 술좌석에서 술을 강제로 권하거나 술잔을 돌리면서 강요하는 태도가 허용되며, 더구나 서로 간에 동질성을 가지기 위해서는 개인이 완전히 무시되고 누구나 다함께 같이 마시고 취해야 한다는 사회이다. 어쩌면 술을 음미하기보다는 빨리 만취하는 데 그 목적이(예를 들면 폭탄주) 있는 사회이기도 하다.

셋째, 술로 인한 문제점에 대해서는 매우 관용적이다.

취중 주정에 대해서는 술버릇 정도로 가볍게 생각하고, 취중의 과실에 대해서는 중대한 과실임에도 불구하고 술이 그 사람을 그렇게 만들었다고 생각하며 도덕적으로, 법적으로 관용성을 보이는 사회이다. 폭음 뒷날의 지각에 대해서도 직장에서는 웃어넘길 수 있으며, 결근을 하더라도 가족들이 오히려 아프다는 핑계로서 대신 덮어주는 사회이다. (중략) 결국 우리 사회는 술에 대한 경계심은 없고 오히려 필요한 것으로까지 생각하고, 술로 인한 실수는 누구나 있을 수 있다고 생각하는 사회이다.

이런 저런 이유로 술 마실 기회가 많다. 회식에다 경조사, 계모임, 생일파티 등에서 마시는 술로 몸은 편할 날이 없다. 그런데 상습적인 음주가 뇌에 치명적이라는 사실을 아는 사람은 드물다. 뇌에 침투한 알코올은 또 여러 신경전달물질을 방해, 뇌의 기능을 떨어뜨림으로써 치매 등의 문제를 일으킬 수도 있다. 하지만 대부분의 사람들은 알코올성 지방간이나 알코올성 간경화 등의 질병에 걸린다는 정도만 알고 있다. 전문의들은 "상습 음주는 뇌를 호두처럼 줄어들게 한다"고 충고한다. 쉽게 말해 음주 습관은 뇌기능을 죽이는 습관이라는 것이다.

자연의 섭리로 뇌의 크기는 나이를 먹으면서 조금씩 줄어든다. 하지만 술을 마시면 줄어드는 속도가 빨라진다는 연구결과가 있다. 미국 웰즐리 대학의 캐롤 폴 박사의 말을 들어보자.

"33~88세의 성인 1,839명을 대상으로 실시한 조사 분석 결과 술을 마시는 양에 따라 뇌가 줄어드는 속도는 빨라지는 것으로 확인되었다. 또한 건강에 이익이 되는 것으로 알려진 가벼운 음주도 예외는 아니다."

뇌의 축소 현상은 특히 남성보다 여성에게 두드러지게 나타났다. 이는 알코올 흡수가 여성이 남성보다 빠르고 알코올에 대한 민감도가 높기 때문으로 보인다.

폴 박사는 이들을 자기공명영상(MRI)으로 두개골에 대한 뇌의 용적비율을 측정한 결과 술을 전혀 마시지 않은 그룹이 평균 78.6%, 일주일에 1~7잔 마시는 그룹이 78%, 일주일에 14잔 이상 마시는 그룹이 77.3%로 나타났다고 밝혔다. 그는 술을 가볍게 마시면 심혈관질환 위험이 낮아지는 등 건강에 좋은 효과를 기대할 수 있다는 많은 연구결과들이 발표되었기에 가벼운 음주는 뇌를 보호하는 효과도 있을 것으로 기대했으나 예상은 완전히 빗나갔다고 말했다.

사람의 뇌는 나이를 먹으면서 10년 주기로 약 1.9%씩 줄어드는 것으로 알려져 있다. 뇌의 크기가 줄어들면 사고-학습-기억 능력도 떨어지게 된다.

알코올은 간세포를 파괴해서 간 기능을 저하시키고 간경화처럼 간의 구조를 변화시킨다. 그렇듯이 알코올은 뇌세포를 파괴하고 뇌의 기능을 저하시킨다. 필름 끊기는 현상은 알코올로 인한 뇌세포의 파괴가 심각한 수준이라는 경고이다.

만일 알코올성 건망증이 생겨서 뇌세포의 파괴가 심각하다는 경고를 받아들이지 않고 계속 무시하게 되면 어떻게 될까? 알코올성 치매라는 돌이킬 수 없는 질병이 생기게 된다. 알코올성 치매 때의 자기공명영상(MRI) 사진을 보면 실제로 뇌의 전두엽이 호두처럼 쪼그라든 것을 확인할 수 있다. 이는 이미 뇌의 구조에 변화가 생겨서 원래의 상태로 회복이 어렵다는 것을 뜻한다.

한국과학기술정보연구원(KISTI)은 2006년 10월 20일자 〈글로벌동향브리핑(GTB)〉에서 술을 많이 마시는 사람의 뇌의 해마 용적이 작다는 연구 결과를 소개했다.

상습적으로 술을 많이 마시는 사람의 경우 학습 및 기억력과 연관된 뇌의 해마가 위축될 가능성이 높다는 새로운 연구 결과가 미국 콜로라도 대학 보건 과학 센터의 교수이며 재향군인 분과 의사인 토마스 베레스퍼드(Thomas P. Beresford) 박사 연구진에 의하여 〈알코올중독: 임상—실험연구(Alcoholism: Clinical & Experimental Research)〉 11월호에 실린 논문에서 제시되었다.

베레스퍼드 박사는 "대부분의 과학자들은 뇌의 해마 부분이 새로운 것을 학습하고 기억하는 데 중요한 기능을 보유하고 있다고 생각하고 있다. 이전에 제시된 연구 결과들에서도 오랜 기간 동안에 술을 자주 그리고 많이 마시는 사람의 뇌의 해마 용적이 작다는 사실을 제시하여 왔다"고 밝혔다. 미국 존스홉킨스 의과대학의 게리 완드(Gary Wand) 교수는 "만성적 스트레스 또는 알츠하이머 질환은 해마를 손상시키는 것으로 알려져 있다. 비록 이전에 제시된 연구 결과들도 비슷한 내용을 이야기하고 있지만, 이번 연구는 보다 더 확실한 연구 방법을 통하여 더욱 더 신빙성이 있는 결과를 제시하고 있다"고 말하였다.

연구진은 자기공명 영상기기 촬영을 통하여 술을 많이 마시는 남성들과 술을 마시지 않는 남성들의 해마 용적 부분을 비교하였다. 연구 실험에 참가하였던 술을 마시는 사람들의 경우 오랜 기간 동안 그리고 아주 많이 마시고 또한 연구가 진행되는 동안에도 술을 계속 마셨다. 연구진은 나이 및 인종별로 구분하여 비교 대조군을 형성하여 결과를 분석하였다. 연구진이 스트레스 장애 증상으로 인하여 해마 용적이 축소된 것으로 의심되는 사례들을 제외하고 뇌 영상을 분석한 결과, 술을 많이 마시는 사람들의 경우 해마 용적이 감소한 것으로 밝혀졌다. 즉, 베레스퍼드 박사는 "자기공명 영상기기 촬영을 통한 뇌 영상 분석 결과 술을 상습적으로 많이 마시는 남성 그룹의 경우 술을 마시지 않는 남성 그룹에 비교하여 해마 용적이 현저히 작았다. 따라서 이러한 연구 결과는 술 자체가 해마에 손상을 줄 수 있다는 사실을 의미한다"고 주장하였다.

완드 박사는 "이번 연구 결과를 통하여 만성적으로 술을 많이 마시는 사람들에게서 나타나는 기억력 감퇴 및 인지 능력 저하 증상을 설명할 수 있게 되었다. 일반적으로 스트레스성으로 인하여 해마 용적이 감소한 사람의 경우 스트레스를 받지 않으면 용적의 크기가 회복하는 것으로 알려져 있는데, 그러나 음주를 중단하면 뇌의 기능이 회복되는지 여부는 아직 규명된 연구 결과가 없다"고 논평을 하였다. 그는 보다 더 많은 사람들을 대상으로 한 임상 연구가 필요할 것으로 보고 있다.

위의 연구 결과를 통해 음주가 뇌에 치명적인 영향을 끼친다는 것을 알 수 있다. 사실 나는 음주로 인해 뇌가 수축되면 더 이상 술을 마시지 않아도 원상회복이 어렵다는 사실에 경악했다. 상습적으로 술을 마시는 사람들의 기억력 감퇴와 인지 능력이 현저히 저하되는 이유가 이 때문이다.

습관성 음주, 의존성 음주는 정신과 영혼을 병들게 한다. 여기에다 뇌세포를 파괴하고 뇌의 구조도 변화시켜 정상적인 생활을 할 수 없게 만든다. 알코올이 인체에 미치는 영향에 대해 알아갈수록 두렵기까지 하다. 암, 백혈병과 같은 질병보다 무서운 것이 알코올중독이 아닐까 생각한다. 대부분 질병은 치료가 가능하지만 알코올중독은 정신병자와 같은 폐인으로 만들기 때문이다.

　당신은 술을 마시면 뇌가 호두처럼 쪼그라든다는 연구 결과를 가슴에
새길 수도, 무시할 수도 있다. 선택은 당신에게 달렸다. 만일 뇌가 호두
가 되어도 괜찮다면 술을 마음껏 마시길 바란다.

인간관계에 금이 가길 원한다면
그렇게 마셔라

|

대부분의 직장인들은 업무보다 인간관계로 스트레스를 받고 있다. 그들 중 대다수는 이직이나 전직을 고려하고 있는데, 그 역시 조직 내 인간관계 때문이다. 스트레스 가운데 인간관계에서 오는 스트레스가 가장 견디기 힘들다.

손뼉도 맞아야 소리가 나듯이 나 혼자 잘한다고 해서 원만한 인간관계를 형성할 수는 없다. 나 역시도 예전에 직장생활을 할 때 인간관계 때문에 고민을 많이 했다. 나는 동료에게 최대한 관심과 배려를 쏟았다. 그런데 동료는 마치 자신이 상사인척 행동을 하는 것이었다. 그때 나를 가장 힘들게 한 것은 '나만 그런 건 아닐까?' 하는 생각이었다. 이런 생각이 들 때마다 나 스스로에게 문제가 있는 것으로 여겼다. 시간이 지나도 동료와 가까워질 수 없었고 퇴근 후 나는 한 잔 술로 달래곤 했던 기억이 난다. 그러나 얼마 지나지 않아 동료가 개인적인 이유로 퇴사하는 일이 생겼다. 그 당시 다른 동료들에게서 그가 퇴사한 이유를 알았다. 그는 다른 동료들에게 따돌림을 받았기 때문이었다.

조직 내에서 인간관계 문제로 갈등하거나 고민하는 사람은 생각보다 많다. 직장인 70% 이상이 업무보다 직장 내 인간관계 유지 때문에 더 많은 스트레스를 받은 적이 있는 것으로 나타났다.

취업포털 인크루트는 성인남녀 2,526명을 대상으로 인맥에 대한 설문조사를 벌였다. 그 결과, 46%의 응답자가 '인간관계 다이어트를 시도한 경험이 있다.'고 답했다. '생각은 했으나 실행으로 옮기지는 못했다.'는 답변도 18%를 합하면 절반이 넘는 수치다.

한국노동연구원이 2017년 근로자 2,500명을 대상으로 '직장 내 괴롭힘 실태 조사'를 실시했다. 60%에 달하는 직장인이 과거 5년간 상사나 동료로부터 괴롭힘을 당한 경험이 있었다고 대답했다. 협박, 모욕, 폭언 등 '정신적인 공격'이 24.7%로 가장 많았고, 수행 불가능하거나 업무상 불필요한 과대한 요구가 20.85%로 그 뒤를 이었다. 무시 등 인간관계에서의 분리도 16.1%나 차지했다.

– "직장內 괴롭힘 대응 "퇴사" 가장 많아"〈문화일보〉2018.11.14

어느 조직에 몸담고 있더라도 정쟁(政爭)은 있게 마련이다. 어느 쪽에 발을 담그느냐에 따라 직장생활이 순탄하기도 가시밭길이 되기도 한다. 이 때문에 조직 내에는 겉으로는 드러나지 않는 냉랭한 공기가 흐르게 된다. 물론 동료와의 개인적은 마찰로 찬 공기가 흐를 수도 있다.

그런데 사람들 가운데 이런 조직 내 정쟁에서 오는 스트레스를 술로 푸는 사람들이 있다. 물론 취미생활이나 운동, 독서, 동호회 활동 등으로 푸는 사람들도 있지만 그 수는 미미한 수준이다. 그렇다보니 직장 내에서 감당하지 못할 스트레스를 받게 되면 자연스레 동료 혹은 친구들과의 술자리를 만들게 된다. 이런 일이 반복되면 자신도 모르게 알코올중독이 되는 것이다.

나 역시 술을 좋아하는 편이다. 술을 즐겨 마시는 사람치고 술에 취해 실수를 하거나 사소한 오해로 몸싸움까지 벌이는 일, 블랙아웃을 경험해 보지 않은 사람은 없을 것이다. 스트레스를 풀기 위해 마신 술이 종국에는 인간관계에 금이 가게 하는 해머로 작용하게 된다. 대인관계에 술은 반드시 필요하지만 스트레스 해소용으로 술을 마셔선 안 된다.

만화가 박원빈은 10대 후반부터 술을 마시기 시작했다. 술은 때에 따라 남자다운 호기를 부리는 용기를 주기도 했고, 대인관계 시에는 경직된 분위기를 풀어주는 윤활유 역할도 해주었다.

그러나 시간이 지나면서 음주 횟수와 주량이 늘어나 알코올중독자가 되고 말았다. 술에 만취하면 잦은 실수를 했고, 알코올중독성 우울증으로 끊임없는 자살 충동에 시달렸다. 그런 그가 단주 경력 2년 째가 되던 해, 술이 가져다주는 폐해를 사람들에게 알리기 위해 자신의 경험을 만화책『지옥을 체험하고 싶은자, 알코올중독자가 되라』(청어람)를 펴냈다. 책 속의 내용 일부를 소개한다.

타고난 체력을 자랑하던 저도 밤새워 마시면 하루를 일어나지 못하고 앓아야 할 만큼 체력도 떨어졌습니다. 병원에서 알코올성 간염이나 간 기능 저하로 단주를 종용받기 시작한 때도 이때쯤인가 봅니다. 1년에 두 번꼴로 간 기능 이상으로 치료를 받았고, 회복된다 싶으면 다시 마시고 어느 때는 치료약을 먹으며 마셨습니다.

화실은 더 많은 사람들로 북적거리고 그만큼 저는 지치고 힘들었으며 음주 횟수는 늘어갔습니다. 일하는 사람들 중 나이 든 사람들은 자택이나 자신의 화실에서 원고를 집필해 한 달에 한 번 정도 나왔습니다.

"안녕하세요? 박 선생님."

"어서 오세요."

대체로 이들은 저와 술자리를 갖기를 원합니다.

"당분간은 활극이 나갈 것 같아."

"아, 네."

그 자리에서 그들은 자신의 능력도 인정받고 새로운 정보도 얻을 수 있기 때문입니다. 하지만 그들에게는 오랜만이지만 저는 매일이다시피 술자리를 합니다. 물론 마시기 전에는 결심을 합니다. 오늘은 정말 입에 대는 시늉만 하겠다고.

그러나 이 결심은 지켜지지 않았습니다.

"이리와! 우리 딱 한잔만 더 하고 가자구."

"아니, 박 선생님, 제발 그만⋯."

"벌써 3찬데⋯."

"그러니까…. 더 먹자는 거야? 그만 먹자는 거야?"

도리어 그들이 만취한 저를 집까지 바래다주거나 하는 것으로 상황은 역전됩니다.

다음 날 숙취 때문에 출근을 못하거나 오후에 나가는 일이 늘어나기 시작했습니다.

그 후로도 박 씨는 술로 인해 돌이킬 수 없는 실수를 했다. 그 과정에서 많은 사람들에게 외면을 당했고 인간관계에 금이 가기 시작했다. 타인들에게 외면을 당했을 뿐 아니라 자기 스스로도 비참한 기분에 우울증이 심해졌다. 사실 그는 꽤 잘 나가는 만화가였다. 하지만 알코올중독자를 환영하는 사람과 조직은 없다. 결국 그는 많은 대가를 치르고 단주를 결심하게 되었다.

그리스 철학자 헤라이클레이트 "영혼은 건조할수록 좋다. 어른도 술에 취하면 비틀거리면서 어린아이가 이끄는 대로 끌려간다. 그 영혼이 젖어 있기 때문이다."라고 말했다. 로마의 주교 아우구스티누스 역시 비슷한 말을 했다. "술을 사람을 매료시키는 악마이고 달콤한 독약이며 기분 좋은 죄악이다."

술은 마시는 양에 따라 유익 혹은 해악일 수 있다. 많은 사람들이 지나친 음주 때문에 부부싸움을 하고 자녀들에게 고통을 안겨준다. 평소 누구보다 자상한 아버지, 어머니가 그런 부끄러운 모습을 보이는 것이다.

술을 절제할 수 없다면 아예 마시지 않는 것이 좋다. 아직 이루어야 할 목표와 꿈, 당신을 바라보고 있는 가족이 있지 않은가. 결단하라! 피땀 흘려 번 돈을 몸, 마음, 가정, 인간관계까지 망치는 술과 바꾸지 않기로.

술만 마시면
연락 두절되는 직장동료
|

"자네, 어제 회식 중에 안보이던데?"

"그게 저… 술에 취해서….”

"그러고 보니 많이 취한 건 같았는데 집은 잘 들어갔나?"

"……."

   오래전 다녔던 잡지사 기자들 중에 술만 마시면 연락이 두절되는 동료 P가 있었다. 회식이나 기자들끼리의 간단한 술자리에서 분위기가 무르익어갈 때쯤 P가 보이지 않는 것이었다. 처음에는 P의 술버릇을 모르는 우리는 그에게 전화를 해보거나 술집 화장실 등 근처를 찾아보았다. 혹시나 술에 취해 사고라도 난 것은 아닐까 염려되었기 때문이다. 그런데 다음날 P는 미안한 표정으로 사무실을 들어섰다. 알고 봤더니 전날 있었던 일이 아무 것도 기억나지 않는다고 했다. 자신이 어떻게 집에 들어왔는지조차 떠오르지 않는다는 것이었다. 그 후로도 술만 마시면 중도에 연락이 두절되는 P의 술버릇은 계속되었다.

   지인들과 술을 마셔보면 다양한 사람들이 있다. 술을 음미하듯이 마시는 사람, 전쟁이 난 듯 단숨에 들이키는 사람, 한 잔을 놓고 서너 번 나눠 마시는 사람, 술에 물이나 음료를 섞어서 마시는 사람, 술은 마시지 않고 안주만 축내는 사람…. 이 가운데 분위기가 익어갈 즈음 사라질 확률이 높은 사람이 있다. 누구일까? 바로 전쟁이 난 듯 단숨에 들이키는 사람이다. 술을 천천히 마시지 않고 급하게 마시기 때문에 취기가 바로 올라온다. 이성을 잃게 되고 감정적으로 변하게 된다. 이때 누군가 그의 기분을 건드리는 언사를 하게 되면 괴물로 변신하고 만다. 친구나 동료들과 다투게 되고 격해진 감정을 억누르지 못해 그 자리를 빠져나가고자 한다. 이때 귀소본능이 작동된다. 대부분 화장실에 갔다 오거나 지인에게 전화를 하다가 갑자기 연락이 두절되는 일이 잦은 것은 이 때문이다.

주위에 "술 안 마시면 무슨 낙으로 사느냐?"라고 말하는 사람이 있다. 지인의 형이다. 그는 이틀이 멀다 하고 술을 마신다. 마셨다 하면 취하도록 마시는 게 그의 주특기이다. 1년 전에 있었던 일이다.

하루는 지인에게 전화가 걸려왔다. 따르릉 따르릉!

"여보세요?"

"저, 여기 안산 소망병원인데요. 김○○ 씨가 병원비를 지불하지 않고 그냥 가버리셔서 전화드렸습니다."

"네? 그게 무슨 말씀입니까?"

"얼마 전 만취상태로 김○○ 씨가 119에 실려 오셔서는 응급실에서 검진을 받으셨는데요. 술에 너무 취해서 정신을 못 차리시기에 그냥 술 좀 깰 동안 병원 침대에 누워 계시게 했는데 아침에 갑자기 사라지셨어요."

그 순간 지인은 어제 새벽 형의 모습이 떠올랐다. 그래서 창피한 생각이 들어 기어들어가는 소리로 말했다.

"네, 알겠습니다. 형이 오면 자초지종을 물어보고 병원비를 지불하겠습니다."

그날 저녁에도 술 냄새를 풍기며 들어왔다.

"형, 얼마 전에 응급실 간 적 있지?"

"응급실? 잘 생각 안 나는데…."

"사실대로 말해봐, 오늘 병원에서 병원비 안내고 도망갔다고 집으로 전화 왔어."

"……."

"이게 뭐야? 사람 창피해 죽는 줄 알았어."

창피한지 형은 머리를 한번 긁적거리며 말문을 열었다.

"아, 그때였나 보다."

"그때라니? 언제?"

"저번 토요일 친구 결혼식 날."

지인의 형의 말에 따르면 전말은 이러했다. 그날 지인의 형의 가장 친한 친구가 결혼식을 했고, 그는 친구들과 피로연 자리에 함께 참석을 했다. 피로연 자리에서 신부 쪽 아가씨들이 너무 재미있게 놀아 분위기에 흥이 난 나머지 게임을 하고 돌아가며 폭탄주를 마셨다고 한다. 얼마를 마셨는지도 기억이 없고 눈을 떠보니 흰 가운을 입은 간호사들이 분주하게 움직이는 모습이 눈에 띄었다. 그는 얼른 집에 가야겠다는 생각 하나로 침대에서 일어나 택시를 타고 집까지 왔다는 것이다.

다음날 지인은 형과 같이 술을 마셨던 형 친구들에게 전화해서 그날의 상황에 대해 물어보았다. 그랬더니 그날 형은 폭탄주를 마시다 갑자기 화장실에 가더니 아무리 기다려도 오지 않았다고 한다. 친구들은 그가 술이 취해 집에 갔나보다 하고 각자 귀가했다. 그렇다면 형이 집으로 오던 중에 취기가 많이 오르자 도중에 길에서 잠이 들었고 마침 행인의 신고로 119차량에 실려 병원으로 가게 된 것이다. 그때 지인은 자신의 형이지만 그렇게 창피할 수가 없었다고 한다. 당시 지인이 했던 말이 생각난다.

"큰 사고가 나지 않은 것은 다행이지만 그래도 길에서 잠을 자는 것은 정말 이해가 안 돼. 또 검사비용도 치르지 않고 병원에서 도망 오는 것은 또 뭐야? 정말 창피해서 원."

지인은 형에게 병원에 가서 병원비를 계산하고 오라고 말했다. 그런데

형이 도저히 창피해서 못 가겠다고 해서 결국 지인이 병원에 가서 형 대신 검사비를 치러야 했다. 검사비도 만만찮았다. 술 취한 사람 상대로 종합검진을 한 것이었다. 지인은 지금도 그날 치른 검사비는 맞벌이로 고생하는 아내에게 비밀로 하고 있다. 지인의 형은 아직도 정신을 못 차린 채 술독에 빠져 산다. 이제는 그나마 다니던 직장도 그만두었다고 했다.

친목을 도모하기 위해 가진 술자리에서 술에 취해 갑자기 연락 두절되는 동료를 곱게 봐줄 사람은 없다. 다음 날 힘이 들어 출근도 못하고, 회사에서 걸려오는 전화까지 받을 수 없다면 정말 문제다. 스스로 술을 절제하지 못하면 술을 끊는 수밖에 없다. 계속 되면 친구들도, 동료들도 등을 돌리게 마련이다.

술로 인해 스트레스를 풀다가 자신도 모르게 술 때문에 스트레스가 더 쌓여 괴로워하는 한 후배가 있다. 그의 말을 들어보자.

"전에는 친구들과 술을 마시면 마지막까지 남는 스타일이었습니다. 그래서 친구들을 집에 데려다주고 그랬죠. 저는 술 마시면 다음 날 숙취가 심해 며칠 술을 안 마시는 편이었습니다. 그리고 술에 취해도 다음날 대부분 기억이 났어요. 그런데 요즘은 마셨다 하면 2차가 기본이고 다음날 도무지 기억이 나지 않아요. 집에 어떻게 왔는지, 나 스스로도 놀랄 때가 있습니다. 어제는 아침에 일어나보니 제 손과 다리가 피범벅이 되어 있어서 어떻게 된 일이냐고 친구들에게 물어봤습니다. 그랬더니 제가 술에 취해 한 친구한테 시비를 걸었고 주먹다짐까지 하게 되었다고 했습니다. 이제 이런 제 자신이 싫고 두려워집니다. 누군가 술 한 잔 하자는 소리에 가슴이 뛰기까지 합니다. 어떻게 해야 할까요?"

　술버릇 평생 간다. 강한 의지가 아니면 술버릇을 고치기 힘들다. 술을 마셨다하면 마치 소가 물을 들이마시듯 술을 단숨에 마시는 사람들은 위험하다. 술자리를 가진 다음날 온갖 사건 사고의 주인공이기 때문이다. 사실 뉴스나 신문에 음주 교통사고, 부녀자 성폭행, 폭행 등의 가해자가 되거나 소매치기, 아리랑치기 등의 피해자가 되기도 한다. 이런 일들은 술을 적당하게 마시거나 아예 마시지 않는다면 일어나지 않을 일들이다.

직장생활,
실타래처럼 꼬이게 된다

|

대부분 사람들은 직장생활로 생계를 영위한다. 그러다 보니 가정보다 직장을 더 중요시하게 된다. 윗사람에게 잘 보이고 동료들과는 원만한 관계를 유지하기 위해 노력한다. 그리고 인정받고자 고군분투한다. 직장이 밥줄인 동시에 자아실현을 할 수 있는 기회, 즉 수단과 도구가 되기 때문이다.

그동안 나는 직장생활이 실타래처럼 꼬인 사람들을 여럿 보았다. 직장생활이 실타래처럼 꼬였다는 것이 인생 자체가 꼬였다고 해도 과언이 아니다. 그런데 재미있는 것은 그들 가운데 대다수가 업무 능력뿐 아니라 회사에 대한 충성심까지 인정받았던 사람들이었다. 그들에게 어떤 결함이 있기에 위기에 내몰렸던 것일까?

나는 그들과 함께 밥도 먹고 술도 마시면서 차차 그 이유를 알게 되었다. 그들이 그러한 위기 속으로 등 떠민 것은 다름 아닌 '본인'들이었다. 평소 뛰어난 업무 능력뿐 아니라 성실하고 동료를 생각하는 배려심까지 갖추고 있었지만 회식자리와 같은 술자리에서 추태를 보인 것이다. 보통 회식자리에는 부서장이 참석하지만 때로 임원도 함께할 때도 있다. 그런 자리에서 자신이 마치 오너(owner)인 양 윗사람에게 막말을 하거나 흐트러진 모습을 보인다면 애교(?)로 봐줄 상사는 아무도 없다. 오히려 '됨됨이'가 글러먹었다고 생각할 것이다. 무엇보다 회식과 같은 자리에서 아랫사람에게 망신을 당한 상사라면 언제까지나 가슴속에 담아두게 마련이다. 그러다 회사가 구조조정이나 부서재배치를 하는 일이 생기면 상사는 그 직원을 여러 이유를 들어 내치게 된다.

윗사람과 술을 마시는 것은 사실 부담되는 자리이다. 회사에서의 술자리는 구성원들 간의 관계를 돈독하게 하고, 켜켜이 쌓인 스트레스를 풀어주는 활력소가 되기도 한다. 하지만 기본적인 매너를 지키지 못하면 마시지 않는 것만 못하게 된다. 오래도록 돌이키고 싶지 않은 기억을 구성원들의 머릿속에 각인시키는 상황이 빚어지기 때문이다.

그래서일까? 직장 선배들은 이렇게 충고한다.

"직장인에게 회식과 같은 술자리에서의 주도(酒道)는 그 사원의 됨됨이를 평가하는 잣대로 작용한다. 때문에 좋지 못한 주사가 있다면 자기 주량만 마시든지 아니면 술자리가 끝날 때까지 정신 줄을 놓아선 안 된다."

회식자리에서 주사를 부려 대략 난감한 상황에 빠진 두 명의 주인공이 있다. 그들에게 어떤 일이 일어났을까?

강석문 씨에게는 주사가 있다. 술에 취했을 때 상대가 누가 되었건 거침없이 입바른 소리를 잘 한다는 것이다. 적당한 '충언'에서 그친다면 다행이지만 술이 들어간 강 씨의 입이 쏟아내는 말들은 '수소폭탄'급이었다. 상사, 동료, 부하직원을 막론하고 일단 존대하는 말투가 시니컬해지기 시작하면 올 것이 온 셈이다.

강 씨는 동료들과 프로젝트를 성공적으로 마쳤다. 프로젝트 성공을 기념한 술자리를 가졌다. 임원과 팀장, 같은 부서 동료들까지 총출동해 "그동안 고생 많았다"며 최 씨를 비롯한 동료들의 등을 두드려주는 정겨운 분위기였다.

강 씨는 기분이 좋아 연거푸 술잔을 비우고 말았다. 그러자 취기가 돌면서 강 씨 특유의 시비 거는 말투가 어김없이 재연되었다. 하필 옆자리에는 직속 임원이 앉아 있었는데, 그의 시니컬한 말투는 급기야 임원에게로 쏟아졌다.

어느덧 강 씨는 임원을 껌 씹듯 씹으며 맞장 뜨고 있었다. 당황한 임원이 말했다.

"꽈배기를 먹었나. 이 사람이 왜 이렇게 꼬였어?"

그러자 강 씨 역시 시비조로 대꾸했다.

"제가 좀 꼬였습니다. 그래서요? 뭐 까짓 거 회사 안 다니고 말죠."

급기야 팀장이 제어하고 주변 동료들이 말렸다. 하지만 이미 사태는 주워 담을 수 없는 지경이었다. 어떻게 귀가했는지도 모르게 아침이 찾아왔다. 온몸이 매 타작 당한 듯 전신이 쑤시는데 간밤에 무슨 있었는지 기억이 나지 않았다. 강 씨는 머리도 감지 않고 대충 물만 축여 회사로 향했다. 부랴부랴 사무실로 들어선 강 씨는 사무실의 분위기가 심상치 않음을 느꼈다. 동료들에게 살갑게 인사해도 받아주는 이 하나 없었다.

점심시간 때 사무실 동료가 간밤에 있었던 상황을 설명해주었다.

'이놈의 주사, 또 발동 걸렸구나.'

그 후로 꼬박 5개월간 강 씨는 죽은 듯 일만 했다.

입사 하자마자 남자친구와 이별한 신혜영 씨. 그는 아픈 기억을 잊기 위해 눈 코 뜰 새 없이 바쁘게 보냈다. 하지만 이따금씩 쓰나미처럼 몰려오는 쓰라린 고통은 달랠 길이 없었다.

얼마 후 신입사원이 들어왔고 부서 회식을 가지게 되었다. 그녀의 고통스런 마음을 아는지 모르는지 술잔은 집요하게 신 씨에게 향했다. 그렇지 않아도 울적한 기분에 그녀는 주는 잔을 거절하지 않고 모두 마셨다. 술을 마시면 아픈 기억을 지울 수 있으리라는 생각 때문이었다.

신씨는 중간 중간 헤어진 남자친구와 통화를 하고 돌아왔다.

"오빠가 나한테 어떻게 이럴 수가 있어, 어떻게….."

어느 정도 취기가 오른 신 씨는 급기야 회식자리에서 울음보를 터뜨리고 말았다.

"흑, 흑흑흑….."

한번 터진 눈물은 그칠 줄 몰랐다. 갑작스런 신 씨의 대성통곡에 동기, 선배들 모두 대략 난감이었다.

그 오빠가 자신들이 아니었지만 연신 "미안하다.", "남자들이란 원래 그래.", "분명 더 좋은 사람 만날 거야." 등 위로의 말을 건넸다. 신입사원을 위해 마련된 회식은 그녀의 한을 풀어주는 장이 되고 말았다.

신 씨의 울음보는 이별의 상처가 아물 때까지 회식 자리마다 반복되었다. 결국 그녀의 실연스토리는 공중파 TV 프로그램처럼 사내에 중계되었다.

위의 이야기는 지인을 통해 들은 실제 이야기이다. 직장생활을 하다 보면 이런 경우를 한두 번 보게 된다. 그런 상황을 연출한 본인들은 만취해 블랙아웃에 빠져 기억이 나지 않을 것이다. 하지만 그 자리에 남아 있던 동료들은 어떤가? 화기애애한 분위 속에서 유대를 돈독히 하고, 쌓인 스트레스를 풀기는커녕 오히려 스트레스를 받은 꼴이다. 물론 본인이야 말할 것도 없지만. 직장생활을 통해 밥벌이를 하는 사람이라면 절대 이런 상황을 만들어선 안 된다. 회식과 같은 술자리나 동료와의 가벼운 술자리에서도 조심, 또 조심해야 한다.

시인 로버트 로웰은 20세기 미국 문단을 대표하는 시인이었다. 그는 앤 섹스턴, 존 베리맨, 실비아 플라스와 같은 당시 중요 시인들이 참여한

'고백 시'의 주도자였다. 하지만 그는 안타깝게도 알코올중독에다 조울증까지 겹쳐 있었다.

그는 평소에 술에 취해 기괴한 행동을 보인 경우가 많았다. 언젠가 그는 미국을 대표하는 시인으로 명성이 떨치게 되었을 때 국무부에 의해 남미에 문화사절로 파견되었다. 그때 함께 동반한 한 하원의원이 적어둔 기록에는 다음과 같이 적혀 있다.

아래 이야기는 우리에게 시사하는 바가 많다. 따라서 본인의 음주 습관을 돌이켜보는 계기로 삼아보자.

우리가 아르헨티나에 도착했을 때 그는 이미 아침에 더블 보드카 마티니를 마신 상태였다. 그는 내게 계속 술을 권했다. 우리가 대통령 관저인 카사 로사라에 점심을 먹기 위해 도착하자마자 이미 술에 거나하게 취한 로웰은 옆자리를 차지한 한 장군에게 모욕을 주기 시작했다. 그 장군은 얼마 지나지 않아 아르헨티나 대통령에 취임할 분이었다.

그러나 이것은 이번 여행 가운데 만취한 상태에서 외교적 실수를 저지른 것의 시작에 불과했다. 그곳에는 미국 문정관이 참석해 있었다. 아르헨티나 장군들이 모두 훈장으로 가득 장식된 예복을 입고 엄숙한 자세를 취하고 있었는데 그는 아주 야한 스포츠 코트를 걸치고 셔츠 단추도 채우지 않아 가슴을 드러내고 식사에 참석했다. 문정관은 초청된 사람들에게 로버트 로웰을 소개하면서 3분 정도의 연설을 부탁했다. 불행하게도 문정관은 로웰에 대해 그다지 아는 것이 없었다. 그래서 그는 시인이 기대하는 바와는 아주 동떨어진 질문을 했다. 이미 술에 취한 데다 불쾌감을 감추지 못한 로웰은 그에게 물었다.

"당신, 정말 문정관 맞소?"

"예, 그렇습니다."

그러자 그는 빈정대며 말했다.

"도대체 당신이 어떻게 문정관이 될 수 있겠나? 글 하나 제대로 읽지도 않은가 본데."

점심 식사 후 로웰은 부에노스아이레스에 즐비한 말 탄 장군 조각상을 구경하러 나섰다. 그는 조각상을 볼 때마다 차를 세운 후 조각상에 올라가 말 탄 장군 뒷자리에 올랐다. 그는 전 시내에 있는 모든 기마상 조각상에 가서 올라타겠다고 했다. 다행히 그 도시에는 헤아릴 수 없이 많은 조각상이 있었기 때문에 그는 실천에 옮기지 못했다.

미국을 대표하는 시인이 이와 같은 행동을 저질렀다는 것은 상식적으로 있어서는 안 될 일이다. 그러나 술은 그것을 가능하게 만들었다. 나라를 대표하는 시인으로서 좋은 이미지를 심어주어야 할 사람이 나라를 대표해서 좋지 못한 이미지를 심어준 이 이야기는 씁쓸할 뿐이다. 술의 힘은 거대하다.

술버릇은
쉽게 고쳐지지 않는다

|

사람들 가운데 유난히 술을 좋아하는 사람이 있다. 이런 사람은 술이라면 사족을 못 쓴다. 심지어 애인보다 술친구 혹은 술자리를 더 좋아하는 경향이 있다. 과연 이런 사람과 결혼하면 행복하게 잘 살 수 있을까?

이미 그런 부류의 사람과 결혼해 살아본 사람들은 한결같이 대답한다. "그만 헤어지는 것이 미래를 위해 현명하다."라고. 사실 이렇게 말하는 사람들 중에 몇 년 후 이혼한 사람들도 많다. 아니면 결혼생활은 지속하지만 대부분 불행한 나날을 보내는 경우가 많다. 그들이 가장 괴로워하는 것은 술만 마시면 다른 사람으로 변신하는 배우자의 모습 때문이다. 평소에는 너무도 잘해주는 데 반해 술에 취하면 막말을 하거나 추태를 부리는 모습에 창피한 생각과 함께 혐오감을 느끼게 된다. 이는 결국 자존감을 잃어버리게 한다.

연예인들 사이에도 술 때문에 웃지못할 헤프닝을 벌인 사람들이 많다. 그중 최근 신동엽과 문세윤의 사례를 들 수 있다.

신동엽은 SBS〈미운우리새끼〉에서 23년 전 이야기를 꺼냈다. 그가 이재룡, 유호정 부부의 집에서 술을 먹다가 취해 잠들었는데 술 기운에 옷을 전부 벗어버렸다는 것이다. 게스트로 출연한 유호정은 웃으며 "거실에 나왔다가 너무 깜짝 놀랐다"고 받아쳤다.

– "신동엽 "이재룡~유호정 신혼집서 만취해 나체로 자" 〈헤럴드경제〉 2018.07.30

SBS 파워FM 〈두시탈출 컬투쇼〉에 게스트로 출연한 조한선이 개그맨 문세윤과 관련한 이야기를 꺼냈다. 문세윤은 예전에 MBC 예능 프로그램 〈라디오스타〉에서 "조한선의 집에 방문했다가 화장실을 부쉈다"고 밝힌 적이 있다. 조한선은 "그날 과음을 하고 화장실을 가려고 보는데 화장실 앞 나무 발판이 부서져 있더라. 내가 그랬나? 하고 변기에 앉았는데 변기 커버도 부서져 있었다. 수건 걸이도 빠져 있었고 수도꼭지도 쑥 빠지더라."라고 회상했다.

– "'컬투쇼' 조한선, 문세윤에 "화장실 수리비 물어줘" 음성편지 폭소" 〈뉴스엔〉 2017.05.13

이들의 헤프닝에 웃고 넘기면 그뿐이다. 보통 사람이 아닌 연예인인 탓에 그만 웃고 넘어갈 수 있다. 그들에게는 보통 사람에게 느낄 수 없는 신비감이 있기 때문이다. 한편으로 '정말 그럴까?'라는 생각도 한몫할 것이다.

그런데 그와 같은 사람들이 현재 사귀는 애인이라면 얘기는 달라진다. 연애할 때는 사랑으로 어느 정도 감내할 수 있지만 결혼 후에는 그런 배우자가 창피할 뿐 아니라 그런 사람과 한집에서 살고 있는 자기 자신 또한 불쌍하게 여겨질 것이다. 이런 속에서 애정이 지속되기를 바라는 것은 시멘트 위에 꽃이 자라길 바라는 것과 같다.

　다음은 포털사이트 다음에 고민중님이 올린 글이다. '사람들과 술을 너무 좋아하는 남친'이라는 제목만 봐도 어떤 내용일지 사뭇 짐작이 간다.

　저랑 남친은 8살 차이나 납니다. 곧 결혼도 생각하고 있습니다.

　사귄지는 이제 겨우 반년, 한참 좋아야 할 시기 같은데 식사 한 끼를 하더라도 둘이 있는 것보다는 누군가를 부르고 싶어 합니다. 둘이 하는 데이트보단 사람들과 같이 어울리는 것을 너무 좋아하구요. 심지어 백일이나 크리스마스 때도 다른 사람들과 함께 2차, 3차까지 갔었습니다. 그게 싫다고 몇 번이나 투정도 부려보고 화도 내봤지만 처음엔 좀 미안해하더니 이제는 그런 걸로 화내는 나를 이해 못하겠답니다. 나를 사랑하고 있다는데 왜 의심을 하냐고 받아들입니다.

　둘이 있을 땐 참 잘해줍니다. 참을 수 없는 건 우리 둘 모두 잘 아는 사람들과 함께 있을 때는 태도가 돌변한다는 거죠. 내가 그 자리에 같이 있다는 걸 잊어버리는 것 같은 태도, 그런 술자리가 지겹고 피곤해서 2차쯤에 먼저 간다고 일어나면 배웅은커녕 잘 가라고 앉은자리에서 인사하고는 끝이에요.

　정말 자존심 상합니다. 더 자존심 상하는 건 주변 사람들이 그런 태도를 보고 저한테 한마디씩 하는 것들이죠. 뭐라고 해야 하는 거 아니냐, 평소에도 그러느냐 등 남친이 아닌 다른 남자들이 정류장까지 데려다준 적도 가끔 있습니다. 고맙기도 하지만 참 창피하다는 생각이 들더군요. 스스로가 불쌍하게 느껴지고…. 그런 감정이 들었다는 말을 해도 내가 왜 그런 기분을 느꼈는지 전혀 모르겠다고 화를 냅니다.

사람들과 술을 좋아하는 건 이차적 문제고, 왜 둘이 있을 때와 같이 아는 사람들과 함께 있을 때 그렇게 태도가 돌변할까요? 나와 있을 때가 가장 행복하다고 늘 말하면서 왜 둘이 있는 것에 만족을 못하고 꼭 여럿이 함께 하려고 할까요. 저런 이중적인 태도가 영원히 고쳐지지 못할 것 같다면 그만 만나야 하나 싶어요.

만남을 지속해야 할까, 그만 헤어져야 할까 갈등하고 있는 글쓴이의 심적 고통을 느낄 수 있다. 또 다른 글을 보자. '다음'의 신지식에 빅토리아 님이 올린 '술 마시면 변신하는 남자'라는 제목의 글이다.

9개월 동안 만나고 있는 남자가 있습니다. 처음엔 매너가 너무 좋아 원래 그렇게 젠틀하고 매너가 좋고 다정한 사람인 줄 알았습니다. 그런데 만나는 날이 지나면 지날수록 이 사람은 원래 제가 생각했던 모습이 아닌 전혀 다른 모습을 저에게 보여줍니다.

특히 술을 마시고 난 후 정말 딴 사람으로 변신을 합니다. 처음 술 마실 때는 진짜 재밌게 놀고 술자리에 웃음이 끊이질 않습니다. 그런데 본인

주량에 다다르면 변신을 시작합니다. 변신의 과정은 처음은 일반적으로 사람들이 취하는 모습인 얼굴이 빨개지고 혀가 꼬이고 몸을 못 가누며 여기까지는 괜찮습니다. 제가 짜증나고 정말 싫은 건 고집을 피우기 시작한다는 겁니다. 그것도 완전 똥고집을. 자기가 하고자 하는 걸 못하게 하면 길거리에 드러눕고 소리 지르고…. 그래서 웬만하면 술 취해서 하고 싶어하는 건 다 들어줍니다.

그리고 이것보다 더더더더더더 싫은 건 말을 막한다는 겁니다. 아무리 술이 취해서 제정신이 아니라지만 '미친년, 지랄하네' 같은 욕을 하고 내가 무슨 말만 하면 다른 사람 만나라며 그만보자고 하고 이젠 하다하다 말까지 지어내서 얘기합니다. 내가 거짓말을 입에 달고 산다고, 내가 거짓말쟁이라고, 다른 사람들도 다 그렇게 얘기한다고….

내가 누가 그런 말 했느냐고 캐물으니 장난으로 자기가 지어내서 한 거라고 합니다. 그게 재밌나? 어이가 없어서…. 정말 글로 표현할 수 없을 만큼 사람을 못살게 굽니다.

저는 술을 못 마시기 때문에 항상 술 취한 사람 뒤처리를 해야 하고…. 진짜 술 얘기만 나오면 스트레스가 장난이 아닙니다. 술 취해서 저를 그렇게 스트레스 주고 속상하게 하고 상처받게 해놓고, 다음날 술이 깨면 미안하다고 술 취해서 한 거니까 니가 이해해달라고 합니다. 진심이 아니라고…. 그런데 항상 무슨 술 마시는 절차도 아니고 항상 술 취하면 이런 일을 반복하니 답답해 죽겠습니다. 어떻게 해야 할지….

헤어지는 게 좋은 방법인 것 같다는 생각이 너무 많이 들지만…. 생각은 '다음에 또 저러면 헤어져야지.' 하는데 막상 그때가 오면 헤어지자는 말을 못하겠습니다.

술 취하면 다른 사람 만나라면서 그만보자고 말하는 남자…. 말로 상처란 상처를 다 받으면서 헤어지자고 못하는 나….

정말 어쩌면 좋을지 모르겠습니다. 술 안마시면 진짜 재밌고 귀엽고 좋은 사람인데 술이 사람을 싫게 만듭니다.

빅토리아 님의 글에 몇몇 사람들의 조언성 댓글이 달렸다. 그 중에 몇 개를 소개하고자 한다.

• 최나눔 님: 주사가 심하군요. 현명한 판단이 필요할 때라 봅니다. 다 받아주고 평생 속 썩으며 살 생각이라면 답이 나오고, 그렇지 않고 받아들일 수 없다면 아쉽긴 하지만 빨리 정리하는 게 타당할 것 같군요.

• 똥박 사장님: 주사는 평생 고질병입니다! 생각할 것 없어요! 지금같은 상태로 평생 속 썩고 살 거라면 관계 유지하시고 후회 안 하시려면 맘 아프지만 지금 바로 정리하세요! 직접 겪은 사람입니다! 주사는 절대 안 고쳐집니다. 술을 끊기 전에는.

• wlgodjaak 님: 빨리 정리하시는 게 가장 현명한 방법입니다. 제 친구도 결혼 전 그런 모습을 보고 망설이다가 정 때문에 결혼했다가 결국은 이혼하고 말았습니다. 나중에 결혼해서 자식에게도 안 좋은 결과만 초래할 뿐입니다.

• 화이트호스 님: 나도 술버릇이 심한 남편 때문에 18년을 맘고생하고 살고 있는 40대라우. 나도 아가씨 때는 그냥 나아지겠지, 생각하며 참았는데 고쳐지지가 않고, 그것은 모든 가족한테도 상처가 된다우. 경험자가 일러주는 사실이니, 아무리 사랑하는 남자라도 고쳐서 살기 힘들 것 같으면 헤어지는 게 아가씨의 장래를 위해서 좋을 것 같네요. 순간의 선택이 평생을 좌우한다는 사실! 술버릇 고약한 사람은 도시락 싸다니면서 말려야한다니까요, 행복한 미래를 위해 현명한 선택을 하시길 바라요.

하나같이 주사는 쉽게 고쳐지지 않는다고 말한다. 그러면서 헤어지는 것이 현명한 선택이라고 조언한다. 이렇게 조언할 수 있는 것은 이미 그런 이성과 사귀었던 경험이 있거나 그런 사람과 결혼하여 쓴 맛을 보아왔기 때문이다. 지인 중에도 돌변할 정도로 술을 마시는 사람 혹은 애인^(배우자)보다도 술과 술친구를 더 애지중지하는 사람을 보았다. 몸과 마음으로 고생하는 사람은 술에 취한 당사자가 아닌 애인^(배우자)이었다.

나 역시 술을 즐겨 마시는 편이다. 그러다 보니 술자리에서 다양한 형태의 주사를 부리는 사람들을 보았다. 그리고 지금까지 그들을 지켜본 바 주사는 쉽게 고쳐지지 않는다는 것이다. 술을 마시지 않으면 법 없이 살 사람, 인정이 넘치는 사람, 자상한 사람이지만 적정한 주량을 넘기면 '돌변'하고 폭력적으로 바뀐다. 때문에 그들은 언제 터질지 모르는 시한폭탄과 같은 존재이다.

가정 폭력과 이혼으로 이미 구설수에 오른 적이 있는 할리우드 배우 조니 뎁이 2017년 4월, 또 사고를 쳤다. 미국의 언론에 따르면 조니 뎁은 영화 〈시티 오브 라이즈〉 촬영 중 로케이션 매니저 그렉 브룩스를 폭행한 혐의로 고소당했다. 촬영 도중 욕설을 하며 고함을 지르고 폭행했다는 것이다. 브룩스는 조니 뎁에게서 술 냄새가 났다고 주장했다. 조니 뎁은 이혼 소송 당시에도 전 아내 엠버 허드와 폭행 관련 공방을 벌이기도 했다.

– "조니 뎁 스태프 폭행사건 전말…욕설 · 폭행 · 조롱까지" 〈매일경제〉 2018.07.10

주사는 여간해서 고치기 어렵다. 지금 만나는 사람이 인사불성이 될 때까지 술을 마시는 사람이라면 그만 만나는 것이 현명하다. 이런 사람은 분명 애인보다 술과 술친구, 술자리에 더 마음이 가 있는 사람이다. 만일 결혼한다면 술로 인해 가정불화가 끊이지 않을 것이다.

아내의 술버릇과
남편의 이기심

|

한 나라에 나무가 하나 있었다.

왕이 백성들을 위해서 그 나무를 심었다. 그 나무에서 열매가 열렸는데 백성들이 그 열매를 먹고 난 후에 기분이 아주 좋아지고, 일할 의욕도 생기고, 아무리 처음 보는 사람이라도 친해질 수 있는 용기가 생기는 아주 진기한 나무였다.

그런데 어느 날 악마가 지나가다 그 나무를 보았다. 악마는 저 나무가 있으면 백성들 마음속에 자기가 들어갈 틈이 없겠다고 생각했다. 그래서 악마는 착한 사람으로 변해서 왕을 찾아가 자기가 그 나무의 거름을 주도록 해달라고 간청했다.

그러자 왕은 흔쾌히 허락하고 악마는 그 나무에 원숭이의 피와 돼지의 피, 사자의 피를 거름으로 주었다.

그 후로는 그 열매를 먹은 후에 사람들이 기분이 좋아지기는 하는데 나중에 원숭이 피의 효과가 나타나서 떠들고 놀다가, 그 다음에는 돼지 피의 효과가 나타나서 더러워지고, 그 다음에는 사자 피의 효과가 나타나 난폭하게 싸우게 되었다.

술자리 시간이 깊어지면 짐승으로 돌변하는 사람들이 있다. 이런 사람들을 보면 일화처럼 술에 원숭이 피와 돼지 피, 사자 피의 효과 때문이 아닐까 하는 생각이 든다. 어느 정도 취기가 오르면 방방 떠서 신나게 떠돌고 놀다가 주량이 넘어서면 구석진 곳에서 게워내고 나중에는 사소한 일로 주먹다짐까지 벌이게 되니 말이다.

나는 이 장에서는 아내의 술버릇과 남편의 이기심에 대해 말하고자 한다. 대부분의 사람들은 결혼 전에는 아무리 많이 술을 마셔도 정신력으로 버텨낸다. 상대에게 절대 흐트러진 모습을 보이고 싶지 않아서이다. 하지만 이런 시절은 결혼함과 동시에 끝나게 된다. '잡은 물고기에 밥을 줄 필요가 없다.'는 말처럼 이미 '내 사람'이 된 만큼 적당히 해도 된다는 심리 때문이다.

아내의 '깨는' 술버릇 때문에 신음하고 있는 두 명의 남자가 있다.

Y는 대학시절 한눈에 반한 후배 S와 4년 연애 끝에 결혼했다. 그런데 결혼 후 그는 아내의 놀라운 술버릇을 알게 되었다. 아내가 회사 회식이나 친구들과의 모임에서 술을 마시고 들어는 날에는 어김없이 라면을 끓여 먹는 것이다. 그것도 라면을 끓이면서 계란을 넣는 것이 아니라 라면을 다 끓이고 난 후 날계란을 풀어 넣는다.

그는 그런 아내의 행동을 보고 처음에는 속이 불편해서 그러려니 생각했다. 그러다 시간이 지나면서 차츰 불만이 생겨났다. 아내는 계란을 넣지 않고는 라면을 먹지 않는 탓에 집에 계란이 없는 날에는 한참 떨어진 편의점까지 가서 사와야 했기 때문이다. 아내에게 "오늘만 그냥 먹어."라고 말하면 아내는 "계란 없는 라면은 먹을 수 없다."며 그에게 라면을 억지로 떠넘기는 것이다.

그는 이렇게 푸념했다.

"결혼 전 기독교 집안이라면서 술은 한 방울도 입에 대지 않던 여자가 어떻게 이럴 수 있어? 새벽에 술에 잔뜩 취해 들어와서는 바로 잠드는 것도 아니고 자는 사람 깨워서 라면을 끓여달라고 하질 않나, 계란을 사오라고 하질 않나. 아무래도 나 장가 잘못 간 것 같아."

연애는 이상이지만 결혼은 현실이다. 연애 중일 때는 보이지 않던 배우자의 '깨는' 모습이 결혼하고 나면 오픈된다. 하지만 어쩌겠는가? 이미 때는 늦었는데.

중소기업 총무팀에서 근무하는 박종모 씨. 올해 39살인 그는 어렵게 총각 딱지를 뗐다. 상대는 7살 어린 연하의 여성이다. 주위의 친구들은 부러운 눈초리로 바라보지만 요즘 그에게는 남모르는 고민이 있다. 결혼 전에는 그렇게 귀엽고 사랑스럽던 그녀가 '철부지 아내'로 돌변했기 때문이다.

결혼하기 전에는 무슨 일이 있어도 밤 11시 전에 집에 가야 하는 조신한 아가씨였다. 하지만 결혼하고 나서 한 달도 지나지 않아 일주일에 서너 번은 술을 먹고 자정이 넘어서 들어온다. 게다가 술값을 자신이 계산해야 직성이 풀리는 주사까지 있었다. 한 달에 드는 술값은 족히 60만 원에 달했다. 더욱 가관인 것은 그가 아내에게 잔소리라도 하면 도둑장가를 들었으니 해장국까지 끓여달라고 당당하게 요구한다는 것이다.

얼마 전에 있었던 박 씨의 아버지 생신 때 그녀는 술을 즐기지 않는 부모님에게 와인을 억지로 권했다. 부모님이 거듭 거절하자 그녀는 "이렇게 맛있는 술을 왜 안 드시는지 모르겠다"며 혼자 다 마셨다. 아버지는 그런 며느리의 행동을 보고 "요즘은 여자도 술을 다 잘 하더라"며 애써 웃어 넘겼다. 발동이 걸린 그녀는 그때 "아버님, 맞아요, 한 병 더 딸까요?"라고 말하는 것이었다.

지난 번 집들이 때 대학 동창들을 초대해 부어라, 마셔라 즐기고는 상을 치우려는 친구들에게 이렇게 말하는 것이었다.

"야~ 괜찮아. 우리 신랑, 상 치우는 거 전문이야."

그날 부부는 한바탕 부부싸움을 벌였다.

아내의 술버릇으로 고통 받는 남편이 있다면 남편의 이기심으로 힘들어하는 아내도 있다. 그런데 재미있는 것은 둘 다 술이 빠지지 않는다는 것이다.

결혼 1년 차 민차영 씨는 연애시절의 배려심은 눈곱만큼도 찾아볼 수 없는 남편의 모습에 실망하고 말았다. 현재 그녀는 경제적으로 화끈했던 남편이 결혼 1년 만에 '짠돌이'로 변한 것에 분노하고 있다. 연애할 때 남편은 100만 원 가까이 되는 목걸이를 선물하면서 청혼했다. 밥을 먹을 때도 그녀를 위해 항상 분위기 좋은 레스토랑만 찾아 다녔다.

그러나 결혼 후 180도 달라졌다. 외식은커녕 오히려 살림을 헤프게 한다고 잔소리하기 일쑤이다. 종종 냉장고를 열어 보고 씀씀이를 지적하거나 유통기한이 지난 식품이 있기라도 하면 온갖 잔소리를 해댄다.

그런데 이해할 수 없는 것은 남편이 친구들과 술자리를 갖게 되면 본인이 계산한다는 것이다. 자신이 내지 않아도 될 자리에도 내는 것이다. 그녀에게는 생활비조차 자신에게 타 쓰게 하면서. 그런 남편의 주위에는 항상 사람들이 많다. 하지만 그녀는 그런 남편이 얄밉기만 하다.

지난 달 그녀는 남편에게 '사람이 너무도 변했다'고 말했다가 마음에 상처만 입었다. 남편은 '지금처럼 아껴서 목걸이를 사줄 수 있었던 것'이라고 말했다.

지난 생일에는 남편에게서 선물도 받지 못했다. 서운했던 그녀는 남편에게 전화를 걸었다.

"생일인데 예전에 자주 갔던 레스토랑에서 외식이라도 하자."

그러자 남편은 화를 내며 이렇게 말하는 것이었다.

"그곳은 너무 비싸니 동네에서 삼겹살이나 구워 먹자."

결국 동네 식당으로 갔지만, 화가 나 삼겹살을 먹지 않는 그녀에게 남편은 더욱 속을 긁었다.

"어차피 같은 고기인데 대충 먹어. 속에 들어가면 다 똑같아."

남편은 혼자 소주잔을 들이키고 있었다.

술을 좋아하는 사람들의 특징이 있다. 술 마실 돈은 아깝지 않지만 다른 곳에 쓸 돈은 유난히 아까워한다는 것이다. 심지어 어떤 사람은 자녀들 학원비까지 마지못해 내준다는 것이다. 그런데 이들은 술자리에 가면 자신이 계산하곤 한다. 그 자리에 모인 사람들에게 넘치도록 인정을 베풀고 싶기 때문이다. 이 역시 술을 아끼고 사랑하는 사람들에게 찾아볼 수 있는 공통점이다.

결혼 2년차 이혜영 씨는 현재 남편과 별거 중이다. 남편의 불결함을 더 이상 참을 수 없기 때문이다.

연애시절 남편에게선 향긋한 냄새가 풍겨왔다. 하지만 결혼 후 그런 모습은 찾아볼 수 없다. 술을 마시고 들어와 양말도 벗지 않은 채 침대에 쓰러져 자는 것은 보통이다. 어떤 날은 마늘과 삼겹살을 잔뜩 먹고 들어와 키스 공세를 펼친다. 그때는 마음 같아선 당장이라도 가정법원에 달려가고 싶은 심정이다. 아침에 일어나 잔뜩 일그러진 표정으로 "속 쓰리다."라며 콩나물국을 끓여달라고 할 때는 얄미움을 넘어 혐오스럽기까지 하다. 남편의 이기적인 모습은 잠자리에서도 마찬가지이다. 거나하게 취해 집에 오면 샤워는커녕 양치질도 하지 않고 덤벼든다. 갈수록 빈도가 점점 심해졌다. 그녀는 요즘 남편이 술에 취해 들어오면 쏜살같이 다른 방으로 뛰어가 방문을 걸어 잠근다.

그녀는 남편과 계속 살아야 할지, 헤어져야 할지 고민이다. 요즘 들어 부쩍 연애시절의 남편이 그립다.

요즘 경제적 문제와 함께 배우자의 '이기적인 모습' 때문에 이혼하는 부부가 늘고 있다. 가화만사성(家和萬事成)이라는 말이 있듯이 가정이 화목해야 밥벌이도 제대로 할 수 있다. 자, 더 늦지 않게 술병을 던져버려라. 그리고 연애할 때의 초심으로 돌아가 배우자를 대하라.

자기도 모르게
범죄에 노출된다

|

술을 마시면 유난히 감성적으로 변한다. 그래서 평소 극히 이성적인 사람이 사소한 일로 언성을 높이거나 몸싸움을 하기도, 돌이키지 못할 범죄에 연루되기도 한다. 뿐만 아니라 과거에 헤어진 애인과의 좋았던 기억과 잘해주지 못한 기억이 떠오르곤 한다. 그러다 자신도 모르게 헤어진 애인에게 전화를 걸어 현재의 이성친구나 배우자에게 상처를 주기도 한다.

로마의 속담에 '술의 첫잔은 갈증을 풀기 위하여 마시고, 둘째 잔은 유쾌하기 위해 마시며, 셋째 잔은 발광하기 위해 마신다.'라는 말이 있다. 물론 술이 부정적인 면만 가지고 있는 것은 아니다. 야누스의 얼굴처럼 양면성을 가지고 있다. 적당하게 마시면 피로와 스트레스를 풀어주고, 절망이나 슬픔에 빠져 있을 때 희망과 용기, 위로가 되어준다. 지금 내가 하는 말은 술을 지나치게 마신 경우에 대해서 말하는 것이다.

함께 술을 마셔보면 다양한 유형의 사람들이 있다. 술이 어느 정도 들어가면 노래를 부르는 사람, 눈물을 흘리거나 통곡하는 사람, 고성을 지르는 사람, 집기를 부수는 사람, 말없이 집에 가버리는 사람 등 그야말로 천태만상이다. 사실 우리나라는 술에 대해서 비교적 관대한 나라에 속한다. 술버릇이 그러겠거니 하고 넘기는 경우가 대부분이다. 하지만 주량을 넘어선 음주로 인해 뜻하지 않게 큰 실수를 저질러 불이익을 당하는 일도 적지 않다.

술을 마셔보면 평소와 동떨어진 행동을 하는 사람들을 볼 수 있다. 평소 말수가 적고 내성적이던 사람이 과격한 언행을 일삼거나 분위기를 주도하기 위해 허풍쟁이가 되는 사람, 상대의 사소한 농담에 심각하게 반응하거나 입에 담지 못할 욕설을 내뱉는 사람도 있다. 무덤까지 가지고 가기로 한 비밀을 술기운에 의해 폭로해 자신뿐 아니라 상대까지 곤경에 빠뜨리는 사람도 있다. 이들 모두 술을 적당히 마시거나 아예 마시지 않았다면 그와 같은 언행을 하지 않았을 것이다.

프랑스의 희곡작가이며 배우였던 몰리에르에 관한 재미있는 일화가 있다.

어느 날 그는 철학자 친구들과 술자리를 가지게 되었다. 모두들 술에 취해 술과 인생에 대해 이야기했다. 그러다 한껏 분위기가 고조되자 마침내 죽음을 찬미하는 데까지 이르렀다.

잠시 후 몰리에르가 이렇게 말했다.

"이 세상살이보다 차라리 센 강에 몸을 던지는 것이 얼마나 시적(詩的)인가?"

그러자 다른 친구가 맞장구쳤다.

"자, 우리 모두 센 강으로 가서 모두 투신자살할 것을 만장일치로 결의하세!"

술에 취한 기분을 억제할 수 없는 분위기에서 모두들 센 강으로 갈 채비를 서둘렀다. 흥분과 격양된 감정으로 모두 투신자살할 것 같은 분위기였다. 사태가 걷잡을 수 없는 지경에 이르자 허풍을 떨던 몰리에르가 당황한 목소리로 말했다.

"이렇게 숭고한 죽음은 우리들끼리 감행한다면 후세 역사에 남을 근거가 없소. 그러니 날이 새면 여러 사람들 앞에서 뛰어들기로 하고 지금은 술이나 더 듭시다."

몰리에르의 말에 친구들은 지금 당장 센 강으로 가기보다 술을 더 마시기로 결정했다. 술이 깬 다음날 아침이었다. 모두들 어젯밤의 일은 까맣게 잊어버린 채 졸린 눈으로 허둥지둥 집으로 향했다.

몰리에르가 센 강에 몸을 던지는 행위를 시적이라고 말한 것은 이성을 잃었기 때문이다. 쉽게 말해 감성의 노예가 되었기 때문이다. 만일 그가 친구들을 제지하지 않았더라면 그들은 센 강에서 투신자살했을지도 모른다. 술에 취해 극도로 감성적으로 변한 사람에게 이성적인 사고를 기대할 수 없을 테니까.

술을 주량보다 넘치게 마시면 내 안에 잠들어 있던 늑대가 모습을 드러낸다. 눈물을 흘리며 통곡하거나 폭력을 행사하는 등의 또 다른 내가 되는 원인은 술에 의한 '마취' 때문이다. 뇌는 2가지 기능, 즉 이성과 본능으로 구분되어 있다. 뇌의 대부분을 구성하고 있는 대뇌는 이성을 관할하는 신피질과 본능을 관할하는 변연피질로 나눌 수 있다. 이성과 본능 간의 균형을 적절히 조절하는 것이 동물과 구별되는 인간의 특징이라 할 정도로 인간은 본능을 억제하고 자제할 줄 알지만, 알코올이 인체에 흡수되게 되면 전세는 역전이 된다. 즉, 알코올이 대뇌를 마취시켜 신피질과 변연피질 사이의 균형을 깨뜨리게 되어 동물과 같은 행동을 하게 되는 것이다.

쉽게 말해 술을 마시면 흥분되는 것이 아니라 이성을 지배하는 중추신경계 기능이 억제되고, 감성과 본능을 관할하는 기능이 커진다. 때문에 술에 취하면 특이한 행동 양식들이 나타나게 되는 것이다.

그동안 나는 술을 억제하지 못할 정도로 마셔 신세를 망친 사람들을 보았다. 그들은 술에 의해 자제력을 잃은 탓에 의도하든 그렇지 않든 죄를 짓거나 범죄에 노출되었다. 심지어 어떤 이는 철장신세를 지거나 목숨까지 잃기도 했다.

영웅호걸이 수없이 등장하는 『삼국지』에도 술탐 때문에 씻을 수 없는 오명을 남긴 인물이 있다. 바로 용맹하기로 이름난 장비이다. 장비는 유비와 관우에 비해 명석하지는 않지만 용맹성 하나는 그 누구도 넘보지 못한다. 『삼국지』를 읽다 보면 술에 관한 장비의 일화가 많이 나온다. 그는 술에 관한 한 『삼국지』에 등장하는 어느 누구도 당할 수 없을 만큼 많이 마시는 주당이었다. 하지만 술을 적절히 자제하지 못했기 때문에 부하에게 살해당하며 결국 초나라가 멸망하게 되는 빌미를 제공하고 말았다.

장비는 술을 안 마실 때 가끔 명석한 지혜를 발휘해 유비와 관우로부터 칭찬을 받기도 했다. 하지만 이런 일은 그다지 많지 않다. 그는 얼마 지나지 않아 이성을 잃을 정도로 술을 마셔댔기 때문이다.

장비는 술에 의해 죽음을 맞았다고 해도 과언이 아니다. 잠시 술과 얽힌 그의 죽음에 관해 살펴보자.

유비, 관우, 장비 세 명은 도원결의 후 똘똘 뭉쳐 촉나라를 세웠다. 훗날 관우가 손권에게 살해되자 유비는 자신의 처남이기도 한 손권을 총공격하기 위해 병력을 동원하게 된다. 장비도 관우가 살해되었다는 데 분개하여 복수심으로 손권 공격의 선봉을 맡는다.

그러나 복수심에 불탄 장비가 그만 술을 마시고 부하에게 모진 매질을 가하는 등 행패를 부렸다. 결국 그가 술에 취해 잠든 사이 부하들에게 살해당하고 말았다.

류병호의 『술 권하는 사회』(예림미디어)에 보면 다음과 같은 이야기가 나온다.

술 하면 장보고를 생각하지 않을 수 없다. 장보고는 신라 덕흥왕 때 가장 뛰어난 해양 탐험가요 장군이었다. 당시 신라 연안에 당나라 해적들이 난무하던 때 장보고는 이를 막기 위하여 청해진의 책임자로 가서 해적들을 물리치고 승전의 장군이 되었다.

대승전의 성과로 자기의 딸이 문성왕(文聖王)의 왕비가 될 것이라고 확실히 믿고 있었다. 그러나 조정에서는 장보고의 딸이 섬사람의 소생이라 하여 왕비가 될 수 없다고 퇴짜를 놓았다. 사실 왕실은 승승장구하던 장보고가 반란을 일으킬 기미가 보이자 속으로는 전전긍긍하고 있었다.

이때 장보고의 신임이 두터운 염장이라는 자가 왕께 충성을 맹세하면서 장보고를 없앨 것을 모의했다. 신의를 저버린 염장은 청해진으로 와서 장보고에게 신라 왕실에 대한 불평을 늘어놓으면서 밤늦도록 술을 마셨다.

"내일의 승리를 위해, 이 밤이 다 가기 전에……." 하면서 장보고는 그만 술에 녹아떨어졌다. 염장은 회심의 미소를 지으며 칼을 뽑아 장보고의 목을 쳤다. 원한의 술, 신의를 저버린 반역의 술이 되고 말았다. 다시 맛볼 수 없는 마지막 술자리였다.

장비와 장보고의 죽음은 참으로 안타깝다. 특히 술을 절제했거나 마시지 않았더라면 그와 같은 억울한 죽음은 면할 수 있었을 것이다. 우리 주변에는 끊임없이 술로 인한 다양한 사건들이 일어나고 있다. 대부분 한순간의 술의 유혹을 이기지 못해 그와 같은 일들이 일어나는 것이다.

예전처럼 술에 취해 잠들어 있으면 친절하게 깨워서 주소를 묻거나 지구대에 연락하는 사람도 드물다. 오히려 취객들의 지갑과 휴대폰을 훔치는 악한 사람들이 더 많다.

2018년 12월 10일자 〈부산일보〉에 "길가에 쓰러진 취객 명품지갑 슬쩍… 부축빼기 2인조 10대 검거"라는 제목의 기사가 실렸다.

술 취해 길가에 쓰러져 있는 30대 남성의 명품지갑 등을 턴 10대들이 경찰에 붙잡혔다.

부산 해운대경찰서는 취객을 부축하는 척하며 금품을 훔친 혐의(특수절도)로 A(19) 씨 등 2명을 불구속 입건했다.

A씨 등은 지난달 23일 오전 1시께 부산 해운대구 좌동 부산도시철도 장산역 4번 출구 앞 노상에서 B(33) 씨의 70만 원짜리 명품지갑, 현금 35만 원, 아이폰 등 235만 원 상당의 금품을 훔친 혐의를 받는다. 경찰에 따르면 A 씨 등은 한 명이 주변에서 망을 보고, 다른 한 명이 길가에 쓰러진 B 씨를 부축하는 척하며 바지 주머니를 뒤지는 수법으로 범행을 저질렀다. 금품을 훔친 뒤에는 B 씨를 그대로 길가에 내버려둔 채 도주했다.

이와 같은 일을 당한 사람은 범죄를 저지른 사람을 원망할 것이다. 하지만 다르게 생각해볼 필요가 있다. 만일 그가 술에 취하지 않았다면 상대 역시 범죄를 저지를 마음을 먹지 않았을 것이다. 모든 일에는 원인과 결과가 있다. 자신이 범죄의 빌미를 제공하지 않는다면 나쁜 결과 또한 발생하지 않을 것이다.

언젠가 공직자가 술자리에서 한 말을 두고, "성희롱적 발언이다.", "단순 욕설이다.", "날조된 거짓이다."라는 등 일명 '술자리 폭언' 사건이 논란이 된 바 있다. 진실이야 어쨌든 논란이 일어난 장소가 술자리가 아니었다면, 그들이 술을 마시지 않았다면 그러한 공방은 애초에 생겨나지 않았을 것이다.

B. A 러셀은 '음주는 일시적인 자살이다.'라고 말했다. 상습적으로 술을 마시는 사람은 그 순간마다 자살을 시도하고 있는 것과 같다. 그런 자살 예행연습은 불시에 실제상황이 될지도 모른다는 것을 간과해선 안 된다.

악마의 속삭임 음주운전,
인생 작살난다

|

2019년 1월 10일 새벽, 한 시민의 신고가 접수됐다. 음주로 의심되는 차량을 뒤쫓고 있다는 것이었다. 경찰이 신고를 받고 출동하는 동안 이 차량은 경찰에 음주단속에 불응하고 달아나기까지 했다. 중앙선을 침범하고 교통신호를 수차례 위반하며 달아나던 A씨는 차를 버리고 달아나다가 경찰에게 붙잡혔다. 당시 A씨의 혈중알코올농도는 0.116%, 면허취소 수준이었다.

한 매체에 소개된 음주 사고에 관한 기사이다. 음주운전은 '패가망신'의 지름길과 같다. 사고가 났다 하면 자신은 물론 다른 사람들의 목숨까지 잃게 만든다. 결국 음주운전으로 화목한 두 가정이 작살나게 된다. 음주운전이 단순히 순간의 실수가 아니라 무거운 범죄로 인식해야 한다. 사실 대부분의 음주 운전자들은 상습적인 경우가 많고 이미 알코올중독일 가능성도 높기 때문이다. 이들은 음주 후 이성적인 판단을 못하게 되고 과도한 폭력성을 드러낸다. 그 이유는 음주로 인해 뇌 손상을 입었기 때문이다.

주위를 둘러보면 음주 교통사고로 목숨을 잃었거나 음주 교통사고의 가해자가 되어 인생이 작살난 사람들이 있다. 그들에게는 공통점이 있는데 그것은 평상시에는 가정적이고 주변에 대한 배려도 잘하는 사람이라는 것이다. 멀쩡한 사람이 음주운전 후 뺑소니로 피해자를 죽음에 이르게 하거나, 차를 가지고 마중 나온 가족을 뿌리치고 음주운전을 하던 중 단속을 피하기 위해 물에 뛰어들어서 사망하는 등, 음주운전 후 비극적 상황으로 끝나는 경우가 많다. 한순간의 음주운전으로 인생이 끝장나는 것이다.

음주 상태로 차량을 몰고 고속도로를 역주행하다가 마주 오던 택시를 들이받아 2명을 사상케 한 20대에게 법원이 징역 7년을 선고했다.

수원지법 형사2단독 이성율 판사는 8일 특정범죄 가중처벌 등에 관한 법률 위반(위험운전 치사상) 혐의로 기소된 노모(28 · 회사원) 씨에 대해 징역 7년을 선고했다고 밝혔다.

이 판사는 "피고인은 음주 상태로 고속도로 역주행하다가 마주 오던 피해차량을 정면으로 충돌, 2명을 사상케 해 죄질이 가볍지 않다"며 "역주행으로 인해 다수의 운전자에게 위험을 야기하고, 교통사고를 내 비난 가능성도 높다"고 판시했다.

이어 "어린 두 자녀를 둔 피해 택시 승객은 생명을 잃었고, 택시 기사는 인지 및 언어 장애로 음식섭취, 배변 등이 불가능한 상태에 놓이게 됐다"며 "이 사고로 두 가정이 파괴되고 가족들이 심각한 고통을 겪게 됐다"고 덧붙였다.

재판이 끝난 뒤 숨진 택시 승객 김모(당시 38) 씨 유족은 "법이 강화돼야 다시는 이런 일이 없을 것"이라며 "음주사고를 내 피해자를 사망케 한 운전자에 대해서는 사형을 선고해야 한다"고 말했다.

노 씨는 지난해 5월 30일 경기도 용인시 처인구 영동고속도로 강릉 방향 양지터널 안 4차로 도로 2차로에서 자신의 벤츠 승용차로 역주행하다 조모(55)씨의 택시와 정면충돌했다.

당시 노 씨는 면허 취소에 해당하는 혈중알코올농도 0.176% 상태로 운전대를 잡았다. 검찰은 지난해 12월 13일 결심공판에서 노 씨에 대해 징역 8년을 구형했다.

　– "음주 고속도로 역주행' 사망 · 의식불명 사고낸 20대에 징역 7년, 유가족 분노" 〈서울경제〉 2019.01.08

평범하게 살아가던 그는 왜 이런 수렁에 빠지게 된 것일까? 바로 음주운전 때문이다. 피의자 이 씨는 이미 여러 번의 음주운전으로 처벌을 받은 경력이 있고 사고 당시에도 많은 술을 마셨다. 그는 취소된 면허를 따기 위해 여러 번 재시험을 쳤지만 계속 떨어졌다. 밥벌이를 위해 계속 무면허로 운전해야 하는 상황에서 오는 극도의 불안감과 스트레스 속에서 계속 술을 마시는 일이 반복되었다. 그 결과 돌이킬 수 없는 범죄를 저지르게 된 것이다.

앞서도 말했다시피 음주운전은 '패가망신'의 지름길이다. 그렇다면 어떤 상태를 음주운전이고 하는 것일까? 도로교통법상 혈중알코올농도가

0.05% 이상인 상태에서의 운전을 말하며, 보통 혈중알코올농도 0.1% 이상을 만취한 것으로 본다. 일반적으로 혈중알코올농도 0.05%는 사람의 체질이나 심신상태 등에 따라 다르지만, 보통의 성인 남자가 소주 2잔 반(캔 맥주는 2개, 양주와 포도주는 2잔)을 마신 후 1시간 정도가 지났을 때 해당된다. 음주운전을 하게 되면 위험상황에 직면했을 때 순간적인 판단능력이 떨어져 적절하게 대처하지 못하게 된다.

'이 정도의 술로는 괜찮다'며 굳이 운전대를 잡는 등 자기의 운전기술을 자랑하고 싶은 충동에 사로잡힌다. 또한 급 핸들 조작, 급브레이크 등 운전이 난폭해지고 신호를 무시하는 등 행동이 조급해진다. 뿐만 아니라 술을 마시면 잠이 잘 오기 때문에 음주운전은 곧 졸음운전으로 이어지기 쉽다. 음주운전 속성상 대형사고로 이어지기 십상이다. 그래서 흔히 음주운전은 "본인에게는 자살행위이자, 타인에게는 살인행위"라고 말하는 것이다. 음주운전으로 인한 폐해가 심각한 탓에 어느 나라든지 음주운전에 대해서는 엄격하다.

말레이시아에서는 음주운전으로 적발되면 곧바로 감옥행이다. 만일 기혼자라면 아무 잘못이 없는 부인까지 함께 수감시켰다가 이튿날 훈방한다. 이는 부인의 잔소리가 음주운전을 그만두게 할 수 있다는 효과를 노린 아이디어이다. 음주운전을 그만두게 하기 위해서는 혼자만의 의지로는 힘들고 그만큼 주위 사람들의 도움이 필요하다는 뜻이다.

KTV 〈대한뉴스〉에서는 음주음전과 관련한 보도를 내놓았다.

교통안전공단에서 발표한 자료를 살펴보면, 최근 5년 동안 음주운전으로 발생한 사건은 11만 4천여 건으로 전체 교통사고의 약 10%를 차지하고 있는데요.

더 큰 문제는 음주운전에 5회 이상 적발된 재범자가 해마다 6천명을 넘어섰고, 적발 횟수가 10차례를 넘는 상습 운전자도 2015년 81명에서, 2016년 201명, 2017년엔 348명으로 3년 사이 4배 넘게 늘었습니다.

보신 바와 같이 음주운전은 실수가 아닌 습관이란 건데요.

지난해 12월 윤창호법 시행으로 처벌기준이 강화된 데 이어 올 하반기부터는 단속기준도 까다로워집니다.

운전면허 정지 기준은 0.03%이상 0.08%로 낮아져 보통 소주 한 잔만 마셔도 처벌을 받습니다.

상습 음주운전을 막기 위해 3회 이상 적발되면 가중 처벌되던 '삼진아웃제'도 2회 이상으로 강화돼 5년 이하 징역이나 천만 원 이상 2천만 원 이하의 벌금형을 받도록 개정됐습니다.

음주운전으로 사망 사고가 발생할 경우 현행 '1년 이상 유기징역'에서, '최고 무기징역 또는 최저 3년 이상 유기징역'을 받게 됩니다.

또 음주운전으로 사람이 다칠 경우 '10년 이하 징역, 또는 500만 원 이상 3000만 원 이하 벌금'에서 '1년 이상 15년 이하 징역, 또는 천만 원 이상 3천만 원 이하 벌금'에 처해집니다.

그리고 음주운전을 한 운전자뿐만 아니라 동행자도 형사처벌을 받을 수 있는데요.

음주운전 사실을 알면서도 차량을 제공하거나 음주운전을 권유, 독려, 공모해 차량에 함께 탄 경우 처벌을 받게 됩니다.

또한 상습 음주운전자 등의 차량 몰수가 가능해지는데요.

음주 전력이 있는 운전자가 사망 사고를 내거나 최근 5년 동안 4회 이상 적발된 재범자의 경우 차량이 몰수됩니다.

– "음주·보복운전 처벌 강화" 〈KTV국민방송〉 2019.01.08

한순간의 음주운전으로 웬만한 직장인 연봉의 절반이 순식간에 날아가 버리는 셈이다. 연봉의 절반이 사라진다는 말에 눈이 번쩍 뜨일 것이다. 하지만 여기에다 음주운전 사고로 직장에서 받는 인사 불이익과 정신적인 충격까지 더하면 음주사고의 대가는 거의 패가망신 수준이라고 해도 과언이 아니다. 이래도 음주 후 운전대를 잡고 싶은가?

알코올 질환 전문치료기관인 다사랑한방병원의 홈페이지에 '단주체험단' 게시판에서 다음과 같은 수기를 읽게 되었다. 그들의 수기를 하나하나 읽어가면서 음주 폐해가 생각했던 것보다 심각하다는 것을 알 수 있었다. 독자들에게 도움이 된다는 생각에 그 가운데 한 꼭지를 소개한다.

올해 1월, 정말 가족처럼 친하게 지냈던 이웃사촌이 사고를 당해 문병을 다녀왔습니다. 교통사고였는데 가해차량은 젊은 이십대 운전자였고 눈이 온 다음이라 도로가 무척 미끄러웠습니다. 그런데도 스노체인도 하지 않고 거기에다가 음주운전까지 했다고 합니다. 운전자는 일주일이 넘도록 의식을 회복하지 못하고, 조수석의 청년도 한쪽 팔이 절단될 정도의 중상을 입었다고 합니다. 피해차량의 이웃은 중환자실에서 이미 몇 번의 수술을 하고도 또다시 경과를 보면서 몇 차례의 힘든 수술을 해야 한다고 하니 본인의 고통도 이루 말할 수 없지만, 가족들도 오랜 고통을 함께 분담해야 하는 처지가 되었으니 너무나도 안타까웠습니다. 남편분이 IMF 때 명예퇴직을 당하시고 정말 힘들게 지금까지 살아왔던 이웃사촌이었습니다. 작은 트럭에 야채와 생선을 싫고 다니며 비가 오나 눈이오나 밖으로 나가 장사를 해서 이제 겨우 아이들을 학원에 보낼 정도가 돼서 너무나도 좋아하셨는데 이제 또다시 나쁜 일이 생겨서 저 또한 너무 가슴이 아픕니다. 더욱이 가슴이 아팠던 건 이웃사촌 두 분 모두 법 없이도 사실 만큼 너무나 착하고 좋은 사람들이었습니다. 아저씨는 20년 운전생활동안 그 흔한 주차위반 딱지 한 번 안 떼일 만큼 모범운전을 하셨던 분이라 너무나도 어이가 없고 안타까웠습니다. 다행히 뒷좌석에 아이들은 크게 다치지 않아서 곧 퇴원을 한다고 하니 정말 불행 중 다행입니다. 당분간 저희 집에서 저희 아이들과 함께 돌봐주려고 합니다. 불과 얼마 전까지 멀쩡하게 이야기를 나누던 이웃사촌의 사고라 정말 많이 놀라고 걱정이 되었습니다. 그리고 저 또한 언제 무슨 일이 생길지, 어떤 일이 닥칠지는 그 누구도 알 수 없는 일이지요. (중략) 예전에 저 역시 낮에 맥주 두어잔 마시고 운전해본 경험이 있습니다. 한잔쯤이나 그리고 한번쯤이야 괜찮겠지 생각하고 마신 술이 그렇게 무서운 결과를 초래할 수 있다는 걸 오늘에서야 깨달았습니다. 가끔 만나는 동창 녀석들이 진하게 한잔하고 대리운전을 부르지도 않고 자기가 운전할 수 있다며 가는 걸 보고 그냥 대수롭지 않게 생각하기도 했습니다. 하지만 이젠 절대 그렇게 보내지 않을 겁니다. 친구도 친구지만 친구로 인해 피해를 받을 사람이 생긴다면 그건 친구를 그냥 보낸 저에 책임이기도 하기 때문입니다. 진하게 취해 음주운전을 하고 경찰에게 걸리지 않고 무사히 집에 간걸 무슨 무용담인 양 자랑을 하는 사람들을 가끔 볼 수 있습니다. 그건 절대 자랑이 아닙니다. 자신의 무모한 행동으로 인해 다른 사람이 피해를 입을 수 있는 정말 무책인한 행동입니다. (중략) 음주운전을 통해 정말 훌륭했던 이웃사촌의 고통을 지켜보면서 저는 정말 많은 생각을 했습니다.

술을 마신 후 절대 운전대를 잡지 마라. 뺑소니 사고의 30% 이상이 음주 운전자에 의해서 일어난다는 연구 결과가 있다. 운전대를 잡는 순간

원치 않아도 화목한 가정, 안정된 직장, 장밋빛 인생, 원만한 인간관계…
모두 작살난다. 그래도 괜찮다면 운전대를 잡아도 좋다.

세계 각국의 음주운전에 대한 형벌은 가히 살인적인 수준이다. 순간
이런 생각이 들었다. '우리나라도 음주운전의 형벌을 가혹하게 적용한다
면 어떨까?' 세계 각국의 음주운전 형벌을 보고 순간의 그릇된 판단을 하
지 않길 바란다.

불가리아: 초범은 훈방, 재범은 교수형.
터키: 30㎞ 떨어진 곳에 버린 뒤 집까지 걸어오게 한 후 집에서 구속.
핀란드: 한 달 월급 모두 몰수.
그렇다면, 엘살바도르에서는? 총살.

즐거운 술자리가 진정 즐거운 술자리로 끝나려면 '한 잔 정도는 괜찮
아.'라는 그릇된 인식을 버려야한다. 술을 한 잔이라도 마셨다면 반드시
택시를 타거나 대리운전을 이용하는 습관을 가져보자. 그것이 당신과 타
인, 모두의 행복을 지키는 원칙이다.

"술은 사람을 매료시키는 악마이고
달콤한 독약이며 기분 좋은 죄악이다."

– 아우렐리우스 아우구스티누스(로마의 주교)

3장

술 마시는 습관이
바뀌면
당신의 삶도
바뀐다

빈속에
술 마시지 마라

|

요즘 경기는 지난 외환위기 때보다 더 심각하다고 한다. 경기가 어려우면 소비활동이 위축되는데 예외인 부분도 있다. 바로 술 판매량이다. 그 중에서도 소주의 판매량은 계속 늘어나는 추세이다. 2017년 통계에 따르면 우리나라 성인 1명당 87병의 소주를 소비했다고 한다. 살다 보면 이래저래 술 찾을 일이 많다. 좋은 일이 있으면 좋아서 마시고, 슬픈 일이 있으면 슬퍼서 마신다. 거기에다 연말이 되면 각종 송년회 등 연일 술자리가 끊이지 않는다. 그 결과 술로 인한 급성 장염이나 위염을 호소하는 사람들이 생겨난다. 하지만 이런 증상들은 빈속에 술을 마시지 않는 것만으로도 충분히 예방할 수 있다는 것을 아는가?

지인 중에 유난히 빈속에 술을 즐겨 마시는 사람이 있다. 그는 안주는 거들떠보지도 않은 채 빈속에 술만 털어 넣는다. 그는 빈속에 마시는 이유를 이렇게 말한다.

"술은 빈속에 마셔야 제 맛이지. 창자를 자극하는 이 짜릿한 맛 때문에 마시는 것 아니겠어?"

사실 그의 말처럼 짜릿함을 느끼기 위해 빈속에 마시는 사람들이 많다.

지금은 고인이 되신 나의 선친도 상당한 애주가셨다. 이틀이 멀다하고 술을 마셨고 덕분에 집은 조용할 날이 없었다. 대부분의 애주가들이 그렇듯이 선친 역시 가정적인 가장이었고 어머니에게는 더할 나위 없이 자상한 분이셨다. 그런데 선친에게는 주벽이 있었는데 술을 마시기 시작하면 취할 때까지 마신다는 것이었다. 가끔 당시를 떠올리며 '왜 절제가 되지 않으셨을까?' 하고 자문해본다. 물론 뜻대로 되지 않는 인생살이의 고달픔을 달래기 위해서였을 것이다. 그러나 그 외에도 선친께서 종종 빈속에 술을 드셨던 때문이 아닐까 생각한다. 빈속에 술을 드셨기 때문에 취기가 빨리 오르고 술이 술을 마시는 악순환이 이어졌던 것이리라.

빈속에 마시는 술은 무섭다. 알코올중독자치고 빈속에 술을 마시지 않는 사람은 없다. 빈속에 술을 즐겨 마시는 사람은 알코올중독으로 가는 열차에 올라탄 것이나 다름없다고 해도 과언이 아니다.

빈속에 술을 마시게 되면 어떤 폐해가 있을까? 빈속에 술을 마시면 장을 거치지 않고 바로 위에서 흡수되어 간으로 전달되기 때문에 위벽을 상하게 한다. 간은 영양분을 공급받지 못한 상태이므로 알코올 분해가 늦어지고 허기진 배를 채우기 위해 술을 더 급하게 마시게 되어 더 빨리 취하게 된다. 쉽게 말해 알코올 분해효소가 채 작용하기 전에 술이 체내로 흡수돼 간에 큰 부담을 주게 된다는 것이다. 따라서 술을 마시기 전에는 반드시 우유, 죽 등 자극성 없는 음식을 먹은 뒤 술을 마시는 것이 간의 건강을 위해 좋다.

나 역시 이 책을 쓰기 전까지는 종종 빈속에 술을 마시곤 했다. 그러나 책을 쓰기 위해 다양한 자료와 여러 알코올 치료 전문가들과의 인터뷰를 통해 빈속에 마시는 술이 얼마나 치명적인지 잘 알게 되었다. 그래서 시간상 식사를 하지 못하는 상황이면 가급적 간단하게 우유라도 마신다.

술을 마시기 전에는 반드시 식사를 해두자. 술은 위에서 10~20% 나머지는 대부분 소장을 통해 흡수가 이루어진다. 만약 속이 비어 있는 상태에서 술이 들어가게 되면 흡수가 빠르게 이뤄지고 혈중 알코올 농도가 급격히 상승한다. 또한 위 점막에 자극을 주게 되어 위출혈이나 위염이 생길 가능성이 높아진다. 그리고 알코올이 위에서 흡수되어 곧바로 간을 자극하기 때문에 그만큼 더 위험해지게 된다. 하지만 미리 식사 등을 통해 음식물을 섭취하게 되면 음식물이 미리 위의 공간을 차지하고 있기 때문에 알코올을 희석시켜 농도가 낮아지고 흡수율도 그만큼 떨어지게 된다. 그만큼 위장 벽과 간의 손상을 예방할 수 있고 숙취해소도 수월해진다.

박희민 세브란스병원 가정의학과 교수는 "알코올은 우리 몸을 유지하는데 필요한 정상적인 에너지원이 될 수 없다"며 "술로 배를 채우면 영양 불균형이 발생할 수 있다"고 말했다.

또한 박 교수는 "빈속에 계속 술을 마시면 알코올 분해효소가 작용하기도 전에 체내에 알코올이 흡수돼 해독하는 간에 부담을 줘서 간 기능에 문제가 생긴다"고 말했다.

전문가들이 빈속에 술을 마시지 말라고 충고하는 이유가 있다. 빈속에 술을 마시면 다른 음식물을 충분히 섭취하지 못하기 때문이다. 이 말은 고른 영양분 섭취가 안 되고 영양분의 불균형을 초래한다는 뜻이다. 따라서 술을 마시기 전에 꼭 식사를 하는 것이 좋다. 이때는 단백질이나 비타민이 풍부한 식사를 하면 더욱 좋다. 비타민 중에서도 특히 부족하기 쉬운 비타민 B군이나 비타민 C를 충분히 섭취해야 한다. 그래야 영양분의 균형을 맞출 수 있다.

보통 술자리는 식사를 거른 채 빈속에 시작하는 경우가 많다. 하지만 술 마시기 전에 식사를 거르고 안주 없이 술만 마시면 준비 없이 술에 바로 노출되어 간경화나 위궤양에 걸리기 쉽다는 것을 기억하라. 따라서 술을 마시기 전에는 반드시 음식을 먹어두거나 건배 뒤에 일단 잔을 내려두고 안주부터 먹도록 하자. 안주로 배를 채우면 위가 신호를 받고 '이제부터 본격적으로 술이 들어 오려나 보다.' 하고 보호막을 만들기 시작한다. 그래서 술을 마셔도 위가 덜 상하게 된다.

　행복한 술의 달인이라면 다음 두 가지를 명심하자.

　첫째, 삼겹살 같은 고지방 안주는 과잉 열량으로 지방간의 원인이 되고 안주를 과식해도 비만을 초래한다는 것. 둘째, 치즈, 두부, 살코기 생선처럼 간의 알코올 해독에 에너지원이 되는 저지방 고단백 안주가 좋다는 것.

한국인은
술에 약한 체질이다
|

"퇴근 후 회식 있으니까 다들 참고하도록!"

퇴근 한 시간 전 김 팀장이 선고하듯이 일방적으로 통보했다. 그러자 여기저기서 불만들이 터져 나왔다.

"어제 술 마셨는데, 오늘 또 술이야?"
"퇴근 후 약속 있는데….”
"다음으로 미루면 안 될까요?"

김 팀장은 도끼눈을 치켜들고 말했다.

"무슨 소리야? 회식도 업무의 연장이라는 거 몰라? 오늘 회식에 빠진 사람에게는 당연히 불이익이 돌아가겠지."

팀원들은 하나같이 부루퉁한 얼굴이었지만 더 이상 내색할 수 없었다. 조직에서 살아남기 위해선 순순히 따라야한다는 것을 알고 있기 때문이다.

직장인이라면 자주든 가끔이든 회식자리가 있게 마련이다. 당연히 '술'에서 자유롭지 못하다. 회식자리에서 술을 과하게 마신 탓에 다음날, 지각하거나 얼굴이 퍼석한 상태로 병든 닭처럼 꾸벅꾸벅 졸기도 한다. 그런데 함께 비슷한 양의 술을 마셨는데도 멀쩡하게 일을 하는 사람도 있다. 특히 외국인들이 그렇다. 내 주위에 영어강사로 일하는 외국인들이 있다. 그들과 종종 술을 마시는 편인데 희한하게도 그들은 나와 같은 양의 술을 마시는데도 술에 잘 취하지 않는다. 어떻게 해서 이런 일이 생기는 걸까? 술에 강한 체질이 따로 있는 것일까? 물론 술 마시는 요령에 따라 차이가 있다. 하지만 그보다 근원적인 원인은 다른데 있었다. 술이 세고 약하고의 차이는 사람의 몸속에 있는 술 분해 효소, 즉 알코올 알데히드 디하이드로겐나제(alcohol aldehyde dehydrogenase, ALDH)를 얼마만큼 갖고 있느냐에 따라 결정된다는 것이다.

송영목의 『생존본능』(청년정신)에 보면 다음과 같은 글이 있다.

술이 세고 약하고의 차이는 어떻게 구분되는가? 이것은 사람의 몸속에 있는 술 분해 효소, 즉 알코올 알데히드 디하이드로겐나제(alcohol aldehyde dehydrogenase, ALDH)를 얼마만큼 갖고 있느냐에 따라 결정된다.

ALDH에는 아세트 알데히드가 저농도 일 때 작용하는 2형과 아세트알데히드가 고농도 일 때 작용하는 1형이 있다. 미국인은 90% 이상이 1,2형을 모두 가지고 있고, 한국인의 약 반수는 2형이 없다. 이 2형 결손인 사람은 아세트알데히드를 분해하는 능력이 약하기 때문에 소량의 술을 마셔도 바로 머리가 아프고 구토가 나는 즉 술에 약한 체질이다.

술을 마시면 얼굴이 빨개지는 안면홍조 현상은 아세트알데히드의 분해 능력이 낮거나 예민한 경우이다. 따라서 술을 마시면 얼굴이 하얗게 되거나, 빨개지는 현상만으로는 술에 세다 약하다고는 말할 수 없고, 두통과 구심 등의 복합적인 판단이 더해져야 한다. 전세계적으로 민족별 ALDH 결핍률을 보면 미국과 유럽의 서구인들은 0.5%로 결핍이 거의 없고, 중남미 고지대 인디언 68%, 일본인 44%, 중국인 35%, 인도네시아 39%, 한국인 25%로 나타나고 있다. 따라서 한국인은 일본 사람이나 중국인보다는 술에 세고 서구인에 비해서는 술에 약하다.

한국인은 체질적으로 서양인에 비해 술에 약하다는 것을 알 수 있다. 이는 다르게 생각하면 서양인처럼 술을 과하게 마시게 되면 몸을 망치게 된다는 뜻이다. 총신대학교 독학사 칼리지 가정학과 교수 한정순이 쓴 『탈모코드』(무한)라는 책이 있다. 한 교수는 이 책에서 서양인에 비하여 동양인은 유전적으로 아세트알데히드 탈수소효소가 유전적으로 약하다고 말한다.

모든 숙취는 독성이 강한 아세트알데히드의 축적에서 발생하고 빨리 술에서 깨어 부작용을 최소화하려면 아세트알데히드 탈수소효소를 합성

화해야 한다. 불행하게도 한국인의 20% 내외가 이 효소의 활동이 빈약하다고 하니 한민족은 그리 술에 강하지 않은 편이다. 서양인들하고 함께 술을 먹어본 사람들은 알겠지만 서양인들은 술이 굉장히 센 편이다. 실제로 서양인에 비하여 동양인은 유전적으로 아세트알데히드 탈수소효소가 유전적으로 약하다. 이들은 아주 적은 양의 음주로도 아주 고통스러워하며 강제로 술을 먹이면 사망에 이를 수도 있다.

주위에 소주 한 잔만 마셔도 얼굴이 빨갛게 달아오르는가 하면 이내 조는 사람이 있다. 그래서 그는 술자리에 가면 한 잔을 가지고 술자리가 파할 때까지 마신다. 처음에는 그런 그가 이해가 되지 않았다. 그의 입장에서 이해하기보다 '어떻게 소주 한 잔에 저럴 수 있지? 사회생활 힘들겠다.'라는 생각만 했다. 그러다 '한국인 4명 중 1명은 술 못 먹는 체질'이라는 놀라운 연구 결과를 접하게 되었다.

SNP제네틱스의 신형두 박사와 김대진 가톨릭대 교수, 최인근 한림대 교수는 유전자형에 따라 알코올 분해효소가 다르다는 것을 밝혀냈다.

연구에 따르면 체내에 들어온 알코올은 1차로 ADH효소에 의해 아세트알데히드로 바뀐다. 아세트알데히드는 독성 물질이다. 이 물질은 다시 ALDH효소에 의해 무독성 아세테이트로 전환된다.

여기에서 ALDH효소 기능이 떨어지는 유전자형를 가지고 있는 사람은 독성 물질인 아세트알데히드를 무독성 물질로 전환하기 힘들기 때문에 알코올을 마셨을 때 부작용을 나타낸다. 한국인 4명 중 1명, 즉 24~26% 가량이 이 유전자형을 가진다. 이들은 알코올중독에 걸릴 확률이 낮다.

그런데 ADH효소 기능이 떨어지는 유전자형를 가지고 있는 사람은 큰 부작용이 나타나지 않는다. 다만 알코올이 분해되지 않고 오랫동안 체내에 남아 있기 때문에 뇌 조식에 손상을 일으키고 알코올중독에 이를 위험성도 높다. 한국인 중 4.4%는 이러한 유전자형을 가졌다.

위의 연구결과를 접하고 나서 소주 한 잔을 못 마시는 그가 이해가 되었다. 그 역시 술자리에서 내심 고통스러웠을 것이다. 한국인은 외국인에 비해 술에 약한 편이다. 그런 만큼 술자리에서는 절제해서 마실 필요가 있다.

술자리가 계획되어 있는 날이라면 반드시 2시간 전에 식사를 해두는 것이 좋다. 위는 음식물이 들어오면 위벽을 보호하려고 일종의 보호막을 치게 된다. 빈속에 술을 마시면 더 힘든 이유도 보호막이 없는 상태이기 때문이다. 안주는 육류 등 기름진 음식은 알코올 분해를 방해하기 때문에 과일과 같은 가벼운 안주를 먹는 것이 좋다.

우리나라 사람들은 보통 소주를 마시고 2차로 맥주를 마시는 경향이 짙다. 이는 잘못된 습관이다. 도수가 약한 것부터 시작해야 인체가 부담을 덜 느끼기 때문이다. 술은 대화를 하면서 천천히 마시는 것이 취하지 않는 비결이다. 1시간에 소주 2병을 마시는 것이 3시간에 소주 3병을 마시는 것보다 더 해롭다는 말이다. 수시로 물을 마시는 것도 도움이 된다. 술의 달인들은 물통을 옆에 두고 시도 때도 없이 물을 들이킨다. 물은 체내 수분이 부족해서 생기는 숙취를 예방해주고 알코올을 희석해주기 때문에 덜 취하게 된다.

술이 술술 넘어간다고 해서 삼국지에 나오는 장비처럼 마시지 마라. 이는 건강해치고 실수하는 지름길이다. 다음은 술을 좋아하는 후배의 오래전 경험담이다.

"저는 술을 많이 먹으면 꼭 콜라나 사이다를 먹는 버릇이 있습니다. 언젠가 초저녁에 친구들과 거하게 술 한잔한 후 인사불성이 되었던 적이 있었는데, 어김없이 술이 취하니 몸에서 요구하는 탄산음료를 마시기 위해 주위를 둘러보았습니다. 그러자 KFC 할아버지 동상이 떡하니 있더군요. 콜라 하나랑 너겟 2조각을 바닥에 퍼질러 앉은 상태에서 먹고 있었습니다. 그때 전화벨이 울렸는데 고향 친구였습니다.

'뭐하냐?'

'술 한잔하고 KTF에서 뭐 좀 먹고 있다.'

친구가 갑자기 크게 웃으면서 말했습니다.

'하하! 지금 KTF에서 핸드폰 먹고 있나?'

제가 술에 취해서 그만 KFC를 KTF라고 잘못 말한 겁니다. 술 깨고 나서 한참이나 웃었던 기억이 납니다."

술을 인사불성이 되도록 마시지 마라. 술자리에 참석한 사람들과 가족들에게 피해를 끼치고 다음 날 업무에도 영향을 미친다면 당장 술을 끊어야 한다. 항상 술을 마시기 전에 '한국인은 술에 약한 체질이라는 것'과 '한국인 4명중 1명은 술 못 먹는 체질'이라는 것을 기억하자.

혼자서 마시는 술,
알코올중독 부른다

|

오늘도 김 대리는 술친구들과 어울려 술을 마시고 있다. 오늘 술 마시는 이유는 팀장이 자신만 갈군다는 것이다.

"이놈의 직장 정말 더러워서 못 다니겠어."

"더러워도 참고 다녀야지, 우리 같은 월급쟁이한테 달리 뾰족한 수가 있어?"

"에이, 젠장! 술이나 마시자."

이렇게 저녁부터 마시는 술은 자정이 훨씬 지나야 끝이 난다.

항상 그렇듯이 미혼인 김 대리는 술 마신 다음 날 감지 못한 머리, 얼룩이 묻은 와이셔츠를 입고 출근한다. 회사에 와서도 쓰린 속과 쏟아지는 졸음 때문에 업무를 제대로 볼 수가 없다. 졸다가 팀장에게 질책 당한 적이 한두 번이 아니다. 결과적으로는 술이 스트레스를 부르지만 김 대리는 자신만 홀대하는 팀장 탓, 회사 탓으로 돌린다. 그리고 다시 스트레스를 풀기 위해 술을 찾는다.

기분이 좋아서 마시는 술보다 기분이 나빠서 마시는 술의 폐해가 더 크다. 그래서 기분이 좋지 않을 때 술로 스트레스를 해소하려고 해선 안된다. 물론 술을 마시면 기분을 좋게 하여 여러 가지 스트레스 요인을 잠시나마 잊게 도와준다. 그러나 장기간 또는 과음이나 폭음을 하면 알코올 그 자체가 스트레스 반응에 관여하는 조직들(시상하부—뇌하수체—부신)에 직접 작용해 호르몬 분비를 증가시켜 스트레스를 더 심하게 한다. 쉽게 말해 스트레스를 풀기 위해 마신 술이 스트레스를 더 가중시키게 된다는 뜻이다.

알코올중독자들 가운데 한 가지 공통점이 있다. 상습적으로 혼자서 술을 마신다는 것이다. 물론 혼자서 마시면 상대방에게 신경을 쓰지 않아도 되는 만큼 자유롭다. 분위기 있는 음악이라도 틀어놓고 마신다면 운치도 있다. 하지만 혼자 마시게 되면 중간에 자제시키는 사람이 없기 때문에 과음할 확률이 높다. 술을 혼자 마시는 일이 잦게 되면 자신도 모르게 알코올중독자가 된다.

35세 가정주부 P씨. 그녀는 남편의 손에 이끌려 알코올 질환 전문치료기관을 찾았다. 그녀는 남편이 출근하고 아이들이 다 등교하고 나면 대낮부터 혼자 부엌에 앉아서 술을 마시기 시작한다. 저녁에 남편이 퇴근할 때쯤이면 얼굴이 벌겋게 달아 오른 채 식탁에 엎어져 자는 일은 흔하다. 본래 성격이 내성적이었던 그녀는 대학을 졸업하자마자 바로 결혼해, 남편을 따라 아무런 연고가 없는 곳에서 신혼생활을 시작하면서 우울증에 시달렸다.

아이들이 초등학교에 입학한 이후 남편이 출근하고 없는 낮 시간에 집안일을 끝내고 나면 시간이 한가하다. 그래서 무료한 시간을 달래기 위해 혼자서 술을 한두 잔 마시는 버릇이 생겼다. 하지만 최근까지도 남편의 아내의 상습적인 음주를 알지 못했다. 남편이 퇴근하기 전에 술에서 깨어 있었기 때문이다. 남편은 아내가 습관적으로 술을 마신다는 사실은 최근에야 알았다고 말했다.

혼자 마시는 술이 얼마나 위험한지 잘 보여주는 이야기가 있다. 알코올 질환 전문치료기관인 다사랑한방병원의 홈페이지에 '단주체험단' 게시판에서 실린 수기이다.

자정이 가까 오는 밤. 불현듯 조용한 어머니 방을 보았지만, 어머니는 없었습니다. 정신도 온전히 않은 어머니가 이 밤에 어디로 갔을까? 혹시라도 길을 잃으면 찾기도 쉽지 않을 텐데, 갑자기 손이 떨리면서 정신이 아득해졌습니다.

골목길로 가득한 빌라들 사이를 헤치면서 "엄마!"를 조심스럽게 외쳤지만 어머니의 대답은 없었습니다. 혹여라도 바람을 쐬러 나갔다 치더라도 낮에도 집을 잘 못 찾는 어머니가 이 밤에 집을 찾을 수 있는 확률은 거의 제로에 가까웠기에 제 목소리에라도 대답을 하기를 바라면서 발걸음을 빨리 했습니다. 한참을 찾다가 동네 근처 구멍가게로 향했습니다. 설마설마하는 마음, 그렇지만 가능성이 있는 곳, 그러나 그 설마하는 마음은 역시나하는 마음으로 바뀌고 말았습니다. 한눈에 봐도 노숙자처럼 마구 주워 입은 듯한 옷차림으로 구멍가게 입구를 서성이고 있었고, "엄마!"를 외치자 저를 알아보고 다가오셨습니다. 그 광경을 지켜보던 구멍가게 아저씨는 아무 말도 없이 저를 빤히 지켜보고 계셨죠. 수년 전부터 익숙하던 일이었습니다. 월세 집을 이사할 때마다 한 번씩은 거쳐야 하는 행사. 동네 구멍가게들 주인들과 그렇게 안면을 트곤 했습니다. 어머니의 손에는 막걸리 한 병을 사기에는 부족한 몇백 원의 돈이 쥐어져 있었고 필시 처음 보는 구멍가게 아저씨에게 이런 저런 사정을 이야기 하고 있던 터였을 것입니다. 걱정되었던 마음은 이내 화로 변했고, 혼잣말처럼 신경질을 부렸습니다. "정신도 없고, 집도 못 찾는 사람이 술 먹을 정신은 왜 그리 온전해요? 누구를 고생시키려고, 참나." 어릴 적부터 시작된 집안의 불화로 어머니는 제가 초등학교를 다닐 때부터 아는 친구 분과 재미로 술을 드셨고 그것이 발전을 해서 제가 중학교를 들어갈 무렵부터는 술로 하루를 시작하고 주정과 눈물로 하루를 마감하곤 했습니다. 한 달에 20일은 술에 취해 있었고 10일은 술병으로 누워 있었으니 집안 꼴은 말이 아니었죠. 부모님끼리의 불화는 더욱 심해졌고 어머니는 자식을 돌보기보다는 자신의 화를 다스리기 위해 술에 더욱 의존을 했습니다.아침을 먹어본 적이 언제인지도 모를 정도로 어려서부터 혼자 힘으로 커왔던 나에게 어머니라는 존재는 그저 술에 취한 모습뿐이었죠. 고등학교 졸업식 때도 술에 취해 있었고, 대학졸업식 때도 저는 혼자서 졸업식을 보내야 했습니다. 술에 취해 자다가 이른 새벽부터 술김에 또 술을 마시는 악순환은 끝이 없었죠. 애원을 하고 화를 내고 눈물로 호소도 해봤지만, 기댈 곳이 술밖에 없던 어머니는 변할 줄 몰랐습니다. 그러다가 교통사고로 뇌수술도 받고, 당뇨 합병증으로 오른쪽 발가락을 절단하기도 했지만, 술과 멀어진 것은 그때뿐이었습니다. 돈이 많은 집안이라면 믿을 만한 요양소에 입원을 시킬 터였지만, 근근이 살아가는 월세 집에서 그러기도 힘든 형편이었기에, 그저 그렇게 방치한 상태로 벌서 30년이 넘었네요. 제가 지방에서 회사를 다니다 어머니의 발가락 절단 수술을 계기로 집에 들어오게 되었습니다. 병원에서는 알코올중독과 영양실조, 치매진단을 내렸기 때문에 더 이상 방치할 수만은 없었던 것이죠. 제가 집에 들어오고 나서 저는 어머니를 감시하는 것과 동시에 돌보기 시작했습니다. 자는 틈에 아버지와 저의 지갑을 뒤져 술을 마셨기 때문에 매번 잠자리에 들 때면 지갑을 감추는 헤프닝도 일상사가 되었습니다. 2년이 지나면서 나름대로 어머니가 조금씩 나아지고 있을 무렵, 작은아버지가 간경화로 임종을 맞으셨죠. 워낙에 젊어서부터 과하게 술을 마셨던 작은아버지 역시 술로 인해 인생을 마감하게 되셨던 겁니다. 작은아버지와 함께 작은 사무실을 꾸려나가시던 아버지는 작은아버지가 돌아가시고 사무실이 문을 닫으면서 급속도로 술에 의존을 하시더군요. 어머니의 알코올중독을 직접 눈으로 보셨으면서도 어찌할 도리가 없었던가 봅니다. 텅 빈 사무실에서 안주도 없이 소주를 마시고 인생을 한탄하시면서 점점 가세는 더욱 기울게 되었고, 결국 사무실을 정리하게 되었죠. 집에 들어온 아버지는 더욱 술에 의존하시게 되었습니다.(중략) 그러다가 올 7월 1일, 회사 일로 캄보디아에 출장을 가기 위해서 전날 회식을 마치고 출국 준비를 위해서 점심나절에 집에 들어왔습니다. 그런데 아버지가 의식을 잃고 쓰러져 계시더군요. 지긋지긋했습니다. 또 술을 먹고 저러나보다 싶었는데, 준비를 한참을 하는데도 의식을 찾지 못하고 계속 앓는 소리를 내시더군요. 혹시나 하는 마음에 119를 불렀고 아버지는 바로 중환자실로 옮겨지게 되었습니다. 병원에서 알게 된 사실은 저혈당으로 인해서 의식을 잃었다는 것이고, 조금만 더 늦었으면 사망에 이르게 되었을지도 모른다는 것이었습니다. 아버지도 오래전부터 당뇨를 앓고 계셨는데 전에는 꾸준하게 약과 식사를 드셨던 분이 술에 취하면 식사를 안 하시게 되니 저혈당이 찾아온 것이었던 겁니다. 의식을 차리기까지 10여 일 동안 중환자실에 계셨고 그 이후로는 간병인을 붙여서 병원에 한 달간 계셨습니다. 병원비와 간병인비만 300만 원을 지출하게 되었습니다. 정말 앞이 깜깜하고 뭐라 할 말이 없더군요. 자식은 살아남기 위해서 왕복 4시간이 걸리는 인천까지 새벽부터 밤까지 출퇴근을 하고 있는데, 부모라는 두 사람은 틈만 나면 술을 마시려고 아등바등하다가 결국 이런 사태까지 초래하다니…. 정말 부모가 아니라 웬수같았습니다. 울기도 많이 울고, 이 상황을 벗어나고만 싶었지만, 그럴 수가 없었습니다. (중략) 한 달 후 퇴원을 하신 아버지는 다시는 술을 안 드시겠다고 하셨지만, 그 다음 달 9월 중순에 다시 한 번 저혈당으로 쓰러지셨고, 저는 회사를 그만두고 이제는 어머니가 아닌 아버지를 돌보게 되었습니다. 지금 어머니는 어머니의 방으로 들어가서 TV를 보고 계십니다. 아버지는 아버지의 방에서 잠을 주무시고 계시죠. 집에 있을 때는 식사도 잘 드시고 술도 안 드시는 두 분이 제가 일이라도 나가서 잠시 틈이 나면 술을 드시려고 안간힘을 쓰십니다.

우리는 위의 수기를 통해 혼자 마시는 술이 낳는 폐해가 얼마나 심각한지 깨달을 수 있다. 화목한 가정이 그야말로 풍비박산 난다.

15년간 다닌 회사에서 지난해 10월 정리 해고된 실직자 이수광 씨. 5개월 사이 몸무게가 12㎏가량 빠졌다고 말하는 그의 입에서 진한 술 냄새 풍겨났다.

"퇴직을 당한 뒤 한 동료와 술 마시며 주먹다짐까지 했습니다. 동료는 걱정된다며 이런 저런 얘기를 해줬는데 다 듣기 싫고 괜히 화만 나더라구요. 그 후에 술만 마시면 사람들과 싸우게 됩니다. 사람들에게 내 처지를 이야기하는 것도, 동정을 받는 것도 견딜 수 없었습니다. 그러다 보니 자연히 혼자 술을 마시게 되었습니다."

그는 하루 소주 2~3병 정도 마신다. 내가 "보통 사람들도 그 정도 마시지 않는가?"라고 묻자 그는 "나처럼 혼자 매일 마시는 것은 아니지 않으냐?"고 반문했다. 그는 "나도 사람들과 어울려 호프집에서 떠들썩하게 얘기도 하고 주거니 받거니 하며 술 마시고 싶은 마음이 간절하다. 그런데 나가면 직업 얘기, 돈 얘기가 나올 수밖에 없고, 그러면 자존심만 상하게 된다. 그래서 하루에도 여러 번 전화기를 들었다 놓았다 한다"고 속마음을 말했다.

그렇다면 혼자 마시는 술 맛은 어떨까? 그는 한마디로 "사약(死藥)을 마시는 기분이다."라고 말했다. "딱히 할 일이 없어 마시는데 한두 잔 마시다 보면 술이 술을 먹는다. 솔직히 맛은 없다. 술 냄새가 싫어 하루 4번 이상 양치질을 한다"고 말했다.

혼자서 술 마시지 말아야 하는 또 다른 이유가 있다. 혼자만의 세계에 고립된다는 것이다. 방에 틀어박혀 혼자서 술 마시기 때문에 다른 사람과의 교류가 끊기게 된다.

이 씨 역시 혼자서 술을 마시면서 다른 사람이 되어갔다. 우선 바깥출입이 뜸해졌다. 요즘은 저녁 7시쯤 소주 사러 마트에 가는 것이 유일한 외출이다. 사람들을 만나면 "어떻게 지내냐?"는 말을 들을까봐 어두울 때 나간다고 했다. 그리고 사온 술을 숨기는 버릇도 생겼다. 그는 여행용 가방 속에 소주를 숨겨두고서 한 병씩 마신다. 자연히 말수도 줄고, 대형마트 캐셔로 일하는 아내와 중학생 딸과도 거의 말을 하지 않는다. 혼자 있을 땐 집 전화, 휴대전화 모두 꺼놓는 습관이 생겼다고 했다.

이 씨는 마지막으로 후회 섞인 고백을 했다.

"이런 모습을 보여 미안하다. 사실 나도 술 마시기 싫다. 이러다 정말 폐인이 되는 것은 아닌지 걱정이다. 머리에선 술 생각을 지웠는데, 어느새 손은 술잔에 가 있다. 날 좀 도와달라. 이러다 길거리에서 객사하는 건 아닌지 모르겠다."

사람은 절대 혼자서 살아갈 수 없다. 특히 일용할 양식을 구하기 위해 개인 사업이나 직장에서 일을 한다. 그러다보면 자연히 업무나 인간관계로 인해 스트레스가 쌓이게 된다. 그렇더라도 절대 술로 해결해선 안 된다. 술로 스트레스를 푼다는 것은 어불성설이다. 오히려 알코올중독자 되기 십상이다. 스트레스가 쌓일 때는 독서를 하거나 영화를 보자. 운동도 좋고 가까운 곳으로 여행을 떠나는 것도 도움이 된다. 음주를 제외한 다른 것들로 스트레스를 해소하는 습관을 들이자.

혼자 마시는 술은 조금씩 자신의 심신과 인생을 좀먹게 된다. 급기야 헤어 나올 수 없는 수렁에 빠진 뒤에야 후회하게 된다. 그래도 마시고 싶은가? 그렇다면 마음대로 하라. 어차피 당신 인생이지 않은가?

술 마시며 피우는 담배는
독이다

|

"담배는 전혀 안 하시나봐요?"

"네, 술은 조금씩 해도 담배는 하지 않습니다."

"아니, 어떻게 담배를 안 피울 수가 있죠?"

"제가 담배를 좋아하지 않으니 그렇게 되네요."

"그러면 무슨 낙으로 사십니까?"

"글 쓰고 책 읽고 강연하고 틈틈이 운동도 하고 그러면 오히려 시간이
모자라죠."

"정말 대단하시네요."

언젠가 강연이 시작되기 전에 가진 점심식사 시간에 주고받은 이야기
이다. 나는 술은 마셔도 담배는 일절 하지 않는다. 어린 시절 담배를 피
우지 않겠다는 어머니와의 약속 때문이기도 하다. 담배를 피우지 않으니
담배 맛을 모른다. 그러니 여느 골초들처럼 담배에 목숨 거는 일은 없다.

내가 담배를 안 한다고 하면 대부분 이해할 수 없다는 듯이 바라본다.
사실 나 역시도 담배를 피울 몇 번의 유혹이 있었다. 그 가운데 하나가
군대 시절이었다. 모두들 휴식 시간에 담배를 피우는데 유독 나 혼자만
멍하니 서 있었다. 그런 나를 보며 고참들은 담배 한 개비를 주며 협박하

듯이 억지로 권하곤 했다. 하지만 나는 그런 협박에도 담배를 뿌리칠 수 있었다. 지금 돌이켜보면 그 당시의 내 자신이 얼마나 대견스러운지 모른다. 지금 많은 사람들이 담배를 끊기 위해 애쓰는 모습을 볼 때면 더욱 더 그러한 마음이 든다.

지인 중에 술과 담배를 하지 않는 사람이 있다. 그 역시 처음부터 술과 담배와 담을 쌓은 것은 아니었다. 잠시 그의 말을 들어보자.

"술과 담배를 끊기까지 정말 힘들었습니다. 담배를 안 피우니 근무하는 중간 중간 휴식시간에 얘기도 못하고, 직장 생활의 역사가 이뤄진다는 회식자리에서도 술을 안 먹으니 꿔다 놓은 보릿자루 신세가 되더군요. 하지만 술 먹는 것이 더 힘들었기 때문에 어떻게 해서든 방법을 찾았습니다. 술도 안 먹고, 사람들과도 친해질 수 있는 방법이 없을까? 하고 생각했습니다. 그래서 생각해낸 것이 다른 사람들에게 내가 필요한 사람이 되는 것이었습니다. 그 후로 사람들에게 도움 될 만한 일, 정보, 재밌는 얘기 등을 항상 숙지하고 다녔습니다. 그리고 사람들과 고민을 공유하기 위해 '코칭'을 배우기도 했습니다."

그는 누군가 술을 마시러 가자고 하면 평소 알아두었던 찻집이나 맛집으로 데리고 간다. 대부분 처음에는 심드렁한 반응을 보이다 막상 가보면 흡족해한다. 어떤 사람은 "나중에 와이프랑 와야지!" 좋아하기도 한다. 그와 함께 있으면 술과 담배를 하지 않고도 사람들과 충분히 즐거운 시간을 보낼 수 있다는 것을 깨닫게 된다.

사람들 가운데 술과 담배를 모두 하는 사람이 있다. 특히 이들은 술좌석에서도 어김없이 담배를 피운다. 술 마시며 피우는 담배는 독이라는 것을 모르고 있다. 아니 알면서도 담배 맛에 중독되어 모른 체하는 것이리라. 그렇다 술 마시며 피우는 담배는 일종의 자살행위이다.

술 마시면서 담배를 피우면 니코틴에 의해 알코올 효과가 감소되어 술을 더 마시게 된다는 연구결과가 있다. 미국 텍사스A&M대 보건과학센터 첸 웨이준 박사는 〈알코올중독: 임상-실험연구〉에 발표한 연구 보고서에서 니코틴이 알코올 흡수를 지연시킨다는 사실을 쥐 실험을 통해 밝혀냈다.

첸 박사는 "술 먹인 쥐에게 니코틴을 투여하면 니코틴 투여량이 증가함에 따라 혈중 알코올 농도는 떨어진다는 사실을 확인했다. 이것을 사람에게 적용하면 술을 마시면서 흡연하면 알코올 효과가 떨어져 이를 보전하기 위해 술을 더 마시게 될 가능성이 크다고 할 수 있다"고 말했다. 그는 덧붙여 말했다.

"이는 알코올이 위에서 혈관으로 흡수되는 장소인 소장으로 유입되는 것을 니코틴이 지연시키기 때문인 것으로 보인다. 알코올이 위에서 정체되면 알코올 분자가 대사(代謝)되면서 소장으로 들어가는 분량이 줄어든다."

쉽게 말해 마신 양만큼 나타나야 할 알코올 효과가 니코틴에 의해 줄어들기 때문에 술을 많이 마시는 사람들이 술을 마시면서 담배를 피우면 알코올에 의해 기분이 좋아지는 효과를 달성하기 위해 술을 더 많이 마시게 되는 결과를 가져올 것이라고 첸 박사는 지적했다. 음주 중 흡연이 결국 음주량을 늘린다는 것이다.

음주 중 흡연은 건강에도 치명적이다. 고정삼 전 제주대학교 생명자원과학대학 교수는 저서『술 알고 마시면 건강이 보인다』(유한문화사)에 술과 함께 피우는 담배는 그렇지 않은 사람에 비해 각종 암에 걸릴 위험성이 현저히 높아진다고 충고한다.

니코틴은 알코올에 잘 용해된다. 따라서 술을 마실 때 담배까지 피우면 술이 더 빨리 취하고 녹초가 된다. 니코틴 외에도 담배에 포함된 각종 유해물질과 발암물질이 알코올에 잘 용해되어, 알코올에 의해 암의 발생을 억제하는 저항력이 낮아진 몸을 공격한다. 술을 마시면서 담배를 많이 피우는 사람은 구강암 · 식도암 · 후두암 등에 걸릴 위험성이 높다.

술을 마시면서 담배를 함께 피우면 1차적으로 간이 지쳐 나가떨어진다. 술을 해독하는 것도 벅찬데 담배의 유독성분까지 해독해야 하기 때문이다. 담배에 들어 있는 발암물질이 알코올에 녹아서 훨씬 쉽게 우리 몸의 저항을 돌파한다. 특히 취약한 곳은 입안 · 식도 · 후두이다. 간암의 경우 술을 마시면서 하루 30개피 정도를 피우는 사람은 담배를 피우지 않는 사람에 비해 무려 40% 이상 높은 발병률을 보인다.

강남베스트클리닉 원장 이승남은 저서 『건강에 목숨 걸지 마라』(브리즈)에서 이렇게 밝힌다.

담배 연기에는 2~6%의 일산화탄소가 포함돼 있는데 술을 마시며 담배까지 피우면 우리 몸은 연탄가스를 마시는 것에 가까운 충격을 받는다. 담배의 니코틴 성분이 알코올과 함께 간으로 이동해 아세트알데히드 분해를 방해하기 때문에 숙취도 더 심해진다. 술, 담배 모두 해독이 필요한 것이므로 한꺼번에 우리 몸에 들어오면 매우 해롭다는 것을 기억하자.

마시며 피우는 담배는 자동차 배기관에 입을 대고 매연을 그대로 들이마시는 것과 다를 바 없다. 쉽게 말해 '죽음'이라는 뜻이다. 평소 담배를 끊을 수 없다면 술좌석에만큼은 피우지 마라. 정 피우고 싶다면 화장실에나 잠깐 밖에 나가서 피우는 습관을 가져야 한다. 술좌석에서의 흡연이 무서운 것은 간접흡연으로 다른 사람까지 피해를 준다는 것이다.

  가능하다면 술과 담배를 끊자. 하지만 말처럼 끊기 힘든 것이 술과 담배이다. 그렇다면 둘 다 조금씩 절제하는 노력을 기울여보자. 자신의 주량에 맞게 술을 마시되 담배는 피워선 안 된다. 자기 자신뿐만 아니라 다른 사람들의 소중한 건강까지 생각하는 배려를 잊지 말자.

'적당히만 하면'
술이 건강에 좋다고?

|

누군가와 친해지고 싶거나 마음을 터놓고 싶을 때 가장 많이 이용하는 것이 바로 술이다. 술을 마시면 자연스레 긴장이 풀어지게 되고 경계심을 늦추게 된다. 평소 멀게 느껴지고 딱딱하게 느껴졌던 내용의 대화도 훨씬 부드러워진다. 이는 술이 윤활유 역할을 해주기 때문이다. 그래서 친구를 비롯해 직장 동료, 가족들과도 술을 즐기는 사람들이 많은 이유이다.

그래서일까, 우리 사회 전반적으로 아직까지는 술에 대해서 유난히 관대한 편이다. 술자리에서 일어난 실수는 그다지 다그치지 않는다. "술이 그랬지."라며 눈감아주기 때문이다. 하지만 어느 자리에서든 술이 빠지지 않는 문화 때문에 술로 인한 피해도 무시할 수 없다. 하지만 알코올이 우리 인체에 직·간접적으로 미치는 영향은 매우 크다. 실제로 최근에는 우리나라 전체 사망자의 10% 정도가 알코올이 원인이라는 분석까지 나와 알코올에 대한 인식개선이 시급하다는 지적이 제기되고 있다.

흔히 술은 건강을 해치는 것으로 알려져 있다. 그래서 술을 마시는 일은 곧 간경화나 간암과 같은 중병에 걸려 목숨을 잃는 것으로 알고 있다. 하지만 술은 사교나 친목도모 등 인간관계에서 빼놓을 수 없는 요소이다. 특히 업무에서 오는 스트레스 해소나 긴장감을 줄여주는 등 좋은 기능이 있다. '과음만 하지 않는다면' 술처럼 스트레스를 빨리 해소시켜주는 약은 없다.

그런데 '과음만 하지 않는다면'이라는 전제가 붙는다. 그렇다면 어느 정도의 주량이 적당할까? 한두 잔이 적당하다고 할 수 있다. 한두 잔의 술은 위장을 따뜻하게 해주고 소화를 돕는다. 특히 불면으로 고생하는 사람에게 있어 약간의 음주는 수면제보다 효과적이다.

적절한 음주가 심장병 예방에 효과적이라는 연구 결과가 있다. 1992년 미국 코넬대학 연구 팀은 와인에서 레스베라톨을 발견했다. 폴리페놀계 산화방지제다. 혈청 지질을 낮추고 혈소판의 응고 작용을 방해함으로써 심혈관 질환에 유익하리라는 설이었다. 레스베라톨은 저밀도 콜레스테롤을 감소시키며 또한 항암 성분도 뛰어나다.

'적절하게 술을 마시면 건강에 좋다.' 그래서 술꾼들은 입버릇처럼 "술 한두 잔은 건강에 좋다."라고 당당하게 말한다. 하지만 그들의 음주량을 살펴보면 절대 한두 잔이 아니다. 소주 서너 병은 좋게 마신다. 그러고서 술이 건강에 좋다는 말로 자신의 음주를 합리화시키는 것이다.

대부분의 사람들은 자신의 주량을 제어하지 못한다. 술자리 분위기에 휩쓸려 자신의 주량보다 과하게 마신다. 그 결과 돌이킬 수 없는 실수를 하거나 건강을 망치게 된다.

인터넷신문 〈뉴시스〉는 통계청이 발표한 2017년 사망원인통계를 분석했다. 이에 따르면 알코올 관련 총 사망자 수는 4,809명으로, 인구 10만 명당 사망률은 9.4명이다. 하루 평균 13.2명인 셈이다. 여성의 사망률은 2.3명이었고 남성의 사망률은 여성의 7배에 달하는 16.4명으로 집계되었다. 남성 중에서도 50대, 60대의 사망률이 40.9%, 36.3%로 특히 높았다. 사고, 타살 및 태아알코올증후군과 같은 알코올 관련 간접 사망률은 제외한 결과라는 것이 놀랍다.

재단법인 한국음주문화연구센터가 발간한 『알코올백과』에 보면 음주는 만병의 근원이라고 말한다.

알코올로 인하여 발생할 수 있는 신체적인 문제점은 머리끝부터 발끝까지 인체의 모든 부분에서 발생된다고 생각할 수 있다. 우선 뇌와 신경계에서 발생할 수 있는 문제점으로 치매, 정신착란, 환청, 금단증상, 경련 그리고 진전섬망 등이 있다. 특히 진전섬망은 5명 중 1명이 사망할 수 있는 치명적인 상태이다.

또, 말초신경에는 염증을 유발하여 심한 통증을 야기하기도 한다. 물론 간에도 영향을 끼쳐서 알코올성 지방간, 간염 및 간경화를 유발하는데, 술을 거의 매일 10년 이상 마신다면 간경화가 발생할 위험이 높다. 간경화는 일단 생기면 술을 끊더라도 호전되지 않고 결국 사망하게 되는 것이다. 암도 유발하는데, 여러 소화기 기관과 특히 간에서 암을 유발한다. 간암 환자의 60~90%가 음주자라고 한다. 그 외 고혈압, 부정맥, 협심증, 심근경색과 같은 심장질환, 위궤양, 위장 출혈과 같은 위장질환, 성욕 감퇴, 성기능 장애, 결핵, 폐렴, 췌장염, 당뇨병, 영양실조 등이 있다. 최근 미국에서 실시된 연구 결과에서 알코올중독자 10명 중 1명은 심각한 정도의 치매가 발생하였으며, 3명 중 1명은 간경화가 발생하였다고 보고함으로써 알코올중독자에게 심각한 질환들이 매우 높은 빈도로 발생한다는 것을 시사하였다. 특히 알코올중독자 10명 중 9명 이상에서 신체적 질환이 있었다는 사실과 심장병, 암, 사고, 자살 등의 이유로 알코올중독자의 평균 수명이 일반 인구에 비해 10~15년 짧아서 일찍 사망한다는 조사 결과는 우리들에게 큰 경종을 울려주고 있다.

과음이 뼈의 손실을 촉진한다는 연구 결과도 있다. 미국 오마하 재향군인 메디컬 센터의 데니스 차칼라칼 박사는 〈알코올중독: 임상−실험연구〉에서 과음은 뼈의 손실을 촉진하고 손상된 뼈의 회복을 지연시킨다고 밝혔다.

차칼라칼 박사는 성장기의 뼈는 오래된 뼈를 조금씩 분해해 없애버리는 파골(破骨)세포와 그 자리를 새 뼈로 메우는 조골(造骨)세포의 활동으로 뼈의 질량이 항상 일정하게 유지되는 이른바 '리모델링'이 진행되는데 이 과정에서 과음은 조골세포의 활동을 억제한다고 말했다.

따라서 술을 많이 마시면 불과 몇 년 안에 뼈의 질량이 줄어들 수 있다는 것이다.

같은 오마하 메디컬 센터의 테렌스 도노휴 박사는 사람들이 과음이 간을 해친다는 사실은 잘 알고 있어도 뼈를 손상시킨다는 것은 모르는 경우가 대부분이라고 지적하고 특히 골절환자는 치료기간에는 술을 삼가는 것이 중요하다고 강조했다.

은행원 김영세 씨는 언제부턴가 엉덩이와 허리에 자주 통증을 느꼈다. 특히 양반다리를 하고 앉을 때면 더욱 심했다. 그는 혹시 디스크가 아닐까 하는 걱정에 병원을 찾았다. 그는 진단 결과 '대퇴골두 무혈성 괴사' 판정을 받았다. 잦은 과음에 의한 발병이라는 것이 의사의 소견이었다. 김 씨와 같이 음주로 인해 뼈에 손상을 입어 고생하는 환자들의 사례가 최근 늘어나고 있다.

순환장애로 생기는 대퇴골두 무혈성 괴사는 대퇴골두의 순환장애로 인하여 골이 괴사되어 발생되는 질병이다. 주로 30~50대 남성에게 발생하는데 이는 잦은 음주로 인해 많이 생긴다. 술을 마셨다고 바로 발생하는 것은 아니며 수년에 걸쳐 과음이 계속 되었을 때 발병할 확률이 높다. 이 질환에 걸렸다 하더라도 초기에는 어떠한 증상도 느끼지 못한다. 어느 날 갑자기 통증이 나타나는데 통증을 느끼기 시작했을 때는 이미 괴사가 상당 시간 진행되고 난 뒤다. 괴사 부위가 골절되면서 통증이 생기고, 이어서 괴사 부위가 함몰되면서 고관절이 손상되는 무서운 질병이다. 현재로서는 대퇴골두 무혈성 괴사의 특별한 예방법은 딱히 없다. 관절에 충격을 주지 않거나 술을 마시지 않는 것이 최선의 방법이다.

경희대 의학전문대학원 신현필 교수는 지나친 음주에 대해 이렇게 조언한다.

"일정수준 이상 음주를 하게 되면 대뇌기능이 억제되면서 운동기능도 저하되게 된다. 뿐만 아니라 의식수준의 저하와 집중력의 감소를 가져오게 되며 판단력과 분별력도 감소하게 되어 정밀한 업무수행이 불가능해진다."

장기간 과음을 지속할 경우 영양장애를 불러일으키고 심지어 기억장애와 신경질환까지 발생할 수 있다. 무엇보다 비단 간질환 뿐 아니라 순환기, 호흡기 질환을 가진 경우에도 음주가 사망에 이를 수도 있다.

고광언 제주중독예방교육원장은 "술, 잘 알고 잘 마시자"라는 제목으로 〈제민일보〉에 기고를 했다.

어느덧 연말이다. 한해를 돌아보고 희망찬 내년을 준비하려는 송년회 모임도 잦아지고, 그만큼 술 마시는 날도 많아지게 마련이다. 주위에서 권하면 거절하기 힘든 술, 마시다 보면 주량이 는다지만 건강에는 해롭다. 하지만 지피지기면 백전백승, 술에 관한 일반상식을 알아보자. 최근 한국건강증진재단이 세계보건기구(WHO) 권고와 의학계의 자문을 거쳐 '저위험 음주 가이드라인'을 제시했다. 이에 따르면, 하루 적정 음주량은 남성 40g, 여성 20g으로 맥주의 경우 남자 500cc 2잔, 여성 500cc 1잔, 소주의 경우 남성 5잔(한잔 48㎖ 기준), 여성 2.5잔으로 권고하고 있다. 숙취 해소에 도움이 되고, 건강에 덜 유해한 안주는 어떤 것이 있을까? 단적으로 말하자면, 저지방 고단백 음식이 제일이다. 술을 마시며 지방을 과다 섭취하면 간에 지방이 축적되므로 '치맥'은 되도록 피하고, 대신 과일이나 살코기 등을 곁들이는 것이 좋다. 하지만 좋은 안주를 먹더라도 과음을 하면 간질환은 필연적이다. 숙취로 인해 뒷머리부터 어깨까지 뻐근하고 마치 눈이 빠질 것처럼 아플 때에는 칡차나 콩나물국, 과일주스나 녹차가 좋다. 매실 또한 간 기능을 보호하고 술로 인해 손상된 장기의 기능을 회복시켜 준다고 한다. 생수 한 컵에 식초 3~4술과 꿀을 적당히 넣어 마시는 것도 좋다. 그러나 숙취를 해소하려고 사우나에서 땀을 뻘뻘 흘리는 것은 좋지 않다. 하루 한 잔의 술을 보약이라는 말도 있지만 이것도 1년 365일 계속되면 알코올중독이 되고, 더군다나 한 번에 많이, 자주 마시는 것은 더욱더 건강을 해친다. 인간관계를 유지하는 데 도움이 되기도

하는 술자리이지만 건강을 생각해서 지나치지 않은 술과의 인연을 맺기
바란다.

– "술, 잘 알고 잘 마시자" 〈제민일보〉 2018.12.26

젊은 시절 '전설의 술꾼'이었던 지인이 했던 말이 기억난다.

"저도 한때는 10병씩 마셔대며 밑 빠진 독이니 뭐니 소릴 들으면서 대
학 내 소문난 주당들과 술 시합에서 진 적이 없었습니다. 몸이 상하고 주
량이 급감한 지금에야 그게 바보짓이었다는 걸 깨달았습니다. 제가 지금
껏 살면서 본 최고 주당은 아버지와 같이 조기축구회에서 운동하시는 분
이셨습니다. 그 분은 평상에 앉아 그 자리에서 소주 한 박스를 내리 마시
더군요."

그는 이어서 말했다.

"아버지와 30년 지기 친구이셨는데, 아버지께서 그 분이 취한 걸 한 번
도 본적이 없다고 하셨습니다. 하지만 그분, 그러다가 몇 해 전에 간경화
로 돌아가셨습니다."

물론 사람에 따라 술을 자주 마시는데도 병에 걸리지 않는 사람도 있
다. 하지만 이것만은 명심해야 한다. 세상에 언제까지나 과도한 음주를
버텨낼 슈퍼간은 없다는 것이다. 뿐만 아니라 술은 신체 질환과 상관이

없더라도 자동차 사고나 낙상, 익사 등에 의한 사고사나 자살 등에서도 알코올은 높은 비중을 차지한다.

　적은 양의 음주는 기분을 좋게 하고 혈액순환을 월환하게 해주어 신진대사를 돕는다. 문제는 술을 적당하게 마실 수 있느냐이다. 만일 의지력이 약해 적당하게 마실 수 없다면 차라리 핑계를 대서라도 술좌석에 가지 말자. 그것이 바로 당신의 심신과 인생, 화목한 가정을 온전히 보전하는 길이다.

술친구들을
멀리 하라

|

"술은 자주 하십니까?"
"네, 일주일에 두세 번은 합니다."

"그렇게 자주 마시면 생활에 지장이 있지 않습니까?"
"지장은 있지만 술자리를 거절하기 힘들어서요."

"거절 못하는 특별한 이유라도 있습니까?"
"인간관계가 소원해지지 않을까 해서요."

그렇다. 대부분의 사람들은 '인간관계' 때문에 술자리를 가진다. 좀 더 솔직하게 말하면 그들과의 관계가 멀어지지는 않을까 불안한 나머지 술자리를 거절하지 못하는 것이다. 물론 업무상, 사업상 등의 이유로 술자리를 가지게 될 때도 있다. 하지만 이런 이유는 그다지 많지 않다. 관계 때문에 싫어도 마지못해 몇 시간 동안 술자리에 앉아 있게 된다.

사실 나도 술을 좋아하는 편이다. 특히 몇 년 전까지만 해도 일주일에 한두 번은 지인들과 술을 마시곤 했다. 특별히 술 약속이 없더라도 일부러 지인들에게 연락해 술자리를 만들기도 했다. 그러다 어느 날 문득 이런 회의감이 들었다.

'내 인생의 가장 중요한 시기에 이렇게 술 마시며 시간을 허비해도 될까?'

고민 끝에 술을 적제 마시고 그 시간에 생산적인 활동을 하기로 마음먹었다. 술을 적게 마시기 위해선 술친구들을 멀리할 필요가 있다는 생각이 들었다. 평소 나와 술잔을 기울이던 술친구들에게는 미안했지만 어쩔 수 없었다. 내 인생의 뼈대를 만들어가는 30대를 무의미하게 보낼 수 없었기 때문이다.

술친구들을 멀리하자 시간이 남았다. 그 시간에 글을 쓰거나 독서, 요가 등 운동을 하는 데 시간을 쏟았다. 예전부터 글쓰기는 내 밥벌이인 탓에 아무리 과음하더라도 다음날 책상에 앉아 글을 쓰곤 했다. 물론 정상적인 컨디션일 때와 음주로 몸이 지친 상태에서 쓰는 원고량은 확연히 차이가 났다.

내가 술친구들을 멀리하게 된 진짜 이유는 그들과 술잔을 기울일 때는 즐거웠지만 술이 깨고 나면 남는 것은 아무것도 없었기 때문이다. 나를 짓누르는 지독한 숙취뿐이었다. 가만히 돌이켜보면 술친구들 가운데 끈끈한 우정을 나눈 친구는 거의 없었던 것 같다. "술이 빚은 우정은 술처럼 하룻밤밖에 가지 못한다."라는 말이 있듯이 술로 맺어진 관계는 술자리가 파함으로써 끝난다고 해도 과언이 아닐 것이다.

물론 대부분의 술친구들은 이해관계를 떠나 즐기기 위해 술자리를 가진다. 한명희 작가는 「술친구」라는 수필에서 술친구에 대해 이렇게 표현했다.

나는 술을 한잔하면 긴장이 풀리고 세상이 모두 아름답게 보인다. 그리고 친구들이 마냥 좋다. 술친구가 좋은 것은 이리 저리 상대방을 저울질하지 않기 때문이다. 그리고 허세나 위장 없이 솔직하게 자기를 드러내기 때문이다.

(중략)

우리는 흔히 친구간의 우정을 이야기할 때 관포지교(管鮑之交), 문경지교(刎頸之交)를 예로 든다. 그러나 나는 '마음에 거슬림이 없는 지라 친구가 되었다'는 막역지교(莫逆之交)라는 말이 마음에 더 와 닿는다.

그것은 우리처럼 평범한 사람들은 관포지교나 문경지교는 따라할 수 없지만 거슬림 없이 정을 나누는 일은 쉽게 따라할 수 있을 것 같기 때문이다. 친구 간에 술잔을 가운데 놓고 나누는 정담에는 거슬림이 없다. 그 자리에 거슬림이 있다면 그것은 이미 술자리도 아니고 그들은 술친구도 아니다. 서로 간에 거슬림이 없는 술친구가 그래서 좋은 것이다.

물론 술친구들과 '가끔' 마시는 술은 각박한 세상살이에 힘이 된다. 그런데 대부분의 애주가들은 종종 술친구들과 술잔을 기울인다. 이것이 문제이다. 아무런 욕심 없이 수도승처럼 사는 사람이라면 상관없을 것이다. 하지만 꿈과 목표가 있고 후회하지 않을 인생을 살고 싶은 사람이라면 얘기는 달라진다. 자주 술친구들과 술자리를 가진다는 말은 생산적인 일에 써야 할 소중한 시간을 심신을 망치는 데 쓴다는 뜻이 된다.

만일 술 마시는 시간에 부족한 외국어 공부를 하고 자기 분야의 자격증 공부 등 자기계발을 한다고 가정해보자. 당장은 어떤 결실을 맺을 수 없겠지만 3년 후, 5년 후의 모습은 지금과 사뭇 달라져 있을 것이다. 그래서 나는 사람들에게 시간의 소중함에 대해 말하면서 술친구들과의 만남을 뜸하게 가지라고 조언한다.

내가 생각하는 술친구들을 멀리해야 하는 또 다른 이유가 있다. 술은 어른들 앞에서 배워야 조심성도 있고 절제할 줄도 안다. 그런데 대부분 청소년 때 친구들과의 술자리에서 술을 배우기 때문에 조심성도 없고 절제할 줄도 모른다. 그러다보니 한번 술을 마시면 술에 원한이라도 맺힌 듯이 부어라, 마셔라하게 되는 것이다. 이런 유형은 사회에서 만난 술친구들이 대부분이다. 따라서 가급적이면 술친구들을 멀리하거나 정 그럴 수 없다면 술을 조절해서 마셔야 한다.

다음은 인터넷 사이트 '몽환비밀실험실'에 올라와 있는 글이다. '담배와 술이 싫은 세 가지 이유' 가운데 첫 번째 이유로 공감하는 바가 크다.

지나간 자리가 엉망이다.

별로 오래 살지도 않았지만 그나마 살아온 경험을 비추어볼 때, 담배 피우고 난 뒷자리나 술 마시고난 뒷자리가 원형대로 유지되는 꼴을 본 적이 없다.

요즘은 많이 줄었지만 공공장소에서 다른 사람 얼굴에 담배연기 푹푹 뿜어대는 인간을 보면 정말 하루에 길에 버려지는 담배꽁초가 얼마나 될까? 바로 옆에 재떨이가 있는데 꼭 소변기에 담배꽁초 버리는 인간들은 무슨 생각을 하고 사는 걸까? 영화에서 담배 피우는 인간이 재떨이에 담배꽁초 버리는 꼴을 본적이 없다. 현실도 상당히 비슷하다.

술 먹고 나면 기분이 좋아진다. 기분이 좋아지면 눈에 뵈는 게 없어진다. 기분 좋게 늘어놓고 자리 치우느라고 기분 나빠지기 전에 자리 뜬다. 대학가(!)라든가, 주점에 가보면 길바닥에 빈대떡이 종종 보이지⋯ 술 먹고 상점 간판 발로차서 박살 낸 친구에게 이러지마, 하고 다른 친구들이 부축해서 데려간다. 상점 주인이 보기 전에 말이지.

내 인생관 중 하나가 민폐 끼치는 인간이 되지 말자는 것인데, 술 담배, 그리고 그걸 즐기는 인간 치고 아주 작은 부분일지라도 뭔가 민폐 안 끼치고 넘어가는 걸 거의 본적이 없다. 열에 아홉은 뭔가 어질러놓고 만다. 물질적으로든 정신적으로든⋯.

흔히 사람들은 "나는 술은 싫은데 술자리 분위기가 좋아서 술 마시는 거야."라고 말하곤 한다. 나는 그와 정반대로 술은 좋지만 술자리 분위기가 아주 싫은 사람이다. 술을 마셔서 그런 것이기도 하겠지만, 그보다는 술자리라는 환경에 들어가면 인간들은 아주 이상해진다. 주는 술을 거부하면 분위기가 망가뜨린다, 정 없다, 라고 생각들을 하는 데다가, 그보다 더 싫은 것은 실제로 분위기를 망가뜨리고 정 없는 인간이 되어버린다는 것이다. 그래서 결국에는 같이 망가진다.

밤늦은 시각에 술에 취해 낙지다리처럼 흐느적거리며 2차, 3차를 외치는 사람들이 있다. 그들 주위에는 어김없이 갑오징어 같은 술친구들이 있다. 술에 취한 그들의 눈에는 술친구들이 세상의 전부로 느껴진다. 유비에게 장비와 관우가 있었다면 자신에게는 술친구들이 있다고 믿는다. 또한 인생의 어떤 시련과 역경도 술이 달래줄 것으로 착각한다.

과연 그럴까? 답은 5년 후, 10년 후 미래에 있다.

어떻게 집에 왔지?
블랙아웃의 악몽

술을 즐겨 마시는 사람이라면 결코 피할 수 없는 악몽, '블랙아웃 (blackout)'을 경험하게 된다. 블랙아웃은 술 마신 후 필름이 끊기는 현상을 말한다. 술 마신 다음날 술자리에서의 기억이 나지 않는 것보다 난감하고 괴로운 것은 없다. 어떤 소란을 피운 것 같은데 생각이 나질 않으니 사과도 할 수 없다. 그렇다고 모른 척 넘어가자니 불안해서 견딜 수가 없다.

40대 회사원 김영동 씨는 회식 자리에서 동료와 술을 과하게 마셨다. 그때 누군가 '툭'치고 간다는 느낌에 돌아보니 "죄송합니다."라는 낯선 사람의 목소리가 들렸다. 순간적으로 기분이 나빠 그에게 소리를 쳤다. 뭔가 소동이 있었던 것 같은데, 아침에 눈 떠보니 아무 기억도 나지 않았다.

술을 과하게 마시면 왜 필름이 끊기는 것일까? 원인은 알코올의 독소가 뇌에서 기억의 입력을 담당하는 해마의 작용을 방해하기 때문이다. 독소가 직접 뇌세포를 파괴하기보다는 신경세포 사이의 신호전달 메커니즘을 방해하는 것으로 추정된다. 뇌에 기억이 아예 입력되지 않았기 때문에 최면 전문가가 최면을 걸어도 '그때'를 기억할 수 없다.

평소 자주 블랙아웃을 경험하는 사람은 술을 끊는 것이 현명하다. 그렇지 않다면 술과 인생을 맞바꾸게 될지도 모른다. 술은 착실하게 살아가는 사람을 어느 날 갑자기 살인자로 만든다.

2018년 1월 16일, 〈연합뉴스〉에 충격적인 기사가 실렸다. """가족 살해 혐의 홍콩 여행객 '술 취해 기억 안 나"라는 제목의 기사였다. 이 기사에 따르면 가족과 함께 홍콩으로 여행을 간 한국인 관광객이 아내와 아들을 살해한 혐의로 체포되었다고 한다. 홍콩의 〈빈과일보〉에 따르면 호텔에 묵고 있던 A씨는 14일 오전 7시 한국에 있는 친구에게 전화를 걸었다. '사업에 실패에 막다른 지경에 몰렸다.'며 자살하려고 한다고 알렸다. 이에 전화를 받은 친구가 한국 경찰에 알렸고, 주홍콩 한국총영사관에 전달되었다. 그러나 홍콩 경찰이 출동했을 때 이미 그의 아내 B씨와 7살 난 아들은 흉기에 찔린 채 숨진 상태였다. 살인 혐의로 현장에서 체포된 A씨는 술에 취한 상태였다. 그는 다음과 같이 진술했다.

"술을 마시고 취한 것은 기억이 나지만, 이후 필름이 끊겨 기억이 나지 않는다. 한국에 친구에게 전화한 것도 기억나지 않는다. 최근 자금회전이 원활하지 않은 등 사업이 어려운 것은 사실이지만 막다른 지경에 몰린 정도는 아니다."

놀라운 사실은 A씨는 평소 가족들과 친밀한 모습을 보였다는 것이다.

가족들과 함께 놀러가거나 아들의 생일파티를 함께하는 모습을 SNS에 올리거나, '나에게 매일 새로운 활력을 주는 유일한 원천은 가족이다.'라는 글을 올리기도 했다. A씨는 홍콩 사법당국에 의해 살인 혐의로 기소되었다.

술로 인해 인생이 작살났다고 해도 과언이 아닐 것이다. 만약 여러분 가운데 술이 사람을 마실 정도까지 절제가 안 되는 사람이 있다면 반드시 술을 끊어야 한다. 언젠가 돌이킬 수 없는 실수를 저지르게 된다. 그때 가서 후회해도 소용없다. 당장 끊어라!

블랙아웃으로 고민하던 34세의 남성이 〈매일경제〉의 MK상담실에 이런 질문을 했다.

술을 과음하고 나면 필름이 끊어져요. 다음날 부분적으로 기억이 안 난다는 겁니다. 이런 증상도 병이라고 할 수 있는지요? 술은 일주일에 3번 정도 마시는 편이고 주량은 맥주는 5병 소주는 2병 정도인데요. 때때로 폭탄주도 즐깁니다. 얼마 전 TV에서 보니까 필름 끊기는 현상이 아주 안 좋다는 것 같아서요. 문의 드립니다.

헬스케어 상담팀은 다음과 같은 조언을 했다.

술을 먹고 필름이 끊기는 현상은 일종의 급성 뇌병증 상태로서 뇌의 건강에 매우 해를 끼치고 있는 상태입니다. 술을 많이 마시게 되면 뇌 속에 기억을 관장하는 해마라는 부분에 손상을 주게 됩니다. 알코올의존자나 술을 오래 마신 사람들의 뇌를 단층 촬영해보면 이 해마라는 부분이 찌그러져 있음을 볼 수 있습니다.

술을 마시면서 필름이 끊기는 블랙아웃 현상 초기에는 뇌의 기능에만 문제가 생길 뿐 구조에는 변화가 없습니다. 하지만 블랙아웃이 반복 될 경우 뇌가 쪼그라들면서 뇌 중앙에 비어있는 공간인 뇌실이 넓어지게 되며, 이런 상태가 계속 유지될 경우 알코올성 치매로 진단합니다.

건망증의 경우 시간이 지나면 바로 기억이 회복되지만 알코올성 치매는 시간이 지나도 자기가 하려던 행위를 좀처럼 기억하지 못하는 등 심각한 문제를 일으킵니다. 전체 치매 환자의 10% 정도를 차지하는 알코올성 치매는 노인성치매와는 달리 감정을 조절하는 전두엽 쪽에서 먼저 시작되며, 이 때문에 화를 잘 내고 폭력적으로 되는 등 충동 조절이 되지 않는 특징이 있습니다.

필름이 끊기는 현상이 곧 치매로 연결되는 것은 아니지만, 그만큼 알코올에 의해 뇌가 손상되고 있다는 것을 반영한다고 봅니다. 반드시 한 번에 드시는 술을 줄이거나 끊으셔야 합니다.

전문가들은 알코올성 치매 초기에는 전두엽 기능 감소가 두드러져 동기부여, 충동 억제, 주변 자극에 대한 반응 억제가 어렵다고 말한다. 즉 하고 싶은 일이 없어지고, 계획성이 없어져 하던 일을 잘 마무리 짓지 못하게 되고, 주변에서 일어난 일에 정신을 파느라 자신의 업무를 못하는 등 일상생활에서 부작용이 생기게 된다는 것이다. 쉽게 말해 정상적인 생활을 할 수 없다는 뜻이다.

초기 증상을 방치하고 폭음을 계속하면 알코올성 치매로 발전하게 된다. 치매 환자의 10%에 해당하며 보통 노인성 치매보다 더 심각하다. 노인성 치매는 기억력 감퇴에서부터 시작되지만 알코올성 치매는 감정을 조절하는 전두엽에서 먼저 시작된다. 때문에 화를 잘 내고 폭력적이 되는 등 주변에 더 큰 피해를 주게 된다.

알코올성 치매도 무섭지만 그보다 더 무서운 것은 위 사건의 주인공처럼 자신도 모르게 범죄자가 될지도 모른다는 것이다. 그래서 필름을 끊어질 때 까지 마시는 술고래는 시한폭탄과 같다.

업무상 술자리가 많은 안도헌 씨는 몇 달 전부터 술만 마시면 기억이 나지 않는다고 걱정을 털어놓았다. 술 마신 다음 날 마치 머릿속을 누군가 지우개로 지워놓은 것처럼 전혀 기억나지 않는다는 것이었다. 몸에는 상처가 나 있고 옷에는 피가 묻어 있지만 아무런 기억이 나지 않으니 괴롭다고 했다. 그 역시 처음에는 누구나 한번쯤 겪는 대수롭지 않은 일로 생각했다. 그러나 필름이 끊기는 횟수가 점점 늘어나더니 이제는 그 일로 인해 회사생활에 어려움을 겪고 있다고 호소했다.

그런데 중요한 것은 블랙아웃을 경험하고 며칠 지나면 금세 무사태평해진다는 것이다. 아무리 그들에게 경고를 해도 귀담아 듣지 않는다. 술때문에 인생이 작살날 수 있다는데도 왜 술을 절제하거나 끊지 못하는 것일까? 그것은 행동습관 때문이다. 미국의 작가 오리슨 스웨트 마든은습관에 대해 이렇게 말했다.

"습관이 만들어질 때는 눈에 안 보이는 실과 같지만 그 행동을 반복할때마다 그 끈이 차츰 강화되고, 거기에 또 한 가닥씩 더해지면 마침내 굵은 밧줄이 되어, 우리의 사고와 행동을 돌이킬 수 없게 만든다."

그래서 습관이 무서운 것이다. 술을 절제하지 못하거나 끊지 못하는 것은 그동안 축적된 습관 때문이다. 따라서 하루아침에 바꿀 수 없는 것이다. 앤서니 라빈스의 『네 안에 잠든 거인을 깨워라』(씨앗을뿌리는사람)에 보면 행동습관과 관련된 신경회로에 관한 설명이 있다.

어떤 행동을 처음 할 때 우리는 가느다란 신경섬유를 통해서 신체와 연결된다. 그것은 앞으로 그 감정이나 행동을 다시 경험할 수 있도록 도와준다. 그리고 그 행동을 반복할 때마다 연결회로가 강화되는데, 그때마다 그 신경회로에 또 다른 신경섬유를 더하는 셈이다. 충분히 많은 반복과 강렬한 감정을 가지고 행동하면 더 많은 신경섬유가 더해지게 되는데, 이렇게 되면 이 감정 또는 행동습관과 관련된 신경회로의 강도를 높이게 되어 마침내 이런 행동이나 감정에 '굵은 회로'를 갖게 된다. 이유도 없이 자꾸만 뭔가 하고 싶거나 어떤 감정이 생길 때가 바로 이런 경우이다. 다시 말해서 이런 회로 연결은 자동적으로 어떤 행동을 자꾸 반복하게 하는 신경 '초고속도로'인 것이다.

앤서니 라빈스는 지속적인 변화를 이루기 위해선 세 가지 구체적인 믿음을 가져한다고 충고한다. 반드시 '바뀌어야만 한다'는 믿음, '반드시 내가 그것을 바꾸겠다'는 믿음, '내가 변화시킬 수 있다'는 믿음이 그것이다. 나쁜 습관의 패턴에서 벗어나려면 세 가지 믿음과 함께 그 습관적인 패턴을 중지하라고 말한다. 일단 신경회로가 연결된 것은 뇌 속에 길이 생겼다는 것을 의미한다. 만일 어떤 습관적인 패턴을 더 이상 하지 않는다면 그 신경회로는 점차 약해질 것이고 더 이상 사용하지 않으면 길은 서서히 지워진다는 것이다.

그런데 왜 대부분의 사람들이 변화를 시도하다가 중단하거나 실패하는 것일까? 앤서니 라빈스는 그 원인에 대해 "고통에서 벗어나고 즐거움을 주는 새로운 대안을 찾지 못했기 때문이다."라고 설명한다. 그렇다. 술을 절제했을 경우 자신에게 그에 맞는 보상을 해주어야 한다. 그동안 사고 싶었던 물건을 사는 것도 스스로를 칭찬하는 한 방법이다. 만약에 술을 끊었다면 보상과 함께 남는 시간에 무엇을 할 것인지를 정해야 한다. 하고 싶은 공부를 하거나 취미생활 혹은 자기계발을 하는 것도 좋다. 이렇게 미래를 가꾸는 습관을 가지게 된다면 자연히 블랙아웃의 악몽에서 벗어날 수 있다.

필름이 자주 끊기면 술자리를 피하는 것이 가장 좋은 방법이다. 만일 피치 못할 술자리라면 물을 많이 마시고 안주를 많이 먹는 등 가급적 취하지 않도록 노력해야 한다. 또 평소 운동을 적절히 하면 뇌가 건강해진다는 연구 결과가 있듯이 일주일에 최소한 세 번 이상 땀을 흘리는 운동을 하면 도움이 된다.

'술병'은 목표 달성의 브레이크다

|

기업은 이윤 추구를 목적으로 하는 조직이다. 조직에 속한 직장인은 역량을 집중해 목표 달성을 이루어야 한다. 그래야 조직으로부터 인정을 받고 몸값 역시 상승하게 된다. 하지만 목표 달성에 실패하게 되면 무능한 구성원으로 낙인찍혀 언제 책상이 없어질지 모른다.

'경영학의 창시자' 피터 드러커는 "회사가 할 일은 이익을 내는 것이고, 직원에게 해줄 기본적인 것은 노력을 한 자에게는 반드시 보답해주는 것이다."라고 말했다. 승승장구하는 구성원은 기업의 존립 이유를 명확하게 알고 있다. 그래서 항상 자기관리를 통해 최고의 컨디션을 유지해 고도의 성과를 발휘하기 위해 노력한다.

직장인들은 너나할 것 없이 모두 '목표 달성'을 이루고 싶어 한다. 승진에 성공하고 몸값을 높이기 위해선 반드시 필요하기 때문이다. 하지만 이런 바람과는 달리 목표 달성을 이루지 못하는 사람들이 더 많다. 목표 달성을 하지 못했다는 것은 조직에 이익을 안겨주지 못했다는 말과 같다. 따라서 그들은 회사에 대한 충성심, 자존감, 자긍심보다는 불안, 초조, 분노 등으로 가득 차 있다. 그렇다고 해서 그들이 목표 달성이 물거품이 된 것에 대한 원인 분석이나 고찰 등 해결책을 찾기 위해 그다지 애

쓰지도 않는다. 원인을 모르니 계속 그와 같은 일이 재연되는 것은 당연한 이치이다.

그렇다면 목표 달성을 방해하는 요소는 무엇일까? 상사와의 마찰, 끈기 부족, 과도한 업무량 등 다양할 것이다. 하지만 취업사이트 잡코리아와 알바몬이 지난해 성인남녀 1,004명을 대상으로 한 설문조사를 분석한 결과 새해 계획을 꾸준히 지켜오고 있는 이들은 28.8%에 불과했다. 직장인들의 경우 27.8%가 당해 업무목표를 달성하지 못했다고 답했다. 그 이유로는 31%가 '성과 목표가 너무 높아서', 29.3%가 '왜 성과를 달성해야 하는지 몰라서, 동기부여가 안돼서', 20.7%는 '목표한 성과를 객관적으로 증명하기 힘들어서'라고 말했다.

술을 마시는 사람이라면 누구나 술 때문에 업무 차질을 빚었던 적이 있다. 간밤에 과하게 마신 술로 중요한 서류나 핸드폰을 두고 출근했던 경험, 몇 차로 옮겨진 술자리에서 중요한 서류를 분실하거나 다음 날 숙취로 지각하거나 결근했던 경험, 배탈로 하루 종일 화장실을 전세 냈던 경험 등 돌이키고 싶지 않은 기억들이 있을 것이다.

나는 당신에게 한 가지 질문하고 싶다.

"술이 업무에 역량을 집중하는 데 있어 도움이 되는가?"

분명 당신은 "그렇지 않다."라고 답할 것이다. 그렇다면 목표 달성을 방해하는 요소로 '음주'를 꼽는다면 어떨까? 이 말에 어느 정도 수긍할 것으로 생각한다. 정말 그렇다. 음주는, 여기서 말하는 음주는 '주량을 넘어선 음주'나 '상습적 음주'를 뜻한다. 지나친 음주, 상습적 음주를 하게 되면 몸은 숙취로 시달리게 된다. 뿐만 아니라 밤늦도록 술친구 또는 동료들과 밤거리를 들쑤시고 다니느라 흘려보낸 시간은 업무 달성에 전혀 도움이 안 된다. 어디 이뿐인가? 다음날 아침에 눈 떴을 때 느끼게 되는 속 쓰림과 함께 술값에 대한 부담감, 후회, 불안, 분노, 자기혐오에 시달리게 된다. 여기에다 숙취로 인해 그날 원활한 업무는 물 건너간 상태이다. 틈만 나면 담배를 피우거나 함께 술을 마신 동료와 간밤에 있었던 일에 대해 수다를 떨며 '히히덕거릴' 것이다. 이런 상황에서 어떻게 업무 달성을 생각할 수 있을까? 이미 셔터 문을 내렸는데.

하지만 대부분의 사람들은 모르고 있다. 자신은 음주로 인한 숙취에다 속 쓰림, 배탈로 여념이 없겠지만, 상사가 그런 당신의 모습을 지켜보고 있다는 것을. 그리하여 불량한 근태가 인사고과에 반영되어 동료에게 승진 기회를 넘겨주리라는 것을.

조직에서 잘리지 않으려면 정신 차려라. 목표 달성에 걸림돌이 되는 술병을 과감히 깨뜨려버려야 한다. 그러할 때 상사에게 근면한 태도와 함께 이미지 쇄신을 할 수 있다. 그리고 동료들이 음주가무로 허송세월

보낼 때 자기계발을 통해 전력을 보강할 수 있다. 술을 마시는 대신 자기계발을 하니 자연히 긍정적인 사고를 가지게 된다. 다시 정리해보자. 근면한 태도, 자기계발, 긍정적인 사고는 목표 달성으로 가는 엘리베이터이다. 따라서 목표 달성, 성과 발휘는 그다지 불가능한 바람이 아니다.

술은 업무에 관한 목표 달성에만 국한되지 않는다. 다이어트, 몸짱 만들기, 자격증 공부, 외국어 공부, 생활계획 등 다방면에 폐해가 따른다. 다이어트를 예로 들어보겠다. 주위에 저녁에 퇴근 후 걷기 운동이나 헬스클럽 등에서 다이어트를 하다 중도에 포기한 사람들이 있다. 그들은 하나같이 "저녁 술자리 약속은 다이어트의 최대의 적이다."라고 말한다. 저녁에 술자리를 가지게 되면 취기로 몸이 늘어지게 된다. 그런 상태에서 걷기운동이나 헬스클럽에서 운동을 하는 것은 불가능하다. 한 잔이라도 술을 마시게 되면 몸이 피로해서 마음은 '운동을 빼먹자.'는 쪽으로 기울기 쉽다. 뿐만 아니라 술의 칼로리가 높아 다이어트 효과를 반감시키고 술과 함께 먹는 안주의 칼로리는 결국 다이어트를 좌절시키게 마련이다. 결국 힘들게 고생하며 살을 뺐는데 한 번의 음주로 몇 킬로그램의 살이 찌게 된다. 저울 위에 올라 몸무게를 재보는 순간 한숨과 함께 그만 포기하고 싶어진다.

업무의 목표 달성이나 다이어트, 몸짱 만들기, 자격증 공부에 성공하기 위해선 무조건 '금주 모드'로 돌아서야 한다. 자신의 바람을 이루고 싶다면 독하게 결심해야 한다. 목표를 달성하기 위해 스스로와 술자리를 갖거나 참석하지 않겠다고 약속하라. 부득이하게 가야만하는 경우라면 음료수 내지 딱 한잔만 마시겠다고 다짐하라. 이마저도 힘들다면 그동안 술에 찌든 간에게 충분한 휴식을 준다고 생각하라. 혈압이 높아 술을 마셔선 안 된다고 스스로에게 말하라. 술자리에 참석하지 않는 것만으로도 많은 시간을 확보할 수 있고 업무에 역량을 집중할 수 있다.

서울대병원 신경정신과 정도언 교수의 말을 들어보자.

"사람들은 흔히 스트레스를 해소하기 위해 술, 담배, 커피, 혼외정사에 몰두하나, 이는 잘못된 스트레스 해소법이다. 술이 다소 위안을 줄 수 있으나 이는 어디까지나 일시적인 것이고 술값 부담, 간에 주는 부담, 숙취로 인한 업무지체로 인한 추가 부담이 되어 돌아온다."

술은 담배와 마찬가지로 백해무익하다고 여겨야 한다. 그렇지 않고 한 잔 정도는 건강에 좋다 등과 같은 생각을 하게 되면 자기도 모르게 술의 장점만 보게 된다. 그러다 연거푸 술잔을 들이키게 되는 것이다.

만일 스트레스 때문에 술을 마시고 싶다면 신체적인 활동을 통해 해소하는 것이 좋다. 걷기, 가벼운 달리기, 에어로빅, 등산 등의 운동이나 명상도 큰 도움이 된다. 이틀에 한 번 정도는 숨이 가쁘고 땀이 날 정도의 운동을 10~20분 정도 하는 게 좋다. 만일 도저히 감당할 수 없을 정도로 스트레스가 심하다면, 항불안제를 복용할 수도 있다. 그러나 이는 일시적인 방법이며, 항불안제는 습관성이 있어 약을 끊으면 다시 증상을 느끼게 된다. 그러므로 스트레스를 푸는 데는 부작용이 없을 뿐 아니라 덤으로 건강까지 챙길 수 있는 신체적인 활동이 가장 효과적이다.

앞에서 언급했듯 술을 마시면 스트레스가 더 쌓인다. 오히려 더 심화될 수 있다. 따라서 스트레스의 원인을 찾아 그에 맞는 대처가 필요하다.

명확한 목표가 있는 사람은 성공한다. 어디로 가고 있는지 알기 때문이다. 명확한 목표 못지않게 긍정적인 사고 역시 목표 달성에 필수 불가결한 요소이며 용기와 성장의 토대이다. 당신의 꿈이 실현되길 바란다면 음주 모드에서 깨어나야 한다. 금주 모드로 돌아설 때 조직에게 이익을 안겨주는 능력 있는 구성원으로 거듭날 것이다.

술집 음악소리가 크면
술을 더 마신다
|

종종 술집에 시끄러운 음악소리를 들으며 이런 생각이 들었다.

'왜 대부분의 술집에는 음악소리가 시끄러울까?'
'음악소리가 시끄러우면 대화에 지장이 있지 않을까?'
'음악소리가 크면 사람들이 술을 더 많이 마시게 될까?'

보통 술집에 가보면 앞 사람의 목소리가 잘 들리지 않을 정도로 음악소리가 요란하다. 상식적으로 생각해서 음악소리가 크면 의사소통이 잘 안 될 테고 당연히 짜증이 나지 않을까? 견디다 못한 사람들이 비교적 음악소리가 조용한 곳을 찾아 떠나지 않을까? 대부분의 사람들은 이런 생각을 할 것이다. 그러나 사실은 정반대였다. 술집 음악소리가 크면 사람들이 술을 더 마신다는 것이다.

이 책을 쓰려고 호프집에서 아르바이트를 하는 한 대학생과 인터뷰를 할 기회가 있었다. 그때 그 대학생으로부터 다음과 같은 말을 들었다.

"술집에서 일을 하다 보면 정말 시끄러운 음악소리 때문에 손님이 부르는 소리를 못 듣는 경우도 많아요. 특히 아르바이트들끼리 의사소통도 잘 이뤄지지 않아서 짜증이 날 때가 한두 번이 아닙니다. 그래서 하루는 음악소리를 좀 줄였어요. 그랬더니 사장님이 누가 노래 볼륨 줄였냐며 벌컥 화를 내시는 거예요. 그러면서 하시는 말씀이 음악소리가 커야 술이 더 잘 팔린다는 겁니다. 시끄러운 음악소리와 술집의 매상, 이 둘이 정말 상관관계가 있나요?"

나는 '대학생의 말이 정말 사실일까?' 하는 의문이 생겼다. 그래서 술집의 음악소리와 술을 더 마시게 되는 연구에 대한 자료를 찾았다. 그 결과 술집 음악소리가 클수록 사람들이 술을 더 마신다는 연구 결과(미국 방송 ABC 인터넷판, 온라인 건강웹진 〈헬스데이〉 게재)를 찾을 수 있었다.

프랑스 남브르타뉴 대학 연구진은 3주에 걸쳐 토요일 밤 술집 두 곳을 방문, 주인의 도움을 얻어 틀어주는 음악의 음량을 조절해 가면서 18~25세 남성 40명의 음주 습관을 관찰했다. 그 결과 음악을 크게 틀어놓은 곳의 손님들은 맥주 한 잔을 비우는 데 걸리는 시간이 비교 그룹에 비해 3분 정도 짧은 것으로 드러났다.

술집 주인의 허락을 받아 음악 소리를 보통인 72dB에서 시끄러운 수준인 88dB까지 바꿨더니 소리가 클수록 사람들이 술을 더 빨리, 더 많이 마시는 것으로 나타났다. 음악 소리를 키우자 손님들의 술 주문 횟수는 평균 2.6회에서 3.4회로 늘어났으며 맥주 한 잔을 마시는 데 소요된 시간은 14분 51초에서 11분 45초로 줄었던 것이다.

연구진에 따르면 음악 소리가 커지면 사람들의 각성 수준이 올라가고, 큰 음악은 의사소통을 어렵게 하기 때문에 사람들 사이의 상호작용의 기회가 적어져 술을 더 마시게 되는 것으로 분석했다.

뉴욕대 랑곤병원 알코올 및 약물중독과 마크 갈랜터 교수는 위의 실험에 대해 이렇게 말했다.

"다른 사람들도 알아야 하는 의미 있고 좋은 연구이다. 큰 음악은 사람의 음주 조절능력을 무디게 한다. 술집에서 음악을 틀어 놓으면 사람들이 머무르는 시간이 늘어나고, 빠른 음악을 틀면 술을 더 빨리 먹게 된다. 음악 스타일에 따라 음주 행동에 영향을 받게 되기 때문이다."

연구진은 큰 음악 소리가 알코올 소비를 늘리는 이유는 분명치는 않지만 대화가 힘들어지면서 말을 줄이고 술을 더 마시는 것으로 추측했다. 쉽게 말하면 시끄러운 음악소리 때문에 의사소통이 잘 안 되기 때문에 그냥 술만 마신다는 말이다. 사실 시끄러운 술집에 가보면 여기저기서 "여기 맥주 두 병 더 주세요!", "여기 생맥 추가요!" 이런 주문 소리만 크게 들릴 뿐이다.

전주에 가면 황태구이, 갑오징어, 계란말이로 유명한 가맥 '전일수퍼'가 있다. 소주, 막걸리 등은 일체 팔지 않고 오로지 맥주만 파는데 전주

사람치고 전일수퍼를 모르면 간첩일 정도로 유명한 곳이다. 맥주 한 병 당 2천원으로 가격도 저렴해서 찾는 사람들이 헤아릴 수 없이 많다. 저녁 6시쯤 되면 손님들이 하나둘 자리를 메우기 시작한다. 그러다 한 시간 정도 지나면 발 디딜 틈이 없을 만큼 북새통을 이룬다. 낡은 허름한 건물에 천장이 높아 사람들의 말소리가 울린다. 그래서 보통 목소리로 말을 해선 옆 사람조차 잘 알아듣지 못한다. 술을 마시다 보면 "뭐라고?", "좀 크게 말해봐!" 이런 말소리를 심심찮게 들을 수 있다. 나는 처음에 지인들을 따라 그곳을 찾았는데 별천지 같은 광경에 입이 떡 벌어졌다. 수퍼도, 술집도 아닌 곳에 웬 사람들이 그렇게 많은지, 처음 봤던 그 인상이 지금도 지워지지 않는다. 특히 사람들이 목소리 내기 시합이라도 하듯이 큰 목소리로 대화를 주고받고 있었다. 그들의 테이블에는 빈 맥주병이 5병, 많게는 10병 놓여 있었다. 그러면서 계속 큰 목소리로 맥주를 추가 주문하는 것이었다.

'웅성거림 때문에 대화가 안 되는데 굳이 이곳에서 술을 마셔야 하는 이유가 있을까?'

그 당시는 그런 모습들이 전혀 이해가 되지 않았다. 그러나 지금은 충분히 이해가 간다. 술집 음악소리가 클수록 술을 더 마시게 되는 이치와 같지 않을까.

술은 적게 마실수록 심신에 좋다. 따라서 술을 마실 때는 음악소리가 요란하지 않은 곳에서 술을 마셔야 한다. 사람들과 대화를 주고받고 하다 보면 그만큼 술 마실 기회가 줄어들기 때문이다. 무엇보다 서로 핏대를 세워가며 언성을 높이는 일도 없다.

여성은 남성에 비해 술에 약하다. 여성들은 남성에 비해 체지방 비율이 높고 수분 비율이 낮다. 또한 알코올 분해 효소(ADH)가 남성에 비해 적기 때문에 같은 양의 술을 마셔도 혈중 알코올 농도가 더 많이 증가하게 된다. 따라서 여성들은 술에 쉽게 취할 뿐 아니라, 남성들에 비해 지방간, 고혈압, 빈혈, 위장관 출혈, 위궤양, 간경화 등이 쉽게 생긴다. 여자들은 필수적으로 음악소리가 덜 시끄러운 곳에서 술을 마셔야한다는 뜻이다. 그것이 바로 알코올로부터 자신의 몸을 지키는 길이다.

성수정 분당서울대병원 정신건강의학과 교수팀이 2001년과 2011년 '전국 정신질환실태조사'에 참여한 18~64세 성인 6,200명과 4,894명을 분석한 자료를 발표했다. 알코올 사용장애에 대한 내용으로, 알코올 사용장애는 과도한 음주로 정신, 신체, 사회적 기능에 장애가 오는 '알코올 남용'과 술로 인해 문제가 생겼는데도 내성과 금단증상으로 끊지 못하는 '알코올의존'을 포함한다.

이 결과에 따르면 알코올 남용 위험도는 2001년 남성이 여성에 비해 6.41배 높았지만 2011년에는 4.37배로 줄었다. 알코올의존 위험도 역시 2.75배에서 2.26배로 격차가 줄었다. 이러한 변화는 특히 젊은 층에서 두드러졌는데, 18~29세에서 알코올의존, 알코올 남용 위험도는 남녀 차이가 거의 없었다.

성수정 분당서울대병원 교수는 YTN과의 인터뷰에서 이러한 변화가 "사회적 변화일 가능성이 크기 때문에 음주에 대한 인식 변화라든지, 여성 음주의 접근성 변화, 여성들이 겪는 환경이나 스트레스나 그 스트레스에 대처하는 방식이 남성과 닮아가기 때문이 아닌가 추측하고 있다."라고 말했다.

또한 '다른 나라와 비교했을 때 우리나라의 알코올 사용장애로 인한 위험성'에 대한 질문에 대해서는 다음과 같이 답했다.

"사실 낮은 편은 아니고요. 10년 사이를 비교해봤을 때, 알코올의존의 경우, 남자의 경우에는 위험도가 감소추세가 나타났는데, 여성에서는 감소추세가 나타나지 않았고요, 남용의 경우에는 남녀모두 감소추세가 뚜렷하게 나타나지는 않았습니다. 그리고 30대 여성은 오히려 위험도가 알코올 남용의 위험도가 증가한 것으로 나타났고요. 그리고 워낙에 우리나라가 사실 다른 나라에 비해서 알코올 사용장애 위험도가 높은 편이었거든요. 그러므로 위험도가 감소했다고 안심할 상황만은 아닌 것 같습니다."

당신은 아직 살아온 날보다 살아갈 날이 더 많다. 지금까지 이룬 일들보다 이루어야 할 일들이 더 많다. 그러니 아까운 인생을 술로 인해 낭비해선 안 된다. 무엇보다 술을 자신의 주량에 맞게 마시고 깔끔하게 일어설 때 당신은 모습은 매력적이다.

'술집 음악소리가 클수록 술을 더 마신다.'는 프랑스 남브르타뉴 대학 연구진의 연구 결과를 기억하라. 술집에 힘들게 번 돈을 갖다 바치는 우둔한 사람이 되지 않기를 바란다.

남자들에게 지지 않으려고
마신다?

|

"모두 한잔 해!"

"은주 씨, 괜찮겠어?"

"겨우 이 정도 가지고 뭘."

"은주 씨는 정말 술이 세다니까!"

직장생활 3년차인 회사원 라은주 씨는 회식 때마다 만만찮은 술 실력을 과시한다. 덕분에 사내에서 "술 잘 마신다"는 평과 함께 사회생활도 잘하는 동료로 인정받고 있다. 하지만 술에 있어서는 누구에게도 뒤지지 않던 그녀가 술을 먹다 정신을 잃은 적이 세 번이나 된다. 그때마다 동료들의 도움을 받았다.

하루는 이대로는 안 되겠다는 생각이 들어 병원을 찾았다. 그녀에게 의사는 "가급적 술을 마시지 않아야 한다"고 주의를 주었다. 사실 그녀도 술이 싫지만 남자동료들에게 지지 않기 위해 마시곤 했다. 만일 술을 마시지 않는다면 '여자라서 술자리에서 뺀다'는 소리를 들을 것이 불 보듯 뻔했기 때문이다.

여성이 술을 잘 마신다는 것은 나쁜 것이 아니다. 그러나 문제는 여성은 체질적으로 남성에 비해 술에 약하다는 것이 문제이다. 즉, 같은 양을 마시더라도 남성보다 알코올의 해가 크다. 일본의 한 의학자는 알코올에 의한 2대 장해인 신장장해와 알코올중독이 발병하기까지의 기간을 남성과 여성을 비교했다.

남성은 40일 이상의 계속된 음주로 시작해 그 후 20년 동안 마시게 되면 위의 두 가지 증상이 나타나게 된다. 그러나 여성의 경우 남성의 반인 10년 정도의 기간에 약 70%가 발병률을 보인다고 한다. 그 중에는 마시기 시작한 지 5년 만에 알코올중독자가 된 여성도 있다.

여성은 남성에 비해 알코올 대사능력이 현저히 떨어진다. 같은 양의 술을 마셨을 때 혈중농도가 남자보다 2배 높아진다. 미국 마운트 시나이 의대 찰스리버 박사는 남성은 알코올 성분이 흡수되면 위에서 1차적으로 분해된 뒤 간으로 흘러들어가는 2차적 단계과정을 거치게 되나 여성은 위에서 걸러주는 1차대사 기능이 없어 곧장 간으로 흘러들어가는 것으로 나타났다는 것을 밝혀냈다.

뉴잉글랜드 저널 〈오브 메디슨〉에 따르면 43명의 남녀를 대상으로 연구한 결과 여성은 남성에 비해 훨씬 적은 양의 위 효소를 가진 것으로 나타났다. 다시 말하면 여성이 남성보다 혈관에 약 30%의 알코올을 더 흡수하는 꼴이 된다. 평균 남녀의 체중 차이를 고려해서 여자는 같은 양을 마신다고 하더라도 남성보다 배의 효과를 받는다는 것이다.

따라서 여성은 동료와의 관계, 업무 등에서는 평등하더라도 술자리에서는 남녀가 구별되어야 한다. 여성은 남성보다 체지방의 비율이 높고 수분 량은 적어 똑같이 술을 마셔도 체내 알코올농도가 더 높아진다. 술은 지방과는 상관이 없으며 체내의 수분과 섞이기 때문이다. 또 여성은 대체로 알코올분해효소가 남성보다 적게 분비된다. 같은 술을 먹어도 여성의 간이 빨리 나빠지며 이로 인한 사망률은 남자보다 5배 정도 높다.

알코올은 여성의 호르몬체계에 변화를 일으켜 생리 불순이나 생리통을 유발하며 불임과 조기 폐경의 원인이 되기도 한다. 매일 두 잔의 술을 마시면 유방암 발병 가능성이 25% 증가한다는 연구결과도 있다.

2008년 11월 7일, 시사 월간지 〈정경뉴스〉에서 장영지 기자는 다음과 같은 기사를 소개했다.

남성 직장 동료들에 지지 않기 위해 술을 마시는 경력 지향적인 여성들은 알코올 관련 문제들로 괴로운 싸움을 벌이고 있다는 새로운 연구결과가 나왔다.

아시안 뉴스 인터내셔널에 따르면 웨스턴 시드니 대학의 연구팀이 35~55세의 여성 120명을 대상으로 조사한 결과 남성과 여성의 '알코올 생활 사이클'이 극적으로 다르다는 것을 발견했다.

이번 연구를 주도한 자니스 위트널은 이를 많은 여성들이 사적으로 음주하고 있는 '수퍼맘 신드롬'이라고 부르면서도 음주량은 밝히지 않은 채 여성들이 남성 동료들에 지지 않기 위해 술을 마신다고만 말했다.

호주의 전국적인 통계에 따르면 중년 여성 그룹들 가운데 16%는 알코올중독으로 고통을 받고 있다. 그러나 위트널은 이 수치가 25%에 보다 가깝다고 추산하고 있다.

위트널은 "1980년대 초반 우리는 더 많은 여성들이 관리 분야로 진출하는 것을 보아왔다"면서 "많은 업무들이 점심식사, 저녁식사, 그리고 퇴근 후에 이루어지기 시작하며 20대의 많은 경력 여성들은 자신들이 남성 동료들에 뒤떨어지지 않게 술을 마셔야 할 필요가 있다고 생각하고 있다"고 말했다.

그녀는 "이런 직장 여성들은 30대가 됐을 때 갑자기 고통을 받기 시작하며 이들은 음주가 통제할 수 없게 됐음을 알아차리고 있다"고 덧붙였다.

사내에 보면 남자들에게 지지 않으려고 자신의 주량을 넘겨 마시는 여자동료가 있다. 이는 직장생활 뿐 아니라 성공적인 인생 경영에 있어 치명적이다. 당장은 지지 않는 주량으로 인해 상사나 남자동료들에게 대접받고 나아가 업무 능력까지 인정받겠지만 시간이 지날수록 위의 사례에 나오는 라은주 씨처럼 '블랙아웃'을 경험하게 된다. 그러다 자신도 모르게 실수도 하게 되고 각종 범죄에 노출된다. 결국 남자들에게 지지 않으려고 마신 술 인생이 작살나게 되는 것이다.

여성이 남성에 비해 신체 구조상 알코올 분해 능력이 현저히 떨어지지만 갈수록 여성 음주자는 늘어나는 추세이다. 이는 가정의 행복을 깨뜨리고 업무 능력을 떨어뜨려 기업의 경쟁력 약화를 불러온다. 그 결과 사회적인 문제로까지 대두된다. 어느 연구 결과에 의하면 비음자에 비해 자살률이 약 4배 높으며 특히 20대와 40대 여성이 많다고 한다.

국민건강보험공단이 2017년 발표한 조사에서는 최근 5년간 알코올 사용 장애를 겪는 남성은 5.1% 감소했으나 여성은 7.3% 증가한 것으로 확인되었다. 여성 알코올중독에 대해서는 특히 부정적인 시선이 많아, 자신의 상태를 어느 정도 짐작하면서도 숨기는 이들이 많아 심각한 수준까지 발전되는 경우가 빈번하다.

여성 알코올중독자 가운데 주부가 많다. 그 이유는 '부엌 알코올중독(kitchen alcoholic)'이라 해서 남편과 아이들이 나간 낮 시간에 혼자 술을 먹고 저녁때에는 깨어 있어 가족들도 잘 모르기 때문이다.

여성들도 남자들에게 지지 않으려고 술을 과하게 마셔선 안 된다. 이는 제 발로 늪 속으로 걸어 들어가는 것과 다를 바 없다. 그렇지 술을 마시지 않으면 안 되게끔 분위기를 이끌어가는 분위기도 문제이다. 여성동료들에게 억지로 술을 권하거나 술 주량이 곧 업무 능력 및 사회생활의 일부라고 인식하는 남성들은 반성해야 한다.

마지막으로 임신 중인 여성들은 무조건 술을 마셔선 안 된다. 임신 중 음주는 유산과 사산, 저체중아 출산의 원인이 된다는 것을 기억해야 한다. 특히 임신 초기의 음주는 '태아 알코올증후군'의 원인이 된다. 이런 아기는 자라서 평균 지능지수 70으로 평생 학습장애가 나타나며 안면기형과 심장기형, 성장 발달장애를 보인다. 만일 이런 아기를 가지는 것이 소원이라면 '블랙아웃'이 될 때까지 마시고 또 마셔라. 그 소원이 반드시 이루어질 테니.

"술이 빚어낸 우정은 술과 같아
하룻밤밖에 지속되지 못한다."

- F. 로가우(독일의 시인)

4장

일과 인생이
술술 풀리는
7가지
음주 원칙

'119 운동'에 동참하라

|

직장에서 팀워크를 다지고 업무 스트레스를 푸는 데 술만큼 효과적인
것은 없다. 적당히 마시면 술은 생산성을 배가시켜주는 '윤활유'가 된다.
그런데 '적당히'가 말처럼 쉽지 않아서가 문제가 된다. 따라서 직업세계
에 몸담고 있는 대부분의 사람들은 술 때문에 곤란에 처했던 경험이 있
게 마련이다. 팀워크를 다지고 일을 더 잘하기 위해 마신 술인데 업무에
지장이 생기면 주객이 전도된 셈이다.

힘들게 대기업에 입사한 이소라 씨. 퇴근시간이 가까워질 무렵 저녁에
환영식이 있다는 말을 들었다. 이 씨는 긴장했지만 강압적으로 술 마시
는 분위기가 아니라는 선배의 말에 안심이 되었다.

그동안 친구들과 맥주 한두 잔 먹어본 게 전부였던 그녀는 회식 내내
정신을 바짝 차렸다. 회식 분위기가 어느 정도 무르익자 부서장이 이 씨
에게 폭탄주를 건넸다. 이 씨는 거절하지 못하고 일단 받아 마셨다.

"에이, 소라 씨. 못 마신다는 건 내숭이었네. 내 술만 거절해?"

한 잔이 두 잔, 두 잔이 석 잔…. 그렇게 마신 술이 어느 덧 열 잔을 넘
어갔지만 이 씨의 얼굴은 상기되기는커녕 오히려 하얘졌다.

이 씨는 열 잔을 마셨지만 술이 취하지 않자 '어, 나도 알고 보니 폭탄
주 체질이 아닐까?'라는 생각이 들었다. 그러자 선배들의 만류에도 이 씨

는 "괜찮다"며 끝까지 마셨다. 노래방을 끝으로 회식자리가 정리되고 모두들 흩어졌다. 그런데 그날 새벽, 이 씨의 부서장은 뜻밖의 전화를 받았다. 멀쩡히 귀가한 줄 알았던 이 씨가 정신을 잃고 응급실로 실려 갔던 것이었다. 그렇게 이 씨는 꼬박 이틀을 결근했다.

주류업체 인사팀의 김영석 씨. 평소 주량은 소주 3병이다. 그래서 회식자리가 두렵진 않았다. 그런데 회사 선배들은 그야 말로 주당 중의 주당들이었다.

송년회를 겸해 회사 동호회 선배들과 술자리를 가졌다. 1차가 4차까지 이어지며 시계추는 새벽 2시를 가리키고 있었다. 서울에서 이천공장으로 통근하던 안 씨였기에 출근할 일이 까마득했지만 이미 만취 상태였다.

아침 7시. 통근버스가 오는 본사 앞으로 울렁거리는 속을 달래며 전속력으로 뛰었다. '이젠 잠만 자면 되겠다.'라는 생각에 마음은 편했다. 그때 속에서 신호가 왔다. 속이 울렁거리고 구토는 이어지는데 밀폐된 버스 안은 너무도 조용했다. 영화 〈엽기적인 그녀〉의 전지현처럼 올라오는 내용물을 눈 질끈 감고 다시 삼켰다.

그렇게 몇 번의 고비를 넘기고 분당쯤 지나자 구사일생으로 통근 버스 문이 열렸다. 그는 쏜살처럼 뛰쳐나가 가로수를 붙들고 게워냈다. 그 순간 버스 기사부터 시작해 자신을 쳐다보았을 선배들의 얼굴을 차마 쳐다

볼 수가 없었다. 4개 밖에 안 되는 버스 탑승계단이 어느 장벽보다 높고 길게 느껴졌다.

얼마간의 정적이 흐른 뒤 어느 팀 차장이 "편히 누워가라"며 맨 뒷자리를 양보하고는 김 씨를 눕힌 채 안전벨트로 꽁꽁 묶었다. 여러 번 해본 듯 너무나 익숙한 솜씨였다. 그 후 그는 음주 전후 식사를 거르는 한이 있어도 숙취 해소음료만은 챙겨먹게 되었다.

술에 얽힌 에피소드는 헤아릴 수 없이 많다. 멀리 가지 않고 주위를 둘러봐도 에피소드의 주인공을 찾을 수 있다. 하지만 그나마 다행인 것은 불황 탓에 직장인들의 술자리 문화가 건전하게 변하고 있다는 것이다. 얇아진 지갑 탓에 술자리 빈도수를 줄이고 과도한 음주를 줄이자는 분위기가 대세를 이루고 있다.

술자리에서 '119 운동'이 건강한 음주 문화로 각광받고 있다. 119 운동이란, '술자리는 1가지 술로, 1차만 하고, 밤 9시까지는 귀가하자.'라는 의미를 담고 있다. 몇몇 기업에서는 회식자리에서 "119 파이팅!"이라는 구호까지 외칠 정도이다.

술자리는 가급적 1차에서 끝내는 것이 좋다. 술자리가 길어져 봐야 좋을 게 하나도 없다. 2차, 3차로 이어질수록 모두들 정신을 가눌 수 없을 정도로 취해 대화도 되지 않는다. 대부분 이때 감정이 격해져 사소한 문제로 몸싸움까지 벌이게 된다.

이 외에도 술로 인해 벌어진 사건은 수도 없이 많다. 2018년 12월 17일 〈광남일보〉에서 "만취해서 경찰까지 폭행"이라는 기사를 보았다.

경찰은 공무집행방해 등의 혐의로 A씨를 불구속 입건했다. 12월 14일 오후 11시 15분께, A씨는 광주 남구 주월동의 한 술집에서 일행 6명과 2시간 가량 술을 마신 뒤 14만원 상당의 술값을 계산하지 않고 버텼다. 또 A씨는 신고 받고 출동해 술값 계산 여부를 묻는 B경위 등 경찰 2명에게 주먹을 휘둘러 얼굴을 한차례 때리고 발로 허벅지를 차는 등 폭행했다.

A씨는 경찰조사에서 "1차 술자리는 정확히 기억하지만, 자리를 옮기고 나서는 전혀 기억이 나지 않는다"고 진술했다.

– "만취해서 경찰까지 폭행" 〈광남일보〉 2018.12.17

그가 만일 적당하게 마시고 9시쯤 나왔다면 판단력이 흐려져 시민을 폭행하는 일은 없었을 것이다. 사실 그는 평소에 누군가를 폭행하는 일과는 거리가 먼 사람일지 모른다. 그랬던 그가 왜 공무원의 신분으로서 시민을 폭행했을까? 바로 취할 때까지 부어라, 마셔라했기 때문이다.

사회학과 문학박사인 고영삼은 『술의 사회학』(한울아카데미)에서 술꾼들이 몰아지경에 빠져드는 상황에 대해 네 단계로 설명한다.

음주라고 하는 '신성한 의례'에서 술꾼들이 점점 몰아지경에 빠져드는 상황을 관찰할 수 있었다. 편의상 몇 단계로 구분하여 본다. 처음에는 위에 말한 바와 같이 술을 하지 않는다는 거북한 시선을 느끼면서 술 '자리'에 참여한다. 이때 어떤 이유로 술을 못한다는 설명으로 잔을 주는 이를 조금씩 설득시켜야 한다. 어떤 완고한 사람에게 잘못 걸려들면, 급기야 '마누라 해주는 보약 먹고 설사나 하지마라'는 등의 쓴 소리를 받게 되는 수도 있다. (중략)

두 번째 단계, '위하여!' 등의 구호가 몇 번 오간다. 술 먹는 사람들의 대화가 제 자리를 잡으면서 사안에 대한 제법 진지한 분석과 해결 아이디어가 나온다. 이 정도의 단계에서는 이야기가 서로 잘 통한다. 몇 번의 잔 돌리기와 구호의 제창 등으로 술 사람들은 대동단결(大同團結)된다. (중략)

세 번째 단결, 필자가 발견한 놀라운 사실은, 술은 갑자기 취한다는 사실이다. (중략) 어떤 계기, 즉 누구에게 어떤 쓴 소리를 들었다든지, 한잔 더 들이켰다든지 등의 어떤 계기가 부여되면 '갑자기' 취해버린다는 사실이다. 어떤 때에는 말을 하고 있다가 갑자기 심하게 취해버리는 경우도 목격하였다. 이때부터 '소리는 보이는데 대화는 점점 멀어지는' 진풍경이 연출된다. 눈물을 흘리는 사람, 했던 소리 또 하는 사람, 말수가 엄청나게 많아지는 사람, 강박적으로 남을 돌보는 사람들이 먹었던 내용물을 게 워내어 재점검을 하는 사람과 섞이어서, 그리고 위 첫 번째 두 번째 단계에 진입하는 여타 자리의 사람들과 섞이어서 대포지교(大匏之交)의 총체적 에코로스를 만들어낸다.

네 번째 단계, 이 단계는 이른바 술자리의 재구조화 단계라고 부를 수 있다. 술자리가 파할 때가 되면, 이른바 '술의 경제학'이라고도 부를 수 있는 상황이 형성될 수도 있다. 계산대로 나아가는 동작이 저마다 개성적으로 연출된다. 어떤 이는 앞뒤 걸어 나가는 사람을 다시 붙잡아 전혀 심각하지 않은 얘기를 '몰두해서' 하기 시작한다. 어떤 작자는 이 시간이 올 때쯤이면 이상하게 열변의 장광설(長廣舌)을 멈추고 코를 골기 시작한다. 이때 대개 상급자와 선배는 그들의 '도리'를 보여주는 수가 많다. 필자가 알고 지내는 한 역사학자는 나이 40줄에 들어선 지금까지 그 '도리'를 보이는데 들어간 돈을 합치면 2층짜리 집을 한 채 살 수 있는 것이었다. (중략) 동급생끼리의 경우에는 최근 '잘 나가는 놈'과 '성질 급한 놈'이 책임지게 되는 것을 경험한다. 이렇게 해서 술집을 나온 사람들은 심한 경우, 누가 어디서 어떻게 없어졌는지를 모르는 수가 있다. 몇몇은 차수를 변경하여 또 다른 곳으로 비틀거리며 걸음을 옮긴다.

고영삼 박사의 말처럼 술자리가 깊어갈수록 별의별 사람들이 다 있다. 그들은 마신 주량, 깊어진 시간에 비례해 하나같이 망가진다. 물론 그들은 모두 술에 취했기 때문에 서로를 눈여겨볼 정신이 없다. 그래서 모두들 자신과 같다고 여기게 된다. 그 결과 며칠 후 또 다시 주당들과 단합대회를 열게 되는 것이다.

만일 그들 틈에 끼어 맨 정신으로 그들이 망가지는 과정을 보았다면? 다시는 그들과 술을 마시고 싶은 마음이 들지 않을 것이다.

술, 되도록 끊는 것이 좋다. 어쩔 수 없이 마셔야한다면 단 1차에서 끝내고 9시 전에 귀가하라. 아무리 좋은 관계도 술이 거나하게 들어가면 금이 간다. 뿐만 아니라 업무의 생산성도 떨어지게 되고 열정이 식게 된다. 이런 일이 반복되면 목표에 대한 초점이 흐려져 당신의 능력은 빛을 잃게 된다는 것을 명심하라.

불황이 깊어지자 기업들은 하나같이 비상경영 체제에 들어갔다. 상사나 임원들은 회식자리에서 다음날 업무에 지장을 주지 않을 정도로 마시는 부하직원을 환영하게 마련이다.

억지로 술 권하는 건
범죄다

|

어느덧 송년회가 눈앞으로 다가왔다. 송년회 하면 빠지지 않는 것이 술이다. 때문에 송년회 자리를 부담스러워하는 하는 사람들이 많다. 그런데 술 대신 식사나 차를 마시며 송년회를 할 수는 없는 것일까? 이 말에 주당들은 "술이 빠진 송년회가 무슨 의미가 있어?"라고 반문할지도 모르겠다. 그들에게 있어 술은 가족과 업무보다 더 중요하기 때문이다.

사실 술이라면 사족을 못 쓰는 주당들에게 있어 연말연시는 빼놓을 수 없는 호기이다. 술 마시기 위해 골치 아프게 이런 저런 핑계를 생각해내지 않아도 되기 때문이다. 그런데 송년회 술자리에서 온갖 사건이 일어난다는 것을 알고 있는가? 음주운전으로 운전면허가 취소되고 벌금을 물게 되는가 하면 폭행으로 파출소에 연행되기도 한다. 정신을 놓은 상태에서 거리에서 잠을 자다가 동사하거나 성범죄를 일으키기도 한다.

송년회라는 들뜬 분위기 속에 들떠 동료나 부하 직원에게 술을 강요해선 안 된다. 그러다 낭패를 볼 수도 있다.

몇 해 전, 주량이 맥주 두 잔에 불과한 여직원 K씨는 직장 상사의 술 강요를 견디다 못해 손해배상 소송을 제기했다. 서울고등법원은 "술을 잘 못하는 K씨에게 집요하게 술을 마시게 한 것은 인격권 침해"라며 손해배상 판결을 내린 바 있다.

술을 강요하는 것 못지않게 폭행 역시 문제이다. J씨는 송년회 자리에서 직장 상사가 술을 강제로 권하자 거절하면서 욕설을 했다. 그러자 상사가 J씨의 얼굴을 3~4차례 때렸고 J씨는 상사의 턱을 가격하고 넘어진 상사를 발로 밟는 등 전치 7주의 부상을 입혔다. 대전지방법원 홍성지원은 J씨에게 징역 6월에 집행유예 1년 및 120시간의 사회봉사 활동을 선고했다.

위의 두 사례에 나오는 일들은 억지로 술을 강요하지 않았다면 절대 일어나지 않았을 일들이다. 상대가 술을 잘 마시건 못 마시건 억지로 권하는 것은 예의에 어긋나는 정도를 넘어 범죄 행위나 다름없다. 만일 상대가 술을 과하게 마신 후 귀가하는 도중에 사고가 나지 않으리라는 보장은 없다. 사고 후 '그때 술을 억지로 권하지만 않았어도…' 하고 후회해봤자 소용없다.

S자동차보험사에 입사한 김병호 씨. 그는 아직도 술만 보면 간담이 서늘해진다. 신입사원 실무연수기간 중 있었던 술자리에서 있었던 실수 때문이다.

"신입사원 환영 삼겹살 파티자리에서 대리, 과장, 부장급 선배들이 주는 술을 거부할 수 없어 주는 대로 받아 마셨어요. 그런데 문제는 제 주량이 소주 두 잔이었다는 것입니다.”

그는 신입사원의 패기와 정신력으로 버텼다. 미리 준비해간 숙취해소 음료까지 마셔가며 정신을 놓지 않았다. 그러나 그런 노력에도 불구하고 그는 소주 여섯 잔과 폭탄주 네 잔을 마시자 돌변했다. 그의 입에서 찾아 들을 수 없는 욕설이 튀어나오기 시작했다.

“이봐, 박 대리, 먹기 싫은 술은 왜 주는데? 너나 마셔.”

“이 과장, 나 뽑아줬다고 고마워할 줄 알았나?”

막말이 쏟아졌다. 20여 명이 참석한 회식자리 분위기는 일순간에 얼어 붙었다. 그는 분위기에 아랑곳하지 않고 부장에게도 한마디 했다.

“서 부장, 신입사원도 하고 싶은 말이 있어… 웁.”

그때 우려하던 일이 터지고야 말았다. 그는 부장의 앞 테이블에 토사물을 게워냈다.

그 날 이후로 그는 회사에 얼굴을 들고 다니지 못했다. 인사팀에서 그의 합격을 취소하고 명단에서 제명할 것이라는 소문도 돌았고 팀에서도 문제아로 낙인찍혔다. 그때부터 김병호 씨의 별명은 ‘김 주사’가 되었다.

억지로 술을 강요하는 것은 상대에게 실수나 사고를 부추기는 것과 같다. 아무리 멀쩡한 사람도 술을 이기지 못한다. 그동안 수많은 사람들이 정상에 섰다가 술로 인한 문제 때문에 뒤안길로 사라지지 않았는가. 연말연시가 되면 꼭 음주로 인한 사망률이 증가한다. 그 사망률 속에 사랑하는 사람들의 이름을 올리는 비운의 주인공이 되지 마라. 동료나 부하직원이 진심으로 잘되기를 바란다면 강제로 술을 권하지 마라. 그들이 알아서 마시게끔 유도하라. 그것이 술자리에서 진정으로 그들을 위해주는 것이다.

2009년 7월 20일, 관영 영자지 〈차이나데일리〉는 음주를 강요하는 건배 문화가 최근 1명의 공무원을 숨지게 하고 또 다른 1명을 의식불명 상태로 내몰았다고 보도한 바 있다. 신문에 따르면 2009년 7월 13일 후베이(湖北)성 우한(武漢)시 신저우(新州)구의 진궈칭(金國慶) 부국장은 한 공식 연회에서 과음으로 인한 심장마비를 일으켜 병원으로 옮겼지만 결국 숨을 거뒀다. 이에 앞서 지난주 광둥(廣東)성 잔장(湛江)시 루옌펑(陸燕朋) 구청장도 연회에서 술을 마시다 뇌사 상태에 빠진 뒤 현재까지 의식을 회복하지 못하고 덧붙였다.

2008년 2월에는 후난(湖南)성 신양(信陽)의 가족계획 담당 공무원인 궈스중(郭世忠)도 과음으로 인한 뇌출혈로 사망했다. 이들은 모두 공식 연회에서 주량보다 무리하게 건배를 하면서 술을 마시다 변을 당한 것으로 알려졌다.

신문은 이처럼 공무원들이 잇따라 음주로 인한 사고를 당하는 것이 예의와 체면, 대인관계(關係)를 중시하는 중국의 전통문화와 깊은 연관이 있다고 지적했다. 익명을 요구한 산둥(山東)성의 한 공무원은 이렇게 말했다.

"손님을 초대한 뒤 취하게 하지 못하면 제대로 접대하지 못한 것으로 간주된다. 술 마시는 것을 거절하는 것도 예의에 어긋나는 것으로 여겨진다."

그는 "사실 손님이나 우리나 모두 술에 취하는 것을 원치 않지만 암묵적인 관행에 의해 억지로 술을 마신다. 그렇지 않으면 사업이나 업무에 큰 지장을 받을 것으로 생각한다"는 말도 덧붙였다.

직장인들 가운데 술을 억지로 권하는 탓에 부담을 느끼는 사람들이 많다. 그들은 하나같이 개선되어야 할 회식문화로 억지로 술을 강요하는 것을 꼽았다.

온라인 취업사이트 인크루트는 대학생과 직장인 1,119명을 대상으로 음주 강요를 받은 경험에 대한 설문을 실시했다. 그 결과, 대학 시절 음주를 강요받은 경험이 있는 사람은 전체의 70.7%, 직장생활 중에는 73.3%였다. 억지로 술을 마신 이유는 '상사, 교수, 선배 등 윗사람의 강권'이 39.8%로 1위를 차지했다. 또한 '술자리에서 참기 힘든 일'에 대한 설문에서는 '속도 조절 없이 술 권하는 음주문화'가 18.7%로 1위, '윗 사람의 지루한 훈화가 있는 술자리'가 17.5%로 2위, '동료들의 술주정 대응 및 뒤처리하기'가 12.5%로 3위를 차지했다.

2017년 사람인은 직장인 629명을 대상으로 조사한 결과, 송년식 최악의 비매너는 '억지로 술 권하기'였다. 32%를 차지했다.

위의 설문조사를 통해 대다수의 직장인들이 억지로 술을 강요하는 것을 싫어한다는 것을 알았다. 그러니 이제부터 부하직원들에게 술을 강제로 마시게 하는 행위는 철저하게 박멸하길 바란다. 회식은 흥청망청 마시기 위한 자리가 아닌 구성원들의 팀워크를 다지기 위한 자리이다. 그렇다면 그 자리에 모인 사람들은 지위가 어떻게 되었건 술을 적당하게 마셔야 한다. 그러할 때 구성원들의 팀워크를 다질 수 있을 뿐 아니라 다음 회식이 기대되는 법이다.

회식 때 '절주잔'을 이용하는 것도 좋은 방법이 된다. 절주잔은 과음을 경계하려고 중국 고대에 만들어져 조선시대 우리나라에 소개된 '계영배(戒盈杯)'를 본떠 만들어졌다. 계영배는 술이 잔에 70% 넘게 차면 술잔 밑으로 술이 모두 새어나가게 돼 있어 과음과 지나침을 경계하도록 만들어진 술잔이다. 절주잔은 바닥을 2㎝가량 높여 기존 소주잔보다 술이 40% 정도 적게 들어가게 했다. 높이 5㎝, 지름 3.6㎝의 절주잔 용량은 기존 소주잔(50cc)의 40% 수준인 20cc이다. 360㎖(355cc) 소주 1병을 이 잔에 가득 따르면 18잔이 나온다. 따라서 절주잔으로 마시게 되면 기존의 잔으로 마셨을 때보다 훨씬 적은 양의 술을 마시게 된다.

정리해야 할 한 해의 마지막이 흥청거림 속에 어이없게 흘려보내는 사람들이 있다. 이들은 어김없이 술에 절어 신년을 맞는다. 과연 이런 마음가짐으로 멋진 계획을 세우고 성과를 발휘할 수 있을까?

한 해를 보내면서 잘못한 일을 반성하고, 소홀했던 친구와 동료, 친지, 선후배들과 한 자리에 모여 정담을 나누며 우의를 다지는 즐거운 시간을 보내자. 아쉬운 마음속에서 한 해를 보내는 가운데 맞는 새해는 분명 장밋빛으로 펼쳐질 것이다.

폭탄처럼 파괴적인
폭탄주는 금물

입사 1년차 이진원 씨는 회식 날이 가장 두렵다. 술도 잘 못하지만 어김없이 폭탄주가 돌기 때문이다.

"술은 섞어야 제 맛이지."

"과장님, 저는 그냥 마시면 안 될까요?"

"무슨 소리야? 팀워크를 다지기 위해선 폭탄주가 최고지."

이 씨는 회식 다음 날 심한 숙취에 시달린다. 업무는커녕 화장실에 들락날락 거리기 바쁘다. 견디다 못한 이 씨는 입사한 지 1년밖에 되지 않지만 현재 이직을 고려 중이다.

폭탄주는 유행을 타고 진화 중이다. 고성능 폭탄의 개발 속도와 같이 맥주잔에 양주잔을 떨어뜨리는 전통적 제조방식에서 진일보해 폭탄주의 개발 속도가 빛의 속도만큼이나 빠르다. 술 마시는 방법과 행위의 독특성에 초점을 맞추어 막걸리에 양주잔을 떨어뜨려 마시는 '민속폭탄주'까지 등장했다. 그 정도로 주당들의 '창의력'은 한계가 없다.

대다수 직장은 음주 문제를 안고 있다. 이대로는 안 된다. 반드시 개선되어야 한다. 상사가 부하 직원에게 지위를 악용해 억지로 술을 권하는 일은 범죄와 같다. 부하 직원의 건강을 해치고 가정의 평화마저 깨뜨리기 때문이다.

지인 가운데 회식 때 마시는 폭탄주 때문에 힘들다고 토로했다. 그는 상사가 권하기 때문에 거절할 수도 없고 그렇다고 마시자니 몸이 따라주지 않아 여간 힘들지 않다는 것이다. 술을 싫어하는 사람들에게 있어 폭탄주는 사약과 다름없다. 그러니 얼마나 고통스러울까?

폭탄주는 그야말로 인생을 작살내는 시한폭탄이다. 그동안 승승장구하던 사람들이 폭탄주를 마시고 폭탄 발언이나 그에 못지않은 행동으로 낙마한 사람들이 수도 없이 많다. 2018년 5월, 일본 자민당의 가토 간지 중의원 의원은 10일 모임에서 "(결혼하는 여성에게) '3명 이상의 자녀를 낳아 키웠으면 좋겠다. 이게 세상을 위한 것이고 남을 위한 것이다.'고 말한다."라고 발언했다. 그는 "결혼식 피로연에서 젊은 여성에게 '곧 결혼하죠?'라고 물으면 '하지 않을 것'이라고 말한다. 그럴 경우에는 '아이를 낳지 않으면 남의 자녀들이 내는 세금으로 노인 요양원을 가게 될 것'이라고 몰아붙인다."라고 말하기도 했다. 이에 야권과 SNS에서 비판이 쏟아졌다.

우리나라에서도 해마다 사건이 끊이지 않는다. 그 사건의 중심엔 항상 폭탄주가 있었다. 그렇다면 왜 폭탄주는 빨리 취하고 평소보다 과격한 행동을 하게 되는 것일까? 이승남 원장은 『건강에 목숨걸지 마라』(브리즈)에서 그 이유에 대해 이렇게 설명한다.

폭탄주 한 잔은 소주 반병을 '원샷'하는 것과 같다. 폭탄주는 빨리 취한다. 이유는 두 가지다. 첫째, 알코올은 소장에서 대부분 흡수되는데 폭탄주의 탄산성분이 위에서 십이지장으로 빨리 넘어가게 하기 때문에 알코올의 흡수가 더 빠르고 많이 이뤄진다. 둘째, 폭탄주의 알코올 농도가 문제다. 폭탄주의 알코올 농도는 15° 안팎으로, 인체가 가장 잘 흡수하는 알코올 농도인 14°에 가까워서 30~40°가 넘는 양주보다 흡수가 잘돼 빨리 취한다.

또한 폭탄주는 숙취도 심하다. 술은 종류에 따라 흡수와 배설 과정이 다른데, 종류가 다른 술을 섞은 폭탄주는 중추신경계를 교란시켜 숙취를 심하게 만든다.

한마디로 폭탄주는 빨리 취하기 때문에 판단력이 흐려진다는 것이다. 따라서 평소 점잖은 사람도 폭탄주를 마신 후 개망나니 같은 행동을 서슴없이 하게 된다. 인생 한 순간에 작살나고 싶다면 폭탄주를 원자탄 급으로 주조해서 마셔라. 그러면 그동안 쌓은 모든 공적이 한순간에 와르르 무너져 내릴 것이다.

주당들 가운데 폭탄주를 즐겨 마시는 사람들이 있다. 그들이 폭탄주를

마시는 이유에 대해 대전·충청 지역의 인터넷신문인 〈디트뉴스24〉의
이성희 기자는 9가지로 말한다.

첫째, 폭탄주는 '경제적인 주법'이다

상사로서 회식비용을 줄이기 위해 폭탄주를 이용하기도 한다. 폭탄주
를 돌릴 경우 술자리가 빨리 끝날 수 있고 안주 비용이 절약되기도 한다.

둘째, 폭탄주는 '건강용'이다

양주를 그대로 마시면 43도이나 양주에 맥주를 혼합한 폭탄주로 마시
면 알코올 도수는 10도 수준으로 낮아진다.

셋째, 폭탄주는 '공평한 주법'이다

조직 생태적으로 부하들은 상사에게 예의상 성의의 한 잔을 권하게 되
고, 상사는 답 잔을 보내야 하기 때문에 결과적으로 혼자 가장 많이 마시
게 되고, 가장 먼저 만취하기 십상이다. 지위의 높고 낮음에 상관없이 모
두 한 잔씩이기 때문에 적어도 상사에게 폭탄주는 '민주적'인 것이다.

넷째, 폭탄주는 '단합용'이다

폭탄주는 개별적인 사담을 금지시키고, 모든 참석자들의 시선을 폭탄
주제조에 집중시킨다. 폭탄주를 마시고 잔을 흔들어 딸랑 딸랑 소리를 내

고 모두 박수를 치면서 모임 전체의 단합된 분위기를 유도한다.

다섯째, 폭탄주는 '기념주'이다

오랜 갈등관계에 있던 사람들이 폭탄주를 마시고 감정의 앙금을 푸는 것처럼 폭탄주는 대립과 불화를 푸는 데 이용된다.

여섯째, 폭탄주는 '약자를 위한 술'이다

신분에 관계없이 똑 같은 양, 똑 같은 횟수의 술을 마실 수 있다.

일곱째, 폭탄주는 '과시용'이다

우리 사회에서는 폭탄주 자리에서 살아남고 상대방보다 세다는 소리를 들으면 비즈니스가 술술 풀린다. '폭탄주를 몇 잔을 마신다'라는 기싸움에서 이기면 그 강인한 이미지를 절대적으로 이용할 수 있게 된다.

여덟째, 폭탄주는 '술자리의 엔터테인먼트'이다

폭탄주 술자리는 술만 마시는 자리가 아니다. 폭탄주를 제조하고 마시는 모든 과정을 함께 지켜보며 박수치고 즐기는 자리인 것이다.

아홉째, 폭탄주는 '분위기 메이커'이다

상사가 사무실에서 부하를 야단치고 술자리에 와서 서먹서먹할 때 분위기는 아주 불편할 수밖에 없다. 이럴 때 폭탄주는 아주 유용하다. 마시고 취해 서로 객쩍은 소리를 안 해도 봐주고 용인하게 된다.

물론 폭탄주를 마시는 9가지 이유에 대해 공감하는 부분도 있다. 그러나 그렇다고 해서 심신과 인간관계, 나아가 인생까지 망치는 폭탄주에 고운 눈길을 보낼 수는 없다. 만일 비용 때문에 폭탄주를 마신다면 술 대신 식사를 하거나 차를 마시면 될 것이다. 폭탄주를 마시는 이유는 어떤 변명을 붙이더라도 핑계에 불과하다.

폭탄주는 폭탄처럼 파괴적이다. 과음과 그로 인한 건강문제로까지 치명적인 문제점을 내재하고 있다는 것을 모르는 사람은 없다. 그런데도 왜 폭탄주를 거절하지 못하는가? 바로 '자의식'이 부족하기 때문이다. 그 결과 자신의 목숨과 가정의 평화, 인생까지 다른 사람에게 맡기는 것이다.

오늘부터 술을 가급적 마시지 말자. 마신다면 한두 잔 가볍게 마셔보자. 만일 누군가 당신에게 폭탄주를 권한다면 갖은 핑계를 대서라도 끝까지 거절하라. 직장은 다시 구할 수 있지만 한 번 잃은 건강은 되찾기 힘들다는 것을 늘 명심하자.

대화를 안주 삼아
마셔라

|

술자리에 가보면 두 부류의 사람이 있다. 먼저 취하는 사람과 오래도록 정신이 멀쩡하게 있는 사람이다. 그렇다면 전자는 왜 먼저 취하고 후자는 취하지 않는 것일까? 술 주량과 관련이 있는 것일까? 다음의 일화를 통해 그 이유를 알아보자.

제약회사 영업부에 근무하는 장근석 씨와 이도형 씨는 이틀이 멀다하고 술을 마신다. 그런데 장근석 씨는 2차도 가기 전에 술에 취하는 경우가 종종 있다. 따라서 실수를 한 적도 한두 번이 아니다.

장 씨는 다른 사람들의 대화를 듣기만 할 뿐 별로 말이 없다. 그러다보니 자연히 다른 사람들보다 술을 많이 마시게 된다.

"장 대리도 말 좀하지 그래."

"맞아, 장 대리는 너무 조용해서 탈이야."

사실 장 대리도 다른 사람들처럼 이야기를 하고 싶다. 하지만 자신이 어떤 이야기를 했을 때 사람들이 호응해줄지 불안했다. 차라리 다른 사람들의 이야기나 들으며 혼자 술 마시는 쪽을 택한 것이다.

이번에는 이도형 씨를 살펴보자.

이도형 씨는 별명이 '수다맨'이다. 그래서 이 씨가 낀 술자리는 웃음꽃이 끊이지 않는다. 다양한 화제로 사람들을 웃게 하기 때문이다. 이 씨는 술자리의 대화를 주도하다 보니 술 마실 시간이 여유가 없다. 사실 계속 말하다 보면 술을 마셔야 한다는 것도 잊어버린다. 그러나 이 씨가 술에 취하지 않는 것이다. 그런데 이 씨와 함께 술을 마셔본 사람들은 그가 술이 세다고 기억한다. 이도형 씨가 이야기를 하느라 자신들보다 술을 훨씬 적게 마셨다는 것을 알지 못하기 때문이다.

'혼자서 술을 마셔선 안 된다.'라는 말이 있다. 혼자서 술을 마시게 되면 속도도 빨라지고 마시는 양도 늘어나기 때문이다. 특히 기분이 나쁠 때 주로 혼자 마시게 되는데 그만큼 빨리 취하게 된다. 또한 감정이 격앙되어 좋지 않은 결과를 유발하기도 한다. 장근석 씨처럼 거의 말을 하지 않고 마시게 되면 혼자 마시는 것과 다를 바 없다. 쉬지 않고 마시는데 그 누가 취하지 않겠는가?

술은 여러 사람과 즐거운 대화를 나누며 마셔야 한다. 대화를 하게 되면 그만큼 술을 덜 마시게 되어 음주량이 줄어든다. 대화하는 과정에 알코올이 호흡을 통해 배출됨으로써 두통과 같은 숙취 예방에 도움이 된다.

술은 담배처럼 백해무익이라고 할 수 있다. 물론 한두 잔은 몸에 좋다. 하지만 과연 누가 한두 잔만 마시고 멈출 수 있을까? 절제가 되지 않기 때문에 술 마신 후 온갖 사고를 일으키는 것이다.

알코올질환 전문병원 다사랑병원 이호영 원장은 이렇게 말한다.

"지나친 음주는 되려 모임의 취지를 무색하게 할 뿐만 아니라 직장생활에도 무리를 줘 연말을 망치게 한다. 직장인들 사이에 건전한 연말 문화가 정착돼야 한다."

이 원장은 술자리에서 살아남기 위한 6가지 방법을 다음과 같이 제시했다.

첫째, 원샷 후에는 물 한 잔을 마셔라

대부분의 사람들이 원샷 후 입 안에 남아 있는 쓴 맛을 없애려고 얼큰한 국물이나 과일 안주를 먹는다. 하지만 감자탕, 해물탕 등 얼큰한 국물 안주 금물이다. 간을 자극할 뿐만 아니라 짠맛 때문에 술을 더 마시게 만든다.

원샷 후 자극적인 안주보다 물을 마시자. 물은 몸속의 알코올을 희석시켜 주고 포만감을 줘 평소보다 술을 적게 마시게 하고 숙취 예방효과를 가져온다.

둘째, 자주 화장실에 다녀오라

맑은 정신으로 술자리에서 오래 버티고 싶다면 차가운 바람을 쐬는 것보다 화장실에 한 번 더 다녀오는 것이 좋다. 차가운 바람을 쐬면 정신이

들고 술이 깨는 것 같지만 일시적인 현상일 뿐이다.

추운 날씨 탓에 수축된 혈관이 따뜻한 실내에서 갑자기 이완 돼 혈액이 몰려들기 때문에 더 취하는 수가 있다. 소변으로 몸속의 알코올을 배출하는 것이 돌아다니는 것보다 현명하다. 그러나 소변으로 빠져나간 전해질을 과일 주스나 꿀물 등으로 보충해줘야 한다.

셋째, 숙취에 좋은 안주를 선택하라

숙취 해소에 좋은 안주로는 얼큰한 국물보다는 맑은 국물이 있는 안주를 택한다. 기름기 많은 삼겹살은 맛있지만 지방간 및 심장질환에 악영향을 미칠 수 있는 음식이기 때문에 과식은 금물이다.

콩나물국은 콩나물 뿌리 부분에 다량 함유된 아스파라긴산이 알코올을 분해해 줘 숙취 해소에 효과가 있다. 맛이 개운하고 간을 보호해주는 아미노산이 많은 북어도 좋다. 당과 수분을 공급, 숙취를 해소해주는 꿀물, 풍부한 과장으로 알코올 분해를 촉진하는 감, 사과, 귤 등 과일도 숙취 해소에 그만이다.

넷째, 가급적 술을 적게 마셔라

술잔에는 입만 살짝 대고 다시 내려놓는다. 누군가 술잔을 채우려고 하면 "아까 따랐어."라고 말한다. 남들보다 술을 덜 마시는 방법이다. 술자리에서 원샷보다는 대화가 주가 되는 분위기를 만드는 것이 중요하다. 원샷은 자신의 주량을 넘긴 후에도 무의식적으로 술을 마시게 해 몸에 무리를 주기 십상이다.

다섯째, 술 취한 동료를 챙겨라

취한 동료가 옆에 있다면 적극적으로 도와줘라. 취한 동료를 챙기며 자리를 뜨는 일이 잦을수록 술잔 부딪히는 횟수를 줄일 수 있다. 술 취한 동료에게 물을 많이 마시게 해 화장실에 자주 가게 하자.

여섯째, 대화를 안주 삼아 마셔라

사람들은 술잔을 부딪쳐도 말하는 사람에게는 술을 따르지 않기 때문이다. 술을 마시면서 말을 많이 하거나 노래를 부르게 되면 알코올을 배출하는 데 도움이 된다. 알코올의 10% 정도는 호흡을 통해 배출되기 때문이다.

술자리에서 위의 6가지만 실천한다면 충분히 '술의 달인'이 될 수 있다. 이제부터 술을 지혜롭게 마시는 습관을 가져보자.

사실 우리나라 사람들은 단번에 마시기를 좋아하는 편이다. 때문에 마시는 속도가 빠르고 마시는 술의 양도 많아진다. 특히 오랜만에 만난 지인들과의 유쾌한 술자리에서는 평소보다 '원샷'을 유도하는 건배 제의가 많다. 그렇더라도 호기롭게 단번에 마시기보다는 적당히 끊어 마시는 '반샷'이 좋다.

혹 상대방이 대화보다 술을 권하고 빨리 마시기를 권유한다면 친근한 목소리로 이렇게 말해보라.

"이번 잔은 쉬겠습니다."
"천천히 마실게요."

이처럼 직설적인 표현으로 분명하고 확고하게 거절 의사를 밝혀라. 과음하고 실수하는 것보다 낫다.

술자리가 두려운 당신! 대화를 안주 삼아 적당히 끊어 마셔라. 술자리에서 활발하게 말을 많이 하는 것이 도움이 된다. 이는 스트레스를 해소하고 좋은 분위기를 만들어 정신건강에도 이롭지만 신체 건강에도 도움이 된다. 흡수된 알코올 성분은 말하는 동안 이루어지는 호흡으로도 약 10% 정도 배출된다는 사실을 기억하자. 따라서 술자리에서 자신이 취했다고 생각되면 말을 많이 하거나 노래를 부르는 것이 좋다.

자, 즐겁고 건전한 술자리를 원한다면 유쾌한 '수다쟁이'가 되어보는 것이 어떨까?

확실하게 거절하라

|

"이 대리, 한 잔해."

"과장님, 저는 술이 약해서…."

"여기 술 센 사람이 누가 있어? 그냥 마시는 거지."

"술은 자꾸 마시면 느는 거야."

"……."

    대부분의 사람들은 술자리에서 이 대리처럼 확실하게 거절하지 못한다. 상사가 주는 술을 거절했다가 분위기가 험악해지거나 차후 관계가 소원해지지는 않을까 염려스럽기 때문이다. 그래서 상사가 주는 술을 딱 부러지게 거절하지 못한 채 마지못해 받아마시게 된다. 그 결과 숙취로 며칠 동안 고생하게 된다.

    술자리에선 자신의 주량만큼 마시는 사람이 현명하다. 주량만큼 마시기가 힘들다면 처음부터 확실하게 거절할 수 있어야 한다. 확실하게 거절하지 못한다는 것은 '계속 마실 수 있다'는 뜻과 같다. 그래서 상대방은 계속 술을 권하게 되는 것이다. 술을 계속 권하는 상대방도 문제이지만 근본적인 문제는 자신에게 있다고 할 수 있다.

    송 과장은 오늘만큼은 퇴근 후 곧바로 아내와 아이들이 기다리는 집으로 향해야 한다. 요 며칠 업무협의차 혹은 친목도모의 차원으로 한 잔, 두 잔 마신 것이 늦은 귀가로 이어져 결국 부부싸움으로까지 발전했다. 물론 아이들의 불만도 이만저만이 아니다. 우유부단한 송 과장은 잦은 술자리에 거절을 못한다. 그런데 중요한 것은 송 과장의 술 실력이 평균 이하라는 것이다. 그래서 송 과장은 술자리에 가면 정신력으로 버틴다. 그런데 오늘도 회식이 잡혀 있다.

"오늘 저녁에 다들 무슨 일 없지? 별일 없으면 우리 부서 회식이나 한 번하지."

순간 송 과장은 여러 가지 핑계들이 스치고 지나갔다.

'애가 아프다고 이야기할까?'

'오늘 동창회 있다고 할까?'

김 부장이 워낙 술을 좋아하는 터라 회식에 빠질 수도 없다. 늘도 어김없이 2, 3차로 이어지는 술자리에서 박 과장이 버텨내기란 체력적으로 무리이다. 그렇다고 눈치를 봐서 적당히 1차에서 일어서는 것도 불가능할 것 같다.

'오늘은 어떤 일이 있어도 집에 일찍 들어가야 하는데….'

머릿속에는 오늘만큼은 일찍 집에 들어오리라 믿고 있는 아내와 아이들의 모습이 떠올랐다. 퇴근시간은 다가오고 송 과장은 어떻게 해야 할지 고민이다.

오래 전 한국은행의 직원 부인이라고 밝힌 한 네티즌이 한은 홈페이지의 자유게시판에 '한은 총재님께 눈물로 호소합니다'라는 제목의 글을 올려 화제가 되었던 적이 있다. 네티즌은 글을 통해 "상사가 기분이 좋으면 좋다고, 나쁘면 나쁘다고 권하는 술까지는 충분히 이해하나 2차, 3차 계속 몰고 다니며 새벽까지 남편을 붙잡고 있을 필요까지 있느냐?"라고 따졌다. 또 "직급이 높은 상사의 비위를 맞춰주기 위해 주는 술을 받아 마시고 힘들어하는 남편을 보는 아내의 심정이 너무 괴롭다. 연말을 맞아 직급이 높은 사람이 권하는 술 때문에 남편의 간이 상해가는 것을 보면 그대로 있을 수가 없다."라고 토로했다.

술로 망가져가는 남편의 모습이 얼마나 안타까웠으면 "부하 직원들에게 개인적인 이유로 술을 먹이는 상사가 있다면 '직급을 낮춘다'고 으름장을 놓던지 차라리 몰아내달라."라고 박승 총재에게 호소했을까? 그 네티즌의 글이 사실이건 그렇지 않건 간에 어느 기업이건 부하 직원에게 술을 강권하는 상사가 있다. 사내정치는 이런 상사가 주도한다. 따라서 선뜻 술자리를 거절하기가 힘이 든다. 술을 좋아하는 상사가 주도하는 회식자리에서 술을 마시지 않는다는 것은 지시 사항을 어기는 것과 같기 때문이다. 그렇다고 술을 마시자니 심신이 피곤하고 스트레스도 이만저만이 아니다. 그럴 땐 지혜롭게 거절해야 한다. 자, 다음과 같이 거절해보자.

음주 권유를 받았을 때 직설적으로 그러나 정중하게 거절해야 한다.

"죄송합니다만, 저는 술을 못 마십니다."

"고맙습니다만, 저는 못 마십니다."

술 대신 다른 음료수를 마시고 싶다면 "술은 마시지 않습니다. 대신 사이다를 마시겠습니다."라고 간단하게 말하면 상사도 이해하게 마련이다.

거절할 때의 태도가 중요하다. 바른 자세, 똑바로 서거나 앉아서 권유하는 사람의 눈을 쳐다보며 분명하고 확고하지만 친근한 목소리로 말하는 것이 좋다. 그래야 상대방도 당신의 의중을 알아차릴 수 있기 때문이다.

끈질기게 계속 권유하는 상사가 있다. 그럴 경우 화제를 바꾸거나 다른 대체 활동을 함께 하자고 권유해보라.

음주를 거절할 때 주의해야 5가지 사항이 있다.

1. 절대 거절하면서 자신의 인생 이야기를 하지 않는다. 인생 이야기는 필요하지도 않고 아무런 도움이 되지 않는다.

2. 점차 줄어드는 작은 목소리로 말하지 않는다. 이는 마치 당신이 음

주하도록 설득당하고 싶어 하는 인상을 준다. 따라서 상대방은 계속 술을 권유하게 되는 것이다.

3. 음주 권유에 대해서 농담을 하지 않는다.

4. 다른 사람이 음주 압력을 가할 때 웃지 않는다.

5. 음주 권유를 거절했다고 해서 죄책감을 느낄 필요는 없다.

때로 음주를 거절할 수 없을 때가 있다. 그렇다고 권하는 대로 넙죽넙죽 받아 마셔선 안 된다. 지혜롭게 음주를 조절해야 한다. 반드시 다음 사항을 기억해서 활용해보자.

술잔을 돌릴 때 가급적이면 주량이 센 사람에게는 권하지 말고 술을 잘 못하는 사람한테 권하는 것이 좋다. 주량이 센 사람한테 권하면 자신한테 술잔이 되돌아올 가능성이 높기 때문이다. 술잔의 3분의 1 양은 늘 남겨놓고 다른 사람이 권할 때에 비우고 돌려라. 가급적 술잔은 2~3개 갖고 있는 사람한테 집중 공략하도록 하라. 그러면 그 사람으로부터 자신에게 돌아올 가능성이 적어진다. 따라서 잔이 없는 사람이 많아져 술잔의 공백을 분산시키는 계기가 된다.

가능한 한 자신의 술잔을 비워두지 않는 것이 좋다. 술잔이 비면 자꾸만 돌려야 하고 잔이 없는 자신에게 돌아올 확률이 높다. 무엇보다 입에 술잔을 대지 않으면 강요를 받으므로 늘 3분지 1은 남겨두는 것이 좋다.

술은 그 어떤 수식어를 갖다 붙여도 인체에 이롭지 못하다. 그동안 술로 인해 자신의 능력을 제대로 꽃피우지 못하고 요절한 사람들이 얼마나 많은가?

류병호의『술 권하는 사회』(예림미디어)에 보면 다음과 같은 글이 있다.

술 때문에 재능을 펼쳐보지 못하고 안타깝게 죽은 역사적인 인물들이 많다. 조선 초의 안견, 후기의 김홍도와 함께 조선조 화단의 3대 거장인 오원 장승업도 '술 없는 세상보다 술 있는 저승'을 택한 전형적인 애주가였다. 그는 임금의 명이라면 죽을 사람도 살리고, 살 사람도 죽이는 절대 군주 시대에 술 때문에 임금의 명을 어긴 유일한 사람이었다. 술이 그의 그림에 대한 강렬한 창작 의욕을 일깨우고 술 힘으로 붓을 움직여 불후의 명작을 남겼지만 그는 결국 54세를 넘길 수 없었다.

또 19세기 초 차이코프스키의 전통음악에 반대하여 음악계에 신선한 충격을 주었던 세기적 음악가 무소르그스키도 겨우 42살까지밖에 살 수 없었다. 그는 스트레스가 생길 때마다 술로 도피했고 술은 그를 스트레스로부터 구해준 구세주 음료였으나 그 역시 요절한 예술가였다.

또 단편 소설가이며 코넌 도일과 함께 초기 탐정 소설의 쌍벽을 이룬 미국의 에드거 앨런 포는 위스키 글라스에 술을 가득 부어 꿀꺽하는 폭음가로 비몽사몽간을 헤매다가 40년만 채우고 객사했다. 그는 술 때문에 몇 권의 소설 외에는 작품이 없었다.

만일 그들이 술을 자제했거나 아예 마시지 않았다면 분명 자신의 분야에서 위대한 업적을 남겼을 것이다. 실로 안타까운 일이 아닐 수 없다.

2019년 1월 1일, 새해 첫날 채우석 더불어민주당 고양시의원이 중앙분리대를 들이박는 사고가 있었다. 당시 혈중 알코올농도는 0.065%, 면허정지 수준이었다.

채우석 시의원은 28년간 고양시 공무원을 역임해왔기에 고양시민들에게 큰 충격을 주었다. 이 사고 소식을 접한 고양시 정의당 지역위원회는 지난 4일 "채우석 시의원은 통렬하게 반성하고 의원직을 사퇴하고 고양시의회는 즉각 윤리위 소집 등 징계에 착수하라!"고 촉구했다. 더불어민주당은 지난 7일 "9일에 열릴 최고위원회에서 채우석 시의원에 대하여 윤리심판원에 중징계를 요청하기로 했다"고 밝혔다. 10일에 정의당 경기도당은 성명서를 발표하며 사퇴를 촉구했다.

"채우석 시의원은 이미 교통사고처리특례법 위반으로 벌금 300만 원을 선고받은 전력을 가지고 있다."며 "고양시의회 의원윤리강령을 비웃기라도 하듯 시민을 대표하는 시의원에 선출되고도 다시 법을 위반했다"고 개탄했다.

채 의원이 술을 적당하게 마셨더라면 망나니 같은 행동을 일삼지 않았을 것이다. 채 의원은 술이 깬 후 땅을 치고 후회했을 것이다. 아무리 높은 지위에 있더라도 술이 들어가면 짐승으로 변하게 마련이다. 그래서 특히 공직에 있거나 지위가 높을수록 술을 마시면 안 되는 이유가 여기에 있다.

적당한 음주는 심장병을 예방하고 수명을 연장시킨다고 한다. 그렇다면 건강에 좋은 적당한 음주량은 어느 정도일까? 연구 결과, 남성은 하루 4잔, 여성은 하루 2잔 정도의 음주가 사망 위험을 약 18% 정도 줄이는 것으로 나타났다. 하루 4잔 이상을 마시는 남성과 2잔 이상 음주하는 여성은 간질환 위험뿐 아니라 다양한 사건을 유발시켜 사망률이 높아진다.

술을 마시는 방법으로는 따로 술을 마시는 것보다 식사 중 적은 양의 술을 마시는 것이 가장 좋다. 가장 최선의 음주법은 지중해식 식사(불포화 지방산이 많은 저열량식)를 하며 적당량의 술을 곁들이는 것이다. 하지만 중요한 것은 이렇게 마시는 사람이 거의 없다는 것이다.

적당한 음주, 몸에 좋은 음주법은 그냥 이론에 불과할 뿐 실전에서는 거의 불가능하다. 따라서 술자리에서 누군가 음주를 권유할 때 확실하게 거절하라. 술 대신 음료수로 대신하면 모든 걱정에서 벗어날 수 있다.

절대 해장술 마시지 마라

30세의 이주정 씨는 소주를 전혀 못 마신다. 대신 맥주와 와인은 마신다. 소주는 한 잔도 못 마시면서 와인은 한 병까지도 마신다. 29살의 양정아 씨는 맥주를 전혀 못 마신다. 속이 더부룩해져서 술이 넘어가지 않는다고 한다. 그런데 소주는 기본으로 2병이다. 컨디션이 좋은 날은 3병도 문제가 없다.

자신의 체질이나 기호에 따라 마시는 술의 종류도 다르다. 술의 종류에 따라서 다른 숙취를 경험한다고 한다. 이 씨의 경우 소주를 마신 날은 두통이 심하지만, 양주를 마신 날은 속까지 뒤집힌다고 호소한다. 양 씨의 경우는 와인이 더 맛있다고 생각하지만 마시고 난 다음날은 맥주와는 다르게 온종일 아무것도 못한다.

술을 과하게 마시고 난 다음날 대부분 숙취에 시달린다.
"머리가 깨질 듯이 아프다."
"속이 뒤집히는 것 같다."

이렇게 호소하는 이유는 아세트알데히드가 어느 정도 혈중에 잔류해 있기 때문이다. 숙취는 술에 함유된 알코올이 분해되면서 생기는 현상이자, 자신의 몸이 힘들다고 보내는 신호이다.

보통 사람이 술을 마시게 되면 다음과 같은 증세가 나타난다.

두통, 식욕부진, 구토, 피로, 속 쓰림, 땀 흘림, 권태감, 걸음걸이 불안, 갈증, 떨림, 맥박의 안진증(눈알이 떨림), 관절 항진고장, 호흡 이상, 전반적인 불쾌감, 불면, 불안감, 현기증, 우울감 등이 있다.

그렇다면 알코올중독이 어느 정도 진행된 사람에게는 어떤 증상이 나타날까? 핀란드의 숙취 연구가인 E. 츠오미넨은 알코올중독의 초기에는 두통, 불쾌감, 구토 등이 숙취의 주된 증세이고 알코올중독이 어느 정도 진행된 단계에서는 긴장, 초조, 죄악감 같은 증세가 나타난다고 말한다. 그리고 알코올중독 상태가 많이 진행되어 있는 사람의 경우에는 심장의 고장, 정신이상의 증세가 이어진다고 충고한다.

술을 마시면 체내에 들어온 알코올이 분해되는데 이 와중에 분해효소의 도움을 받아 아세트알데히드라는 물질이 생겨난다. 아세트알데히드는 다시 아세테이트로 변하고, 아세테이트는 물과 이산화탄소로 분해돼서 몸 밖으로 배출된다. 이때 분해요소가 부족한 사람은 체내에 아세트알데히드가 오래 머무르기 때문에 숙취를 더 오래 경험한다.

술이 깨지 않은 상황에서는 두통, 설사, 목마름, 구토, 무기력증을 경험하게 된다. 심한 경우는 근육통까지 찾아오기도 한다. 이를 대비해 술을 마시기 전 두통약을 먹는다던지, 다음 날 해장술을 마시는 사람이 있다. 하지만 이는 숙취를 푸는 데 전혀 도움이 되지 않는다.

숙취는 어느 정도 시간이 지나면 알코올 성분이 몸 밖으로 배출되어 자연히 낫는다. 물론 그 동안에는 피로와 두통 등으로 업무를 제대로 볼 수 없을 뿐 아니라 속 쓰림으로 식사도 할 수 없을 정도로 고통스럽다.

술 마신 다음날 숙취가 있을 때 해장술을 하면 머리가 맑아지고 몸이 가뿐하다며 해장술을 마시는 사람들이 있다. 정말 해장술이 숙취 해소에 도움이 되는 것일까? 그렇지 않다. 해장술은 일종의 마취작용을 할 뿐이다. 오히려 술로 인해 힘들어진 몸의 감각을 일시적으로 무감각하게 만든다. 그러나 이미 몸은 지쳐있다. 이 상태에서 다시 술을 마시게 되면 이를 해독해야 하는 간은 이중으로 부담을 떠안게 된다. 두통약도 마찬가지 이유로 간을 힘들게 한다.

어떤 경우에도 해장술은 마셔선 안 된다. 해장술보다 더 무서운 것도 없다. '해장술에 취하면 부모도 몰라본다.'라는 말이 있다. 전날 과음하고 그 과음을 다시 술로 달래기 일부 술꾼들이 해장술을 마신다. 그들 중 대다수는 알코올중독자로 전락하고 만다. 절대 해장술, 마시지 마라. 의사들은 하나같이 해장술은 숙취를 더 악화시킬 뿐이라고 충고한다.

숙취는 술을 주량에 따라 달라진다. 쉽게 말해 일종의 음주 벌이라고 생각하면 된다. 많이 마신 사람은 심하게 고생하고 덜 마신 사람은 경미한 숙취에 시달린다. 두통, 헛구역질, 목마름, 설사, 무기력증 등으로 대변되는 숙취는 술을 즐겨 마시는 사람에게 있어 짊어져야 할 십자가와 같다. 고난이자 동반자이다. 중요한 것은 인생의 나락, 죽음으로 이끄는 동반자라는 것이다.

그렇다면 숙취에서 벗어나기 위해서는 어떻게 하면 좋을까? 전용준 다사랑중앙병원 내과 원장은 〈이데일리〉의 기사에서 "숙취는 술에 포함된 에틸알코올이 분해되며 생성된 독성물질 아세트알데히드가 해독되지 않고 혈액에 쌓여서 발생하는 현상"이라며 "수분이나 음식 섭취를 통해 땀이나 소변 등으로 체내의 독소를 배출하는 것이 숙취해소에 도움이 된다."라고 말했다.

또한 음주 후에는 몸에 수분, 당분, 전해질이 부족해지므로 충분히 보충해주는 것이 좋다고 말했다. 물을 많이 마시고 과당과 비타민이 풍부한 과일을 먹으면 알코올 분해가 촉진된다. 복숭아, 사과, 배, 감 등이 효과가 있다. 아스파라긴이 다량 함유되어 있는 콩나물, 아미노산이 풍부한 북어 등을 넣은 맑고 담백한 해장국이 좋다고 말했다. 또한 숙면과 충분한 휴식을 취하면 대부분의 숙취는 24시간 내에 해소되므로, 수면과 휴식의 중요성을 강조했다.

사람들 가운데 술을 깨기 위해 샤워, 사우나를 하는 사람이 있다. 샤워는 술을 깨는 데 전혀 도움이 되지 않으며 사우나는 오히려 몸에 해로울수도 있다. 평소 심장이 좋지 않은 사람은 절대로 하지 말아야 한다. 술을 마신 후의 몸은 혈중 알코올농도가 높은 상태가 되어 지나치게 혈액 순환이 빨라지기 때문에 사우나를 피해야 한다. 커피는 음주로 인한 두통에는 효과가 있다. 하지만 커피에 포함된 카페인으로 인해 신경이 예민해질 수 있기 때문에 많이 마시는 것은 좋지 않다.

숙취를 해소하는 데는 여러 가지 방법이 있다. 그 중에서도 몸에 남아 있는 독소를 배출하고 손실된 영양분, 수분을 공급하는 해주는 것이 원칙이다. 그리고 알코올로 인해 지쳐 있는 내장기관을 편하게 해주는 것이 숙취 해소에 가장 좋다.

숙취 해소에 좋은 음식을 섭취하는 것도 한 방법이다. 술 마신 후 해장국을 먹으면 뒤틀린 속이 한결 나아지는 것을 느낄 수 있다. 그렇다면 어떤 해장국이 좋을까? 해장국에도 크게 두 종류가 있다. 뼈 해장국과 콩나물 해장국이다. 이중 뼈 해장국은 음주로 인해 지친 위장에 큰 부담이 된다. 얼큰한 음식을 먹었기 때문에 '시원하다'고 느낄 수는 있겠지만 실상 위장에서는 비명을 지르는 상태나 다름이 없다. 얼큰한데다 기름까지 많아서 이미 쓰린 속을 더 쓰리게 만들기 때문이다.

대신 콩나물 해장국을 먹는 것이 좋다. 콩나물 해장국에는 숙취해소에 큰 도움을 주는 아스파라긴산이 많이 들어있어 술 마신 다음날 속을 다스리는 데 좋다. 아스파라긴산은 콩나물의 뿌리 부분에 집중적으로 함유

되어 있다. 이 외에 북어국도 숙취해소에 좋은 음식이다. 북어국은 기름이 적어 위장에 부담이 덜 가고 아미노산이 많이 들어있어 간을 보호해 주는 데 효과가 있다. 단백질, 아미노산, 비타민이 풍부한 선지국도 속풀이와 영양보충에 좋다. 된장국에 미역과 같은 해조류를 듬뿍 섞어서 섭취하는 것도 좋은 방법이다. 해조류에는 간장의 활동을 돕는 글리코겐이 많이 들어 있어서 숙취해소를 도와준다. 조개로 끓인 국도 같은 이유로 큰 도움이 된다.

술을 거나하게 마신 다음 날 심한 갈증에 시달린다. 이는 탈수현상 때문이다. 이때 물을 자주 섭취해주거나 녹차를 마시면 도움이 된다. 녹차에는 폴리페놀과 비타민C, 아미노산이 풍부하게 들어있다. 이들은 알코올을 분해하는 데 일조한다. 그래서 술의 달인들은 소주를 마실 때 녹차팩을 띄워놓고 마시기도 한다.

술을 마실 때는 급하게 마시기보다 천천히 마셔라. 술을 빨리 마시게 되면 간에 무리가 가게 되어 알코올을 분해하는 데 시간이 걸리게 된다. 술 마시는 속도를 늦출수록 뇌 세포로 가는 알코올 량이 적어진다.

술 마실 때 말을 많이 하는 것도 좋다. 말을 많이 하면 술이 빨리 깨는 부분도 있지만 대화에 집중하면 술을 그만큼 덜 마시게 되기 때문이다. 흔히 혼자 마시는 술이 빨리 취하는 이유는 바로 여기 있다. 대화를 많이 하며 술을 마시면 신체의 모든 기능이 부드러워지고, 온갖 스트레스 등으로부터 자유로워진다. 따라서 술좌석에서는 '수다맨'이 되어보자.

　한 번 술 마신 후에는 2, 3일 정도 음주 간격을 두어야 한다. 힘든 일을 한 후 심신이 지치듯이 과음으로 지친 간에도 회복할 시간이 필요하기 때문이다.

취했다고 생각되면
바로 귀가하라

|

노총각 박광남 씨는 같은 부서 동료인 김혜진 씨를 짝사랑하고 있다. 그녀가 자신의 이상형이기 때문이다. 그런데 아무리 박 씨가 김 씨에게 구애를 해도 좀처럼 끄떡도 하지 않는다. 한 달 전 데이트 신청을 했는데 돌아오는 대답은 "선배는 제 이상형이 아니에요."였다. 그래도 박 씨는 구애를 포기하지 않았다.

그러던 며칠 전 부서 회식이 있었다. 그날 화기애애한 회식 분위기 탓인지 김혜진 씨는 평소보다 많은 양의 술을 마셨다. 회식 자리가 파하고 하나둘 흩어졌다. 그녀가 집으로 가기 위해 택시를 잡으려고 서 있을 때였다. 그때 박 씨가 다가왔다.

"혜진 씨, 괜찮다면 저랑 맥주 한 잔 더 할래요?"

그녀는 왠지 모르게 한 잔 더 하고 싶어졌다. 상대가 줄기차게 자신에게 구애를 하는 박광남 씨라는 것도 잊고 있었다.

두 사람은 근처 호프집에서 2차를 했다. 두 사람은 이미 회식 자리에서 많이 마신 터라 어느 정도 취기가 오른 상태였다. 그런데 시간이 지나자 알 수 없는 일이 일어났다. 그녀는 자신도 모르게 못 생긴 박 씨가 조금씩 멋있어 보이는 것이었다.

술에 취하게 되면 안 예쁘던 여자도 예뻐 보이고, 못생겼던 남자도 멋 있어 보인다. 이를 '비어고글(beer goggle)' 효과라고 한다. 고글은 눈을 보호 하기 위해 사용하는 스포츠 안경으로 파란색 고글을 착용하면 풍경이 파 란색으로 보이고, 노란색 고글을 착용하면 노란색으로 보인다. 이처럼 비어고글은 술을 마시면 콩깍지가 씌어 이성이 더 매력적으로 보이게 된 다 해서 붙여진 명칭이다.

비어고글은 쉽게 말해 '음주 뒤의 콩깍지'라고 할 수 있다. 사람들은 비 어고글 효과 때문에 돌이킬 수 없는 실수를 저지르곤 한다. 평소 같으면 이기적인 사람이 술기운에 흔쾌히 부탁을 들어주는가 하면, 평소 관심도 없던 사람과 영화 같은 밤을 보내기도 한다. 왜 그런 일이 일어나는 것일 까?

영국 브리스톨 대학 마커스 무나포 심리학 박사팀은 술을 마시면 평소 관심이 없던 여성이 예뻐 보이고, 비호감 남성에게 '멋져!'를 연발하는 일 종의 착시현상인 비어고글에 대해 실험했다. 남녀 자원자들을 대상으로 맥주, 보드카, 라임주 등의 술과 비알코올성 음료를 무작위로 나누어 마 시도록 해 일부는 음주 상태에서, 일부는 비음주 상태가 되도록 한 후 관 찰했다.

술을 마신 뒤 30분가량이 지나 남성에게는 여성 20명의 얼굴 사진, 여 성에게는 남성 20명의 얼굴 사진을 보여주면서 매력의 정도를 점수로 매기도록 했다. 그 결과, 술을 마시지 않은 사람들은 별다른 변화가 없었지만 술에 취한 사람들은 '아름다움'을 판단하는 기준이 달라졌다.

술을 마시고 난 후에는 남자나 여자나 상대방을 더 매력적이게 여기는 것으로 드러났다. 비어고글 효과가 나타난 것이다. 술을 마신 사람들은 술을 마시지 않은 사람들보다 이성의 사진 속 얼굴의 매력 정도에 대해 점수를 평균 10% 더 높게 매겼다. 다음날 이들은 같은 테스트를 다시 받았는데, 특히 술에 덜 깬 남성은 술에 완전히 깬 남성보다 여성의 사진에 더 높은 점수를 줬다. 과음을 한 남성은 술기운이 계속 남아 있어 비어고글이 24시간 정도 지속되었다.

무나포 박사팀은 비어고글 효과에 대해 이렇게 설명했다.

"술이 상대방 얼굴의 매력 정도를 판단하는 데 영향을 준다. 이는 쾌락, 흥분, 매력과 관련된 정보를 처리하는 뇌 영역인 '선조체(striatum)'를 알코올이 자극하기 때문이다."

무나포 박사는 다음과 같이 조언했다.

"이 같은 결과는 음주가 안전하지 못한 성관계를 부추기는 등 나쁜 영향을 끼칠 수 있기 때문에 이런 사실을 미리 알고 있다면 상대를 판단하는 데 도움이 된다."

2009년 초 만취한 상태에서 경찰을 사칭하고 폭력까지 휘두른 강원도

교육청 5급 사무관이 경찰에 입건된 사건이 있었다. 경찰 조사결과 L씨는 20일 밤 10시 20분쯤 만취한 상태에서 길을 걷다 강원도 춘천시 후평동 한 아파트 앞 도로변에 문을 잠그지 않은 채 정차돼 있던 A씨의 차량을 발견, 차 문을 열고 뒷좌석에 올라탔던 것으로 밝혀졌다.

인근 상가에 물건을 사러갔다 돌아온 차주인 A씨는 L씨를 발견한 뒤 황급히 차에서 끌어내리려고 하면서 두 사람 사이에 실랑이가 벌어졌다. L씨는 이 과정에서 경찰을 사칭하며 오히려 A씨를 협박하고 주먹을 휘둘렀다. 필름이 끊겨 제대로 기억나지 않는다는 L씨는 "친구들과의 술자리에서 만취해 집으로 돌아오다 택시를 탔다고 생각했는데 이런 일이 발생했을 줄 몰랐다"고 선처를 호소했다.

만일 L씨가 적당하게 술을 마셨더라면? 당연히 그와 같은 미친 짓(?)을 하지 않았을 것이다. 공무원이 그런 행동을 하게 되면 법적 처벌뿐만 아니라 직장에서 어떤 불이익을 받게 된다는 것을 잘 알기 때문이다. 하지만 안타깝게도 그는 비어고글 효과를 알지 못했다. 그 결과 비어고글 효과로 인해 두고두고 후회하는 행동을 저지르게 된 것이다.

평소 소 닭 보듯 하던 남편이 술 마시고 들어와선 변강쇠로 변하는 사람이 있다. 이 역시 비어고글 효과 때문이다. 술자리가 잦은 사람이라면 비어고글 효과를 조심해야한다. 이 말을 무시하고 '부어라 마셔라'한다면 한순간에 인생이 작살날 수도 있다. 특히 미혼인 사람은 마음에 안 드는 이성에게 코 꿰여 불행한 인생 경험을 할 수도 있다.

『탈무드』에 보면 '아침술은 돌, 낮술은 구리, 밤술은 은, 사흘에 한 번 마시는 술은 금'이라는 격언이 있다. 술, 가급적 간격을 두고 마시되 반드시 자신의 주량을 넘지 말아야 한다. 주량을 넘는 순간 비어고글 효과로 낭패를 보게 될지도 모른다.

"모든 악덕 중에 음주만큼 성공을 방해하는 것은 없다."

– 월터 스콧(영국의 소설가이자 역사가)

5장

술을 다스리면
얻을 수 있는
인생의 선물들

활기찬 하루를
시작할 수 있다

|

좋은 일이 있어도 한 잔, 궂은 일이 있어도 한 잔…. 직장인과 술은 떨어질 수 없는 실과 바늘의 관계이다. 하지만 대부분 이틀이 멀다하고 마시는 술이 업무의 생산성 저하뿐 아니라 각종을 질병의 온상이라는 것을 자각하지 못한다.

H중소기업 영업 부서에서 근무하는 김 과장. 그는 술자리 접대가 많다보니 일주일에 3~4일은 술을 마신다. 특히 한번 마셨다하면 3차까지 가는 게 기본이라 주량도 예전 같지 않아 종종 '블랙아웃'을 경험한다. 아침에 자고 일어났을 때 간밤에 가졌던 술자리가 도무지 생각나지 않는 것이다. 그래서 종종 핸드폰이며 지갑 등을 잃어버리지만 기억이 나지 않는 탓에 찾을 길이 없다.

일주일 내내 과음을 하는 탓에 건강은 최악이다. 군대 시절 김 씨는 키 175cm에 몸무게 60kg으로 마른 편이었다. 그런데 직장생활을 시작한 후 체중이 점점 늘더니 최근에는 94kg, 허리둘레는 40inch에 달한다. 이른바 '술배'가 빵빵하게 나왔다. 그는 과음으로 만성적인 피로감을 느끼던 차에 병원을 찾았다. 검사 결과 당뇨와 고혈압 진단을 받았다.

의사는 강하게 술을 끊을 것을 권고했다. 하지만 그는 지금도 업무상 어쩔 수 없이 과음하고 있다. 이전과 다른 게 있다면 술을 마시기 전에 꼭 식사를 한다는 것이다.

"폭탄주 등 과음이 건강에 나쁘다는 것을 알면서도 접대 때문에 어쩔 수 없습니다. 술을 끊는다는 것은 회사를 그만둔다는 것과 같은 말입니다."

김 과장처럼 술에 절어 사는 직장인들이 많다. 그들은 회식자리 등과 같은 잦은 술자리 때문에 자정이 넘어서 집에 들어간다. 숙취 때문에 활기차게 시작해야 할 아침이 천근만근 무겁게 느껴진다. 자연히 몸이 축나고 업무의 생산성을 기대할 수 없다. 이런 일들이 계속 다람쥐 쳇바퀴처럼 이어진다면? 분명 개인뿐만 아니라 회사 차원에서도 심각한 손실을 유발시킬 것임은 불 보듯 뻔하다.

백지연의 『자기설득 파워』(랜덤하우스코리아)에 보면 이런 내용이 나온다.

아침 6시. 운동을 하기 위해 맞춰놓은 알람시계가 울린다. 시계 소리를 들으며 잠시 고민한다. 지금 일어날까? 그런데 어젯밤 술을 과하게 마신 탓인지 머리가 무겁고 눈이 떠지지 않는다. 잠시 망설인 후에 속으로 되뇌인다.

'운동은 내일부터 하지.'

오전 10시. 겨우 출근은 했지만 머리가 멍하고, 아침도 먹지 않아서 속이 쓰리다. 계속 시계를 보게 된다.

'이제 정말 과음은 자제해야지, 도대체 몸이 따라 주질 않네. 그나저나 점심시간은 왜 이렇게 안 오지?'

오후 5시 30분. 이제 1시간만 있으면 퇴근 시간이다. 친구들과 또 다시 술 약속을 잡았다.

'오늘은 정말 술을 마시지 않으려고 했는데…. 조금만 마시고 일찍 들어가야지.'

그런데 부장이 나한테 오더니 이번 주까지 끝내야 하는 기획서가 어느 정도 진행됐는지 묻는다. 별 진전이 없으면서도 잘 진행되고 있다고 말한다.

'퇴근 시간 다 되어 가는데 기획서 얘길 하는 저의가 뭐야? 야근이라도 하라는 거야?'

순간 고민을 한다. 기획서를 쓰긴 해야겠는데, 친구들과의 약속이 마음에 계속 남는다. 집에서 일하겠다고 마음먹고 우선 기획서와 관련된 자료를 챙긴다.

'간단히 술 한 잔하고 집에 가서 하면 되지.'

밤 12시. 간신히 택시를 잡아타고 집에 왔다. 간단히 마시고 헤어진다는 것이 3차까지 이어졌다. 집에 도착해서 대충 샤워를 하고 잠자리에 든다. 잠자리에 든 순간 회사에서 챙겨왔던 기획서가 떠오른다. 하지만 이미 몸은 움직일 생각을 하지 않는다.

‘에이, 내일 하지 뭐.’

조금 비약이 섞였을지 몰라도 우리나라 직장인들 중 많은 사람이 공감하는 일상일 수 있을 것이다. 운동부터 시작해서, 직장 업무, 대인 관계 등 신경 쓸 일은 많은데 모든 것을 완벽하게 하자니 시간은 부족하고 몸도 피곤하다. 그래서 “내일 하지.”라는 말을 입에 달고 산다.

몸을 축내가면서까지 과음을 하는 직장인들은 얼마나 될까? 취업포털 인크루트는 남녀 직장인 684명을 대상으로 ‘직장인 알코올의존’에 대해 설문 조사를 했다. 그 결과 27.3%가 스스로 알코올의존 성향이 있다고 응답했다. 10명 중 3명 꼴이다. 절반이 넘는 수치는 77.1%의 응답자가 ‘10번 중 1~2번 과음한다’고 답했으며, 8.2%가 3번, 5%가 5번이라고 대답했다.

올해 초 광고 회사에 입사한 김진동 씨. 그는 “입사하기 전까지는 술을 거의 마시지 않았지만 직장에 다닌 후로 어쩔 수 없이 일주일에 3회 이상 술을 마시게 되었다.”라고 말했다. 그는 또 “대부분의 상사나 선배들은 술을 잘 마시는 사원들에게는 술 마신 다음 날 업무태만이나 작은 실수도 눈감아 주는 편이다.”라고 털어놓았다. 때문에 김 씨는 부서 내 술자리에서는 다음 날 속이 쓰리고 머리가 아파도 지각을 하거나 회사 휴게실에 가서 잠드는 한이 있어도 술을 마다하지 않는 편이다.

술을 마시더라도 분위기에 휩쓸려 주량을 초과할 정도로 마셔선 안 된다. 이는 당장은 상사나 선배들에게 눈도장을 찍을지는 모르지만 그다지 오래가지 않는다. 자신의 자리를 굳건하게 지키고 더 높은 곳을 향해 오르고 싶다면 실력으로 승부해야 한다. 성과가 진짜 실력이라고 할 수 있다. 이는 작가가 엉덩이 힘으로 글을 쓰는 것과 마찬가지로 성과를 발휘하려면 체력이 뒷받침되어야 한다. 술, 술술 넘어간다고 해서 목숨을 내놓고 마시지 마라. 다음 날 활기차게 시작할 수 있을 정도로 마셔야 한다.

술을 적당하게 마시면 좋은 점이 한두 가지가 아니다. 심신을 건전하게 유지할 수 있을 뿐 아니라 시간을 두 배로 활용할 수 있다. 퇴근 후 8~9시쯤에 집에 들어온다면 잠들기 전까지 2~3시간을 쓸 수 있다. 이때 가족들과 시간을 보내거나 독서나 신문을 읽을 수도 있고, 내일 스케줄을 미리 짜두어 하루를 알차게 보낼 수 있다. 매일 이렇게 생활한다면 2, 3년 후 3년 후 인생은 판이하게 달라져있을 것이다.

최근 주류회사를 포함한 많은 기업이 건강한 음주문화와 관련한 여러 가지 활동을 벌이고 있다. 오비맥주는 매년 9월 '글로벌 건전음주의 날(Global Beer Responsible Day)'에 맞춰 건전하고 책임 있는 음주문화 확산을 위한 캠페인을 전국적으로 실시한다. 기네스 등의 맥주를 비롯한 위스키, 보드카 등의 주류를 제공하는 디아지오코리아는 최근 대학가 건전한 음주문화 조성을 이끌어 갈 '제10기 쿨 드링커 홍보대사' 발대식을 개최했다. 홍보대사는 발대식을 시작으로 5개월간 전국의 대학캠퍼스에서 건강한 음주문화의 중요성을 알리는 다양한 활동을 벌인다. 하이트진로는 2013년 무알코올 음료 '하이트제로0.00'을 출시하여 꾸준히 성장세를 올리고 있다.

적당한 음주는 생활의 비타민과 같다. 무엇보다 술을 다스리면 자신뿐 아니라 가족과 동료들까지 지금보다 활기찬 생활, 더 나은 인생을 살 수 있다. 이보 다 소중한 선물을 없을 것이다.

관악구보건소가 발간하는 〈Well-being 건강소식지' 참살이〉가 있다. 직장 내 건전한 음주문화조성을 위한 길잡이가 되고 있는데 다음과 같이 제안한다.

첫째, 무엇보다 직장 상사의 태도가 중요하다.

직장 내 분위기 조성과 회식자리의 음주에 직접적으로 영향을 미치는 윗사람이 술을 강요하지 않는다면 개인의 기호에 맞게 적절한 음주를 할 수 있는 환경을 조성하기가 훨씬 수월할 것이다.

둘째, 다양한 회식문화의 개발이 필요하다.

실제로 최근 여성의 사회참여가 활발해지고 직장인 중 여성의 비율이 증가하면서 기존의 술자리를 중심으로 이루어졌던 회식보다는 영화나 연극 등을 관람하거나 전시회를 방문하는 문화 참여활동으로 대신하는 경우들이 증가하고 있다. 이러한 활동은 술자리를 대신하는 좋은 대안 프로그램이 될 수 있다.

직장인들에게 피할 수 없는 술자리. 피할 수 없다면 술에 취하기 위한 자리이기보다 사람과 사람 사이에서의 즐거움, 마음과 마음을 여는 좋은 자리로 바꿔나가면 어떨까?

업무 차질을 줄여
브랜드 가치를 높일 수 있다
|

한 마을에서 홍수에 대비하기 위해 사람들이 높은 둑을 쌓았다. 그런데 하루는 늙은 농부가 그 옆을 지나다가 둑에 개미굴이 갑자기 많아진 것을 우연히 보게 되었다. 개미굴 때문에 둑이 위험해질 수도 있다고 여긴 농부는 서둘러 마을사람들에게 알려야겠다고 생각했다. 그런데 그의 아들이 이렇게 말했다.

"아버지, 이렇게 탄탄한 둑이 설마 그깟 작은 개미굴 때문에 터지기야 하겠어요?"

농부는 마지못해 아들에게 이끌려 그냥 밭으로 갔다. 그런데 그날 밤, 거센 비바람이 몰아치더니 강이 범람하기 시작했다. 거센 강물이 둑까지 차올랐다. 처음에는 별일이 없을 것처럼 보였지만, 점점 개미구멍으로 물이 새어들더니 구멍이 커지면서 물이 분수처럼 뿜어져 나왔다. 머지않아 둑은 일시에 무너졌고 인근에 있던 마을과 논밭은 순식간에 물바다로 변해버렸다.

"설마 내가 잘리기야 하겠어?"라는 안일한 마음을 가진 직장인들이 한둘이 아니다. 하지만 그들은 개미구멍에 탄탄한 둑이 무너지듯이 지금 정신 상태가 스스로 자신을 내치게 된다는 것을 모르고 있다. 어떤 회사의 사장도 날로 먹으려는 직원들을 가만히 내버려두지 않기 때문이다.

신입사원부터 월급쟁이의 단맛, 쓴맛 모두 겪은 직장인들까지 단골로
내뱉는 말이 있다.
"내가 사장이라면 월급을 팍팍 올려줄 텐데."
"내가 사장이라면 정시에 퇴근시킬 거야."
"내가 사장이라면 직원들을 제대로 생각해줄 텐데."

과연 정말 그럴까? 지금 월급쟁이의 신분에서 벗어나 사장이 된다면
지금의 불만을 직원들을 위해 승화시킬 수 있을까? 불가능할 뿐더러 어
쩌면 지금보다 더 가혹하게 직원들을 내몰지도 모른다. 그동안 회사가
망하지 않고 성장하려면 마른 수건도 다시 짜는 고통을 필요로 한다는
것을 경험했기 때문이다.

얼마 전 어느 모임에서 대기업의 임원을 지낸 분을 만난 적이 있다. 짧
은 이야기를 나누었는데도 그에게서 강한 인상을 받았다.
'저 사람은 아이디어도 많고 두뇌회전이 빨라 업무 추진력도 대단하겠
어.'
그리고 얼마 후 다시 그를 만나게 되었다. 전과는 달리 그의 표정이 어
두워보였다. 이야기를 나누던 중 자연히 그 이유를 알게 되었다. 그는 서

울의 유명 대학에서 경제학을 전공하고 미국에서 MBA 과정을 수료한 뒤 유수의 글로벌 기업과 한국 대기업들을 거쳤다고 했다. 하지만 그의 재직 기간은 3년을 넘지 못했다. 나는 '저 분처럼 능력이 있는 분이 왜 3년을 넘기지 못했을까?' 하는 의문이 들었다. 얼마 지나지 않아 그 의문이 풀렸다. 그가 한 직장에서 오래 머물지 못했던 이유는 음주 때문이었다. 군 시절부터 술을 마시기 시작한 그는 하루도 빠지지 않고 술을 즐기는 타입이었다. 그런데 이제 나이가 들고 건강이 나빠져 술을 조금만 마셔도 정신을 놓곤 한다는 것이었다. 그래서 종종 회식이나 고객 접대와 같은 술자리에서 실수를 했던 것이다. 또한 그는 회사법인 카드로 지인들과 고급 술집을 찾았고 그 결과 비용의 과다지출이 문제가 되었던 적이 한두 번이 아니었다. 술로 인해 이래저래 회사에 막대한 금전적 손실을 끼치게 되었고 제 발로 나왔던 것이다.

그런데 중요한 것은 아직도 술을 끊지 못했다는 것이다.

"이제는 술을 끊어야겠다는 생각이 듭니다. 젊은 시절 제 꿈은 대기업의 CEO가 되는 것이었습니다. 하지만 술 때문에 제 꿈은 산산조각이 나고 말았지요. 지금은 헤드헌팅 회사에 이력서를 보내는 신세로 전락하고 말았으니까요. 하지만 이제부터는 술을 끊고 남은 인생을 충실하게 살 생각입니다. 더 이상 가족들에게 부끄러운 남편, 아버지가 되고 싶지 않습니다."

그의 말을 듣고 나니 명석한 두뇌, 화려한 학력과 경력, 뛰어난 아이디어와 업무 추진력을 겸비한 그가 한 곳에 오래 있지 못하고 수시로 직장을 옮긴 이유를 알 수 있었다.

헤드헌팅 회사인 커리어케어의 대표이사 신현만은 『회사가 붙잡는 사람들의 1%』(위즈덤하우스)에서 이렇게 충고한다.

자리가 사람을 만든다는 말처럼 직장이 사람을 만든다. 그러니 대학 졸업생들은 재수를 하고 삼수를 해서라도 대기업, 공기업, 외국계 기업, 금융 기업에 들어가려고 한다. 첫 직장이 별 볼일 없는 곳이라면 다음 직장은 최대한 브랜드가 좋은 곳으로 가기 위해 애를 쓴다. 그래야 '인생이 핀다'는 것을 스스로 잘 알고 있기 때문이다.

어쨌든 좋다. 확실히 직장에 따라 인생이 달라진다. 그래서 다들 좋은 직장에 다니기 위해 애를 쓴다. 그런데 문제는 이렇게 직장이 결정하는 부분이 커지다 보니 간혹 착각이 생기기도 한다. 대표적인 것이 자신의 능력에 대한 과신이다. 무슨 말인가? 대기업이나 공기업, 외국계 기업 등 연봉이 높은 직장에 다니는 직장인들은 자신이 받는 연봉이 바로 자신 자신의 가치에 대한 대가라고 생각하게 된다. 이 때문에 지금의 직장을 떠나서 다른 곳으로 가도 당연히 비슷한 수준의 연봉을 받을 수 있을 것이라고 여긴다. 대단한 착각이다. 그들은 자신이 받는 평가가 대부분 자기 브랜드가 아닌 직장 브랜드에 따른 것이라는 점을 놓치고 만다.

신 대표는 또 이렇게 덧붙인다.

"사람들은 조직에 속해 있을 때는 조직의 중요성을 잘 모르고 지내기 마련이다. 자신의 가치가 대부분 조직의 가치를 기반으로 하고 있고 자기 브랜드의 절반 이상이 회사 것이라는 사실을 모른다. (중략) 여유롭게 새 직장을 구하기 위해 슬슬 움직이다간 사람들이 자신의 가치를 형편없이 낮게 보고 있음을 깨닫고는 당황하게 된다. '사람을 몰라봐도 정도가 있지.' 이렇게 어이없어 하지만 현실은 냉정하다. 이들은 몇 번씩 낙방의 설움을 맛본 다음에야 눈높이를 반강제로 낮추게 된다."

사장은 자신처럼 회사에 애정을 가지고 열심히 일해주기를 바란다. 크고 작건 규모를 떠나 그 어떤 회사든 오너의 피나는 고생 끝에 탄생했다. 따라서 사장은 시간이나 때우다 월급을 타가는 메뚜기 같은 직원을 경멸한다. 그 대신 몸이 부서져라 회사에 충성하는 직원에게 관심을 가지게 된다. 승신 심사에서 이런 유형의 사람들이 자리를 꿰차게 되는 것이다.

죽을힘을 다해 일해도 살아남기 힘든 세상에 상습 음주자라면? 잦은 업무 차질로 인해 윗사람들의 눈 밖에 나기 마련이다. 자연히 자신의 브랜드 가치는 폭락할 수밖에 없다. 회사에서 나가라고 억지로 등 떠밀지 않아도 제 발로 나가게 된다.

한 단주 모임에 나가고 있는 42살의 김영종 씨를 만났다.

"군대에서 술 먹고 총으로 여러 명을 죽일 뻔했어요. 하루도 술을 안 먹으면 못 살 것 같아서 신부가 되려고도 했는데 그 마저도 뜻대로 되지 않았어요. 성당에서도 몰래 술을 마셨거든요. 직장을 다녀도 6개월을 못 버텼고 빚은 1억으로 불어났어요. 아내와 이혼하고 세상에 대한 원망으로 꽉 차 있었죠. 사실 그동안 나는 술을 즐길 뿐이지 알코올중독자는 아니라고 생각했었거든요. 그런데 일 년 전 한 단주 모임에 나가게 되었는데 그곳 사람들과 함께 술을 끊게 되었어요. 술을 끊고 나니 인생이 이렇게 행복한지 처음 알았어요."

그의 말에 의하면 단주 모임에는 20대부터 60대까지 다양하다고 했다. 이들은 단주모임을 통해 서로의 경험담을 나누고 조언하면서 스스로가 알코올중독에서 회복되도록 힘과 용기를 얻고 있다고 했다. 특히 그들은 스스로 알코올중독증을 앓고 있는 환자로 인정하는데, 그래야만 치료가 가능하고 술을 끊을 수 있기 때문이다.

"알코올중독자들은 주로 세상에 대한 불만과 불안감이 많아요. 이를 잊기 위해 한 잔 한 잔 마신 술이 습관이 되어 중독에 이른 것이라고 할 수 있죠."

김 씨는 지금은 거의 회복 단계에 있지만 알코올중독 당시에는 술 때문에 가족과 멀어졌고 이혼과 대인관계 단절을 겪어야 했다. 또 술로 인해 무단결석과 지각, 기억상실, 잦은 업무실수 등으로 직장도 오래 다니지 못해 경제적 어려움에 심리적 불안까지 겹겹의 고통을 겪었다고 털어놓았다. 한마디로 지친 마음을 달래기 위해 마신 술이 인생을 통째로 마셔버린 것이다.

마지막으로 그는 술을 마시는 사람들에게 이렇게 충고했다.

"지금 당신이 마시는 것은 술이 아니라 사약입니다. 술을 끊지 않는다면 머지않아 당신의 가족과 직장, 인생까지 박살나게 됩니다."

그의 말이 사뭇 무섭기까지 하다. 직장인들에게 있어 직장은 나와 가족에게 일용할 양식을 제공해주는 탯줄과 같다. 그런데 술 때문에 생명선과 같은 탯줄을 싹둑 자르고 싶은가? 지금 당신이 음주가무를 할 수 있는 것 역시 직장이라는 백그라운드 때문이다.

과감하게 술을 끊고 내 인생의 주인이 되어보자. 언제까지나 직장에서 말단의 위치에 머물러 있을 순 없다. 언젠가는 정상에 올라 당당하게 깃발을 꽂아야 하지 않겠는가. 자, 그렇다면 CEO처럼 직장에 애정을 가지고 일해보자. 그러면 지금까지와는 달리 업무 차질을 줄이고 성과를 발휘할 수 있다. 자연히 자신의 브랜드 가치가 상승하게 되는 것이다.

마지막으로 다시 한 번 충고한다.

"회사를 떠나는 순간 내 브랜드 가치는 폭락한다는 것을 잊지 마라!"

직장인의 수명,
근무 태도에 있다

|

직장인들이 빠지기 쉬운 함정은 현실에 대한 '지나친 낙관'이다.

"뭐, 어떻게 잘되겠지."

"설마 나 하나쯤 적당히 일한다고 해서 부서가 없어지진 않겠지."

"열심히 해도 알아주지 않는데 차라리 적당히 하자." 이렇게 자위하고 애써 힘든 일을 회피하려 든다. 대부분의 사람들은 비관보다는 낙관 속에 젖어 스스로 위안을 삼으려 한다.

직장인들 가운데 자신이 몸담고 있는 직장의 흉을 보거나 상사를 험담하는 사람들이 의외로 많다. 또한 제 직장의 치부나 어려움을 외부에 발설하고 시치미를 떼는 사람도 있다. 이런 사람들 중 대다수가 근무 태도가 엉망인 사람들이다. 이들은 업무 시간에 술을 마시거나 자제할 줄 모르는 음주로 잦은 지각, 결근을 일삼는다. 그래도 회사는 이들을 방치한다. 조직 내 이들을 두둔하는 세력들이 있기 때문이다.

그렇다면 왜 그들은 자기 직장과 상사를 욕하면서 일하고, 그러면서도 직장에서 봉급을 타면서도 부끄러운 줄 모르는 것일까? 한마디로 일의 가치에 대한 인식 부족과 직장에 대한 소중함을 모르기 때문이다. 그러니 당연히 직장에 애정이 있을 리 만무하다. 그들은 다음 4가지에 대해 명확한 답을 내놓지 못한다.

'내가 이 직장에 들어온 이유는 무엇인가?'

'이 직장이 잘못되면 나와 가족들은 어떻게 될까?'

'이 직장에서 내가 궁극적으로 실현하고자하는 것은 무엇일까?'

자신이 왜 현 직장에 몸담고 있는지, 지금 하는 일을 통해 무엇을 성취하고자 하는지 알지 못한다. 그동안 대충대충 생활한 탓에 위의 질문에 대한 생각이 제대로 숙성되지 못한 탓이다.

직장은 '의식주'를 해결하기 위한 소득을 얻기 위해 '능력'을 제공하고 '소득'을 얻는 곳이자 자아실현의 현장이기도 하다. 따라서 당연히 자신의 직장과 일에 대한 애정을 가지고 있어야 한다. 자신이 수많은 직장 가운데 현 직장을 택했으면 직장과 일을 사랑해야 하는 것은 직장인으로서의 당연한 의무이기도 하다.

그런데도 일부 몰상식한 직장인들은 배은망덕한 태도를 보인다. 회사나 상사를 험담하거나 정보나 기술을 유출하기도 한다. 절이 싫으면 중이 떠나면 그만이다. 만약 지금의 직장이 싫으면 욕하기보다 떠나면 된다. 떠나지도 못하면서 뒤에서 험담하고 욕하는 것은 직장과 일에 애정을 가지고 있는 동료들에 대한 예의가 아니다.

IMF 경제위기 이후 평생직장이 사라졌다. 다시 말해 지금 몸담고 있는 직장에서 한 평생 일용할 양식을 구할 수 없다는 말이다. 빠르면 10년,

길면 15~20년 안에 퇴출된다. 물론 지금 직장의 수명을 좀 더 연장할 수도 있다. 어떻게? 직장과 일에 애정을 가지고 성실한 근무 태도를 가지는 것이다. 아무리 어려움에 처한 회사라 하더라도 회사 일을 자기 일처럼 죽을힘을 다해 하는 직원을 내보내지 않는다. 일을 '엣지'있게 처리하지 못하거나 상사의 눈치만 살피며 쉽고 편한 일만 하는 기회주의자를 처단한다. 이들이 바로 회사를 곤경에 처하게 만든 좀 같은 존재들이기 때문이다.

사실 말단 사원으로 시작해 정상에 오른 사람들을 보면 하나같이 직장과 일에 애정을 가지고 있었다. 그들 가운데 쉽고 편한 일만 하다가 운이 좋아 정상에 오른 사람은 단 한 사람도 없다. 그들은 여러 불리한 조건들을 겸손함과 성실함, 강한 의지, 신뢰 등으로 극복했던 것이다.

온라인 취업사이트 사람인에 따르면 리서치 전문기관인 폴에버와 함께 직장인 1,952명에게 '직장생활에서 업무능력 외 요소로 혜택을 받은 경험이 있느냐'고 설문 조사를 실시했다. 그 결과 35.8%가 '있다'고 응답했으며 혜택 받는 요소로 '성실한 태도'(26.0%) '붙임성 있는 성격'(15.9%) '인맥'(8.6%)의 순이었다.

직장인들은 이로 인해 '긍정적인 이미지 형성'(37.9%) '편하게 근무하게 됨'(12.3%) 등의 혜택을 받았다고 조사되었다. 위 설문 조사를 통해 직장인들에게 있어 성실한 태도가 얼마나 중요한지 깨닫게 된다.

전 세계를 누비고 있는 가장 과소평가된 기업 중의 하나인 UPS. 단돈 '100달러'와 '불굴의 의지'로 이룩한 성공신화로 알려져 있다. 시애틀의 한 초라한 메신저회사가 세계적인 물류기업으로 진화하기까지 창업자 짐 케이시의 군대식의 규율, 단조로운 유니폼, 화려한 외양보다는 신뢰감을 강조한 스파르타식 경영철학이 빛을 발했다. 약 35년 동안 화물적 재직원으로 시작하여 배송기사를 거쳐 관리직으로 상승의 계단을 밟은 그레그 니먼은 저서 『빅브라운』에서 UPS의 놀라운 100년 역사와 위대하지만 베일 속에 가려진 20세기 대자본가의 한 사람 짐 케이시의 일생을 소개했다.

짐 케이시는 기업의 성장과 수명은 CEO뿐 아니라 임직원들의 근무 태도에 달려있다고 믿었다. 그래서 늘 단정함과 청결을 입버릇처럼 주문했다. 특히 어떤 경우에도 근무 시간에는 음주는 용납하지 않았다.

짐 케이시는 매우 단정하고 깔끔했다. 그는 빅브라운에서 일하는 모든 사람들에게도 같은 것을 기대했다. 그는 정장차림으로 생활했고, 다른 경영진도 그랬다. 단정함에 대한 그의 집착은 배송차량으로까지 확대되었다. 바퀴에 흙이 묻어있는 것을 보면 그는 격분했다. 엄격히 통제된 아일랜드인의 기질 때문이었다. 반들반들 윤이 나는 것은 깨끗한 옷과 차량뿐만이 아니었다. 그는 단정함과 청결이 전 사원에게까지, 바로 UPS인들 영혼에까지 확장되어야한다고 믿었다. 그들의 인격은 그들이 입고 있는 옷의 고정된 깃만큼이나 흠 없고 깨끗해야 했다. 짐은 UPS에 몸담고 있는 어느 누구에게도 이것이 문제가 되리라고 생각하지 않았다.

짐은 사원들에게 고객의 눈을 통해 스스로를 바라볼 것을 주문했다. 그는 이렇게 말했다.

"고객은 그들이 받는 시각적·정신적 인상을 통해 우리를 판단합니다. 그 인상이 호의적인 것이 되게 하려면 그들에게 우리가 좋은 일을 하고 있는 모습을 보여줘야 합니다. 이것은 시설물, 차량, 그리고 사람들의 겉으로 드러나는 모습뿐 아니라, 우리가 하는 일과 일을 하는 태도가 주는 인상에도 적용됩니다."

단정함과 신뢰성은 민첩하고 성실한 직원에게 기대할 수 있는 것이었다. 짐 케이시는 이따금 하베이의 브리스톨크림 셰리주를 즐겼다. 그러나 그는 근무 중의 음주를 금하는 것은 회사의 정책으로 삼았다. 기사들에게 낮 동안의 알코올 섭취는 절대 허용되지 않았고, 간부들이 모범을 보임으로써 이 원칙이 철저히 지켜지게 했다. 비록 점심시간이나 업무 관련 행사에서라도 근무 중 어느 때든 술을 입에 대는 것은 지위고하를 막론하고 즉각적인 해고사유가 됐다.

짐 케이시 개인이 추구한 단정함에 대한 가치는 하나의 규율이었고, 그는 이것을 간부사원들에게 요구했으며, 그들을 통해 전체 기업으로 확대되기를 바랐다. 청결함은 신뢰감과 굳게 연결되어 있는 듯 보였고, 어떤 의미에서 UPS 사람들의 사적인 삶에도 큰 영향력을 행사했다.

"우리는 모든 사람들에게 높은 수준의 도덕성을 요구합니다. 그러니 우리의 사적인 삶도 흠잡을 데 없어야 합니다."

짐 케이시는 근무 중 음주에 대해서는 단호했다. 사실 음주만큼 이미지를 실추시키고 업무상 차질 혹은 실수를 하게 만드는 것도 없다. 그는 이점에 대해 누구보다 잘 알고 있었다. 그 자신이 술을 즐겨 마시기 때문에 그 폐해를 잘 알기 때문이다. 따라서 만일 누군가 술을 마시게 되면 지위고하를 막론하고 가차 없이 해고시켰다.

그런 냉혹한 면이 있는데도 불구하고 짐 케이시는 UPS 어디서든 직원들의 존경을 받았다. 직원들은 그를 보면 달려가 악수하거나 함께 사진 찍기를 바랐다. 30년 경력의 한 배송기사는 짐이 로스앤젤레스를 방문했을 때 그를 향해 고개를 숙여 인사한 후 그레그 니먼에게 다가와 이렇게 말했다.

"바로 저 분이 내가 UPS에 인생을 걸기로 결심한 이유입니다."

그레그 니먼은 짐 케이시에 대해 이렇게 말한다.

"짐 케이시가 전하는 평생의 메시지를 증류하여 그 정수를 우려내면 오늘날 우리가 미국의 핵심가치로 여기는 것이 남는다. 단정함, 겸손, 검약, 신뢰성, 안전, 건실한 근로윤리, 성실함 등은 짐 케이시가 정립한 기업문화의 요체다. 그리고 이 모든 원칙들은 사람과 봉사에 초점을 맞춘다."

단돈 '100달러'와 '불굴의 의지'로 UPS 성공 신화를 일궈낸 짐 케이시. 그는 자신의 일에 누구보다도 애정을 가지고 있었다. 그랬기에 직원들이 단정함과 청결함을 통해 모든 사람들에게 호감을 주는 태도를 가지기를 바랐다. 그래서 짐 케이시는 근무 중 음주에 대해서는 철저했다. 음주로 인한 이미지 실추와 업무상 차질 혹은 실수를 미연에 방지하기 위해서였다.

짐의 말을 역으로 생각해보면 술을 아예 끊거나 자제하는 것만으로도 이미지 실추뿐 아니라 업무상 차질, 실수를 방지할 수 있다는 말이 된다. 자, 그렇다면 지금 몸담고 있는 직장의 수명을 연장시키고 싶다면 어떻게 해야 할까?

땅에 떨어진 자신감과 자존감을
회복할 수 있다

|

직장에는 두 부류의 사람이 있다. 결단력과 업무 추진능력 등으로 성과를 발휘하는 사람과 자신의 일조차 제대로 처리하지 못해 동료들로부터 왕따를 당하는 사람이다.

전자를 가만히 살펴보면 매우 건실하게 생활한다는 것을 알 수 있다. 철저한 계획 속에서 하루를 충실하게 산다. 그래서 술자리에 가서도 절대 주량 이상 마시는 법이 없다. 몇 시간의 쾌락을 위해 오늘 뿐 아니라 내일까지 망칠 순 없기 때문이다. 따라서 이들은 강한 자신감과 높은 자존감으로 무장해 있다.

반면에 후자는 늘 변방 오지에서 고독하게 자리를 지키는 장수와 같다. 조정에서는 알아주지 않고 부하들은 은근히 따돌린다. 참을 수 없는 스트레스를 술로 풀게 된다. 늘 그렇듯이 폭음하게 되고 자신도 모르게 실수를 연발하게 된다. 그런 모습은 그대로 부하들에게 노출되고 어느새 자신감과 자존감은 땅에 떨어지고 만다. 이제 그 어떤 일을 맡겨도 해낼 수 없게 정도로 망가졌다.

지인 가운데 유난히 안타까운 분이 있다. 올해 나이 마흔다섯인 그 분은 한때는 화목한 가정의 가장으로서 회사에서도 인정받고 승승장구했다. 현재 H사 영업부에서 근무하는 그는 자신의 분야에서 능력을 인정받고 성격도 원만해 부하직원이나 상사로부터 호평을 받는 사람이었다. 하지만 갑자기 사사건건 꼬치꼬치 캐묻고 짜증을 부리는 깐깐한 성격으로 변했다. 매사를 일일이 점검하고 확인하는 등 노골적으로 부하직원들의 능력을 불신하기 시작했다.

그리고 항상 밝았던 얼굴은 수심과 피로로 덮였고 매사에 자신감을 잃고 불안해하는 기색이 역력했다. 건강도 눈에 띄게 쇠약해져 눈언저리에는 동전만한 그늘이 졌고 얼굴도 수척해졌다.

그동안 그에게는 어떤 일이 일어났던 것일까? 몇 달 전부터 사내에 구조조정 소문이 돌기 시작했다. 소문에 의하면 자신도 구조조정 대상에 포함되어 있었다. 그래서 그는 살아남기 위해선 좋은 상사라는 이미지에서 벗어날 필요가 있었다. 무엇보다 부서 영업 매출을 높여 임원들로부터 점수를 따 놓는 것이 중요했다. 그는 틈만 나면 부하직원들에게 압박을 가했다. 그 결과 영업 매출이 느는 것은 고사하고 부하직원들로부터 따돌림을 당했다.

그는 구조조정에서 오는 정신적인 스트레스를 견디기 위해 술을 마셨다. 마실 때마다 정신을 놓을 정도로 과음했다. 이제 자연스레 퇴근 후 술집을 찾게 되었다. 이미 예전의 활기찬 모습은 물론 자신감과 자존감을 찾을 수 없었다.

내성적인 사람들 가운데 술의 힘을 빌려 자신감을 회복하려는 사람이 있다. 그런데 한 연구결과에 의하면 내성적인 사람들이 그렇지 않은 사람에 비해 알코올중독에 걸릴 확률이 높다고 한다. 따라서 술을 자제하지 못할 정도로 마시고 통제 불능 상태에 빠지게 된다. 그 결과 평상시하지 않을 언행을 하는 실수를 저지른다. 결과적으로 자신감 회복을 위해 마신 술이 자신감은 물로 자존감까지 떨어뜨리게 된다.

네이버 한 블로그에서 김C싸롱이라는 닉네임의 「술과 연애」라는 글을 본적이 있다. 특히 미혼인 사람들의 가슴에 확 꽂히는 내용이라는 생각에 소개한다.

세상에 '술'이 없었다면?

일어나지 않은 교통사고, 폭력, 도난, 화재사고가 수없이 많을 것이다. 술이 없었다면 평균 수명도 연장됐을지도 모르고, 그 시간에 인류는 더 많은 발견과 발명을 했을지도 모른다. 그러나 만약, 정말로 술이 없었더라면 어땠을까.

세상엔, 이루어지지 않은 사랑도 많았을 것이다. 지금 이 순간 가슴에 손을 얹고, 술에 빚진 것이 없다고 당당하게 외칠 수 있는 커플이 얼마나 되겠는가? 그러나 그들은 배은망덕하게도, 술의 은혜를 너무 빨리 잊는다.

이 남자가 그녀를 연인으로 만드는 데도, 술의 도움이 결정적이었다.

마음에 드는 그녀에게 칵테일을 사주며 그녀의 경계심을 풀었고, 술에 취한 그녀를 집에 데려다주며 둘 사이의 거리를 좁혔고, 결정적인 고백이 필요한 순간, 술로부터 용기를 얻을 수 있었으니까. 할 수만 있다면 술에게 상이라도 주었을 그였다.

그런데, 사랑스러운 그녀는 그렇지 않은 모양이었다. 두 사람이 연인관계가 되자마자, 그녀는 마치 옛날 애인들을 끊듯 술과의 인연을 끊어버렸고, 그 남자도 그렇게 해주기를 원했다. 노골적으로 요구한 것은 아니었지만, 남자가 술자리에 가 있으면 10분에 한 번씩 전화해서 집에 빨리 들어가라고 종용했고, 남자가 술에 취해 전화를 걸면 짜증을 냈다. 급기야는 남자와 함께 술을 마시는 친구들에 대해 흉을 보기 시작했고, 취한 남자를 길에 버리고 혼자 집으로 돌아가기도 했다. 그들은 마침내 헤어졌는데, 남자는 그 이유를 성격 차이, 또는 그녀의 구속 때문이라고 생각했다.

그녀와 헤어진 뒤 더 많은 시간을 갖게 된 남자는 마음껏 술을 마셨다. 평일 휴일을 가리지 않고 친구들과 약속을 잡았고, 아침마다 숙취에 시달렸지만 그는 그런 생활에 만족한다고 생각했다.

매일 밤 술을 마시다 보니 그에겐 외로움이 스며들 틈이 오질 않았고, 그 어떤 여자도 술과 그 남자 사이로 감히 끼어들 생각을 하지 못했다.

그러나 남자는 왜 자신에게 여자가 없는지 여전히 알지 못했다. 남자는 술과의 의리를 지켰고, 그렇게 그 둘은 오래오래 함께 살았다.

위의 이야기 속에 나오는 남자는 술과의 의리를 지키며 살았을지는 몰라도 아마 자신감과 자존감은 땅에 떨어졌을 것이다. 문득 문득 '왜 나를 사랑해주는 여자가 없을까?', '왜 다들 나를 멀리하는 걸까?' 이런 의문이 들 때마다 어쩌면 자기혐오에 시달릴지도 모른다. 술과 이별을 하지 않는 이상 자신을 사랑해주는 여자를 만나는 것은 물론 행복을 맛볼 수 없을 것이다.

취업포털 잡코리아는 인사담장자 534명을 대상으로 설문조사를 진행했다. 압박질문을 해본 경험이 있는 48.9% 중 89.7%는 압박질문이 인재 발굴에 효과가 있다고 생각했다. 감점을 얻는 지원자로는 '질문을 이해하지 못하고 동문서답을 하는 지원자', '대충 둘러대는 지원자', '자신감이 없는 지원자', '앞뒤가 안 맞는 지원자' 등을 꼽았다.

나는 회사가 '감점을 얻는 지원자'에 대해 한 가지 더 추가하고 싶다. 바로 '술을 자제하지 못하거나 상습적으로 술을 마시는 사람'이다. 이런 사람은 99.9% 회사에 대한 충성심이 떨어질 뿐 아니라 자기 관리가 되지 않아 회사에 부정적인 영향만 끼치게 된다. 이런 직원은 조직의 질서와 기강을 어지럽히게 된다. 따라서 회사가 성장하기 위해선 이런 직원은 절대 뽑지 말아야 한다.

"술 끊고 싶은데 내 뜻대로 되지 않아.", "술 때문에 내 인생은 망가졌어."

술로 인해 망가진 사람들이 많다. 그들 중 대부분은 술을 끊고자 하는 의지가 약하다. 그동안 몇 번의 단주(斷酒)를 시도했지만 실패했기 때문이다. 그렇다고 해서 절대 단주를 포기해선 안 된다. 분명 단주에는 마약을 끊는 것과 같은 고통이 따르겠지만 성공 후 인생의 참 행복을 느낄 수 있기 때문이다.

세상에 그 누구도 상처 하나 없이 완전한 사람은 없다. 성공한 사람일수록 많은 상처를 가지고 있는 법이다. 인생의 성공은 그 상처를 얼마나 잘 극복하느냐에 달려 있다.

시험에서 낙방하고, 따돌림 당하고, 힘센 독수리에게 괴롭힘을 당한 수많은 독수리들이 벼랑으로 모여들어 자신의 무능력을 한탄하며 자살을 시도하고 있었다. 이때 우두머리 독수리가 다가와 물었다.

"왜 아까운 목숨을 벼랑 아래로 내던지느냐?"

"사는 게 괴로워서요. 차라리 죽어버리는 것이 낫겠어요."

우두머리 독수리가 말했다.

"나는 어떨 것 같은가? 상처 하나 없을 것 같지? 하지만 내 몸을 보라."

우두머리 독수리가 날개를 펴자 온몸 여기저기 상처들이 드러났다.

"이 상처는 처음 나는 것을 배울 때 솔가지에 찢긴 상처고, 여기는 젊은 시절 독수리한테 공격당한 상처다. 하지만 이것은 겉으로 드러난 상처에 불과하다. 마음에 난 상처는 헤아릴 수도 없다."

우두머리 독수리를 숙연해져 있는 독수리들에게 말했다.

"자, 일어나 날자꾸나. 상처 없는 새들이란 세상에 나자마자 죽은 새들이다. 살아가는 우리 가운데 상처 없는 새가 어디 있으랴."

다시 한 번 단주를 위한 노력을 해보지 않고 지레 포기해선 안 된다. 스스로 한계를 긋지 말자. 그러기에 우리 인생은 너무나 소중하다. 2,500여 년 전 공자도 스승의 가르침이 힘들다며 변명하는 제자 염유에게 '스스로 한계를 긋지 말라'고 말한 바 있다.

그렇다. '단주'는 '나'를 뛰어넘는 일이다. 하지만 나를 뛰어넘을 때 진정한 성공과 행복을 맛볼 수 있다.

돈 주고 살 수 없는
건강을 지킬 수 있다

"딱 한 잔만 더 해."

"아뇨, 이제는 더 이상 못하겠어요."

회사원 안 씨는 지난 주말 선후배 6명과 시내에서 가졌던 송년모임을 생각하면 지금도 몸서리친다. 술에 약한 그녀는 선후배들이 돌리는 잔을 거절하지 못한 채 받아마셨다. 이어진 2차에서는 분위기와 강권에 이끌려 폭탄주를 4잔까지 마셨다. 결국 '블랙아웃'이 되기 전에 도망치듯 집으로 달아났다. 그 후에도 두 차례 가진 술자리 후유증으로 지금은 병원에서 위궤양 치료를 받고 있다.

직장에 몸담고 있는 이상 음주와 담을 쌓기란 말처럼 쉽지 않다. 나 혼자 근무하는 것이 아니기 때문이다. 회식이다 뭐다 해서 술 마실 일이 많다. 때로 동료에게 좋지 않은 일이 있을 때, 함께 축하해줄 일이 있을 때도 술을 마시게 된다. 이때 나 혼자 살겠다고 빠진다면 동료들로부터 미운털이 박히게 된다.

그러나 그렇다고 해서 무작정 술자리에 참석하거나 참석해서 주는 대로 받아 마셔선 안 된다. 음주를 함으로써 순간의 쾌락을 맛보게 되지만 시나브로 몸이 망가져가기 때문이다. '몸이 예전 같지 않아. 술을 덜 마셔야겠어.'라는 생각이 드는 즈음 이미 건강이 나빠져 있다.

입사 8년차인 나. 요즘 들어 많이 피곤하고 몸도 안 좋은 곳이 있기는 한데 병원에 가기가 꺼려집니다. 검사를 했는데 덜컥 너무 안 좋은 병이 있지 않을까하는 걱정도 됩니다.

"요즘 속도 좀 쓰리고 소화도 안 되고 그런데 이게 너무 좀 오래가네, 괜찮아지겠지 뭐."

"시간이 좀 지나면 나아질 거야, 검사해봐야 뭐 있겠어. 그리고 병원 갈려면 휴가도 내야 하잖아."

하면서도 나쁜 것이 있을까봐 검사하기도 두려워집니다. 병원에 가고 싶지만 시간이 없다는 이유를 붙여 놓습니다.

3개월이 지났습니다. 속이 쓰린 정도가 좀 심해졌습니다.

"요 며칠 과음이 좀 심했던 거야. 그래도 밥 먹으면 괜찮잖아. 술은 좀 줄여야겠는데 오늘 회식은 어쩌지. 모르겠다, 내일부터 쉬면되지."

6개월이 지났습니다. 소화제를 먹지 않으면 속이 더부룩해서 앉아있을 수가 없습니다. 속 쓰림은 속이 비어도, 밥을 먹어도 계속됩니다.

"술이 문제인 게야, 술만 안 먹으면 내일이라도 당장 좋아질 거야. 이젠 정말 술 안 먹어. 아침이라도 먹어야 하는 건가? 몸은 왜 이리 또 피곤한 거야?"

개인의원에 가서 소화제를 좀 받았습니다. 내시경을 해보라는 말도 들었습니다.

"좀 더 있다 해보지 뭐, 내가 이 정도에 어떻게 될 정도는 아냐. 난 아직 30대라구"

1년이 지났습니다. 요즘에는 술도 더 늘었습니다. 술 마시는 양도 더 늘었는데 그래도 잘 견딥니다.

"역시 난 술이 세, 가끔 실수도 하긴 해도 술 먹고 다 기억하는 사람이 누가 있겠어?"

오랜만에 한 검진에서 간수치가 많이 높습니다.

"역시 피 검사하려면 하루는 쉬어야 돼. 어제 술 먹고 재니 좀 높군 다음에는 하루는 쉬고 해야지."

종합검진도 한 번 받아봐야겠다는 생각을 했습니다.

어느덧 2년이 지났습니다. 피부색도 많이 검어지고, 술 마시고 기억나지 않는 날들도 많아졌습니다. 운동은 언제 했었는지 기억도 잘 안 납니다. 봄이라 그런지 기침도 늘었습니다. 요즘 들어 왜 이리 감기에 자주 걸리는지 모르겠습니다. 일을 하다 어떤 날은 뒷목이 너무 당겨서 앉아있기 힘듭니다. 가끔 은행에 가면 혈압을 재봅니다. 높게 나올까 살짝 두렵기는 합니다. 혈당도 한번 재봐야 하는데….

3년이 지났습니다. 이제 완연한 중년 아저씨가 다 되었습니다. 그냥 앉아 있으면 배 때문에 숨쉬기가 살짝 불편합니다. 오전에는 거의 힘이 나질 않습니다. 아침에 기침을 했는데 가래에 피가 살짝 보입니다.

"오늘따라 아침에 왜 이리 속이 쓰린 거야?"

간신히 시간을 내서 검진 예약을 했습니다. 신체나이 43세 원래 나이보다 5살이 많습니다. 비만, 간수치 상승, 담낭에 용종, 중성지방 증가, 골밀도 감소, 경계성 고혈압, 간신히 당뇨는 피했습니다. 만성 위궤양, 심전도 이상 종합병원에 재검 결과가 나왔습니다.

대학병원에 갔습니다. 간초음파, 간생검, 복부CT, 위 조직검사, 심장초음파, 관상동맥 조영술 등을 해야 한답니다. 검사비만 해도 백만 원이 넘습니다. 예약하고 대기하는 데에도 한 달이 넘게 필요합니다. 그나마 검사하고 별것 없이 넘어갔으면 좋겠습니다.

"아, 정말 이제는 술도 끊고 운동도 해야지."

"근데 이러다 인간관계도 다 끊어지는 거 아니야. 아, 세상이 왜 이리 힘든 거야."

뒷머리가 징~ 저려옵니다.

― 「피곤한 직장인의 하루」 옆집eye 블로그, 건양의대 김안과 병원이야기

술은 만병의 근원이라고 해도 과언이 아니다. 그런데도 왜 술을 절제하지 못하고 주량을 넘게 마시게 되는 것일까? 술을 자주 마신다고 해서 건강이 급속도로 나빠지는 것이 아니기 때문이다. 폭음하고 난 후 2~3일 절주하고 나면 몸은 다시 회복된다. 따라서 '나는 아직 건강해', '이제

슬슬 마셔볼까?' 하고 경계심을 늦추게 된다. 하지만 이처럼 상습 음주가 계속 된다면 몸도 지치게 되고 음주에 항복하고 만다.

알코올성 간질환은 크게 지방간, 간염, 간경변증이 있다. 알코올성 지방간은 간세포에 과도하게 지방이 축적된 상태다. 증상은 거의 없으나 간혹 상복부 불편감이나 피로를 느낄 수도 있다. 혈액 검사에서는 정상일 수 있으나 초음파 같은 영상 검사로 진단할 수 있다.

알코올성 지방간을 치료하지 않고 장기간 술을 마시게 되면 급격한 간 기능 장애를 보이는 알코올성 간염이 발생할 수 있다. 단순히 지방만 축적되는 지방간과 달리 간세포가 파괴되고 염증을 동반한다. 증상이 없는 경우가 많지만 심하면 발열, 황달, 복통 등의 증세를 보인다.

알코올성 간경변증은 음주로 인한 간 조직 염증이 반복되어 간이 딱딱하게 굳는 경우를 말한다. 보통 매일 80g 이상(소주 1병 정도)의 알코올을 10~15년 마시는 경우 간경변증으로 발전할 가능성이 매우 높다. 간경변증이 심해지면 복수나 황달, 정맥류 출혈, 간성 혼수와 같은 증상이 나타난다.

알코올성 간질환의 가장 중요한 치료법은 금주다. 특히, 알코올에 의한 간 손상 초기단계 즉, 지방간 정도는 술만 끊으면 정상으로 회복되기 때문에 가능한 빨리 금주를 시작하는 것이 무엇보다 중요하다.

– "연말 늘어나는 술자리, 알코올성 간질환 위험↑" 〈한국스포츠경제〉 2018.12.26

기사에서 김정한 건국대병원 소화기내과 교수는 "간이 '침묵의 장기'로 불리는 만큼 간질환은 앓고 있는 경우에도 눈치채지 못하는 경우가 많다. 따라서 증상이 없더라도 평소에 본인의 음주습관을 점검할 필요가 있다"고 말했다.

음주를 하더라도 다음 두 가지 원칙만 지킨다면 내 몸을 지킬 수 있다. 힘들더라도 반드시 실천해보자.

첫째, 폭탄주 마시지 마라

어떤 술이건 과음해서 건강에 좋을 리 만무하다. 특히 양주와 맥주를 섞어 마시는 '폭탄주'는 알코올 분해와 해독작용을 맡고 있는 간에 폭탄과 같은 파괴력을 갖는다. 양주와 맥주를 섞어 마시면 알코올이 가장 잘 흡수되는 20도 정도가 되고 맥주의 탄산작용이 알코올 흡수를 촉진하기 된다. 이때 간은 회복할 수 없을 정도의 '융단폭격'을 당하게 되는 결과를 빚는다.

둘째, 술자리, 1차에서 마쳐라

개인에 따라 알코올 분해 능력이 조금씩 다르다. 전문가들의 견해에 따르면 하루 소주 1~2잔 정도는 간에 부담을 주지 않는다고 한다. 특히 보건복지부가 발표한 '좋은 음주습관 10계명'은 "자신의 주량을 지키며 동료에게 억지로 권하지 않는다"로 술을 강요하지 말자는 메시지를 담고 있다. 이는 내 몸뿐 아니라 동료들의 몸까지 챙길 수 있는 확실한 비결이다.

이외에도 '술잔 돌리지 않기'와 '원하지 않을 때 마시지 않겠다는 의사를 확실히 표현할 것', '알코올 도수가 낮은 술을 마시며 폭탄주는 절대 마시지 않기', '술을 천천히 마시기', '술자리는 1차에서 끝내기' 등과 같은 술자리 원칙을 지켜보자.

어느 마을에 술을 많이 마셔 코가 빨간 영감이 있었다. 그는 70평생을 막걸리, 소주, 맥주 가릴 것 없이 즐겨마셨다. 그런데 그동안 마신 술로 인해 중병이 들었고 임종이 가까이 다가왔다. 어느 날 저녁 그는 아들에게 간곡히 부탁을 했다.

"너도 이 아비가 술을 얼마나 좋아하는지 잘 알고 있겠지? 죽기 전에 마지막 소원이다. 소주를 대포 잔으로 한 잔만 마시게 해다오."

아들은 아버지의 소원을 들어드리려고 소주를 대포잔에 넘치게 담아왔다. 그는 자리에 일어날 수 없을 정도로 몸을 가누지 못했던 탓에 아들은 아이에게 약을 먹이듯이 숟가락으로 술을 떠서 아버지의 입에 넣어드렸다. 임종을 앞두고 있던 그였지만 간질 맛나게 입에 넣어주는 술에 만족이 되지 않았다. 그래서 아들에게 고무관을 가져오라고 일렀다. 술잔에 고무관을 넣고 순식간에 대포 한 잔을 깨끗이 빨아 넘겼다. 그는 미소를 지으며 평화롭게 죽어갔다.

고금의 역사를 보면 술 때문에 젊은 나이에 요절한 사람들이 많다. 그 가운데 알렉산드로스 대왕을 꼽을 수 있다. 저술가 한스 할터는 저서 『유언』(말글빛냄)에서 알렉산드로스 대왕의 죽음에 대해 이렇게 말한다.

알렉산드로스 대왕은 과도한 음주 때문에 젊은 나이에 요절하고 말았다. 그러나 스스로 죽음을 자초하기 전, 난폭하고도 작은 신장(160cm)의 이 마케도니아인은 13년 동안 위대한 정복자로서 수많은 전쟁을 치렀다.

알렉산드로스 대왕은 진정 위대한 정복자였다. 그 시대에 그를 능가할 수 있는 전사는 아무도 없었다. 그는 작은 그리스 왕국에서 시작해 몇 배나 더 큰 왕국인 페르시아까지 통치했고, 현재의 아프가니스탄, 파키스탄 그리고 인도까지 동방원정을 떠났었다. 만약 알렉산드로스의 보병군대가 집으로 돌아가는 4,000km의 행군을 걱정하지 않았더라면 그리스 제국은 아마도 더 오랫동안 지속될 수 있었을 것이다. 따라서 제왕의 정예부대인 보병 없이는 더 이상 앞으로 나아갈 수 없었다.

(중략) 한편 대왕의 연전연승에도 불구하고 고국인 북 그리스의 펠라에서는 심각한 일들이 연이어 일어나고 있었다. 알렉산드로스의 아버지 필

리포스 2세가 살해당하고, 어머니는 돌에 맞아 죽었으며, 새 어머니는 자살하기 전에 뜨거운 녹두에 지져지는 고문을 당했던 것이다.

그리하여 이 젊은 전쟁 영웅은 포도주를 통하여 모든 것을 잊어버리려 했다. 술로 해결책을 찾으려 했던 것도 그리 놀라운 일은 아니다. 그가 하루에 마시던 포도주의 양은 평균 4리터였다. 간혹 연회가 벌어지면 그는 완전히 취할 때까지, 즉 혼수상태가 될 때까지 마셨다.

어느 날 바빌론의 한 항구 도시에서 이 위대한 정복자는 한 자리에서 5리터의 붉은 포도주를 한 번에 마셔버렸다. 그리고는 그 자리에서 쓰러진 뒤 10일 동안 일어나지 못하다가 결국 죽음을 맞고 말았다. 그는 아마도 심한 췌장염에 시달렸을 것이며, 손상된 간도 간경변증으로 그 기능이 원활하지 않았을 것으로 추정된다.

음주는 안 그래도 짧은 인생을 더 짧게 만든다. 음주로 인해 아직 제대로 꽃피워보지 못한 꿈과 소중한 사람들을 뒤로 한 채 세상을 떠나는 것보다 후회스러운 일은 없다. 이런 후회를 남기지 않으려면 대구 열린마음 열린병원 채성수 원장의 말을 기억하자.

"술은 중추신경 억제제로 신경전달물질을 교란시켜 기억력과 주의력, 통제력 상실로 지남력 장애를 가져오며, 만성폭주로 초래된 뇌 손상은 알코올성 치매와 정신병적 인격변화를 불러온다. 술의 대사과정에서 생성된 독소는 심각한 간 손상을 가져와 간경화증과 간암 발생률을 증가시키며 그 외 고혈압과 당뇨병 등 만성질환의 이환율을 높이는 주원인이다."

밑 빠진 독으로부터
경제적 손실을 줄일 수 있다
|

"온몸이 으스스 추워죽겠네."

"써야 할 원고도 많은데 어떡하지?"

"이제 다신 술 마시지 말아야지."

이 책을 읽는 독자들에게 고백할 것이 있다. 알코올의 폐해를 알리는 책을 쓴 필자는 주량에 넘는 술을 마신 적이 있다. 오랜만에 몇몇 작가들을 만나 한잔 두잔 하다 보니 3차까지 가고 말았다. 물론 1차로 갔던 맥줏집에서 나왔을 때 '이제 그만 마셔야지.' 하는 생각이 있었다. 하지만 다른 작가들이 "오랜만에 봤는데 한잔 더 해야지."라는 권유에 편승하고 말았다.

2차에서 입에 착착 감기는 바다 회와 함께 마시는 소주 맛은 단연 최고였다. 술 맛이 어찌나 좋았는지, 회는 반 이상 남기고 소주병만 수북이 쌓였다. 밤 11시가 조금 지났을까, 그때 누군가 3차로 입가심하러 맥주 마시러 가자고 외쳤고 다들 "좋아!"를 연발했다. 지금 생각해보면 후회막심이다.

'왜 그때 '이제 그만 파장하는 것이 좋겠습니다.'라는 말을 못했을까?'

'다들 극구 3차까지 가겠다고 한다면 나 혼자라도 그 자리를 빠져나왔어야지.'

참새가 방앗간을 그냥 지나치지 못한다고 했던가? 그날 밤 내 행동이 딱 그랬다. 내 주량에 맞게 마시지도 못했고, 2차, 3차를 외치는 사람들에게 딱 잘라 거절하지도 못했다. 그 결과 며칠 동안 심하게 고생했다. 술을 마시기 전 감기 초기 증세가 있었는데 과음한 탓에 감기가 몸살로 번져버렸다. 온몸이 떨리고 피부에 살짝 닿기만 해도 심한 고통을 느꼈다. 평소 비염 알레르기가 있던 나는 이비인후과에서 축농증 초기라는 진단을 들었고 콧물이 끊이지 않는다. 기침은 쉴 새 없이 터지고 목소리는 잠겼다. 아직 주독(酒毒)이 가시지 않았는지 몸에 열이 나고 식은땀이 흐른다.

주독 덕분에 할 일이 산더미처럼 쌓여있다. 몇몇 기업 사보를 비롯해 신문사 칼럼, 출판사와 계약한 원고 집필, 다가오는 강연 일정…. 하지만 다행히도 아직 마감시한을 넘기진 않았다. 내일쯤 몸이 어느 정도 회복될 테고 치열하게 쓴다면 '어떤 일이 있어도 집필 약속을 어기지 않겠다.'라는 나 자신과의 약속을 지킬 수 있을 것 같다.

과음으로 인해 며칠 동안 얼마나 큰 손실을 입었는지 새삼 깨달았다. 그 깨달음과 함께 '다신 주량을 넘겨 마시지 않겠다!'라는 다짐도 수십 번 했다.

주변에 술 때문에 쓰지 않아도 될 돈을 쓰는 사람들이 적잖이 있다. 습관성 음주로 질병으로 인한 치료비, 만취한 상태에서의 음주 운전으로 면허 취소 및 수백만 원의 벌금, 몸을 가누지 못하는 상황에서 넘어져 다쳐 병원 신세를 져야 하는 등 다양하다. 만일 평소 자기계발, 집장만, 결혼 준비자금, 여행, 자동차 구입 등을 위해 악착같이 돈을 모으고 있었다면 얼마나 허망할까? 술을 마시게 되면 큰돈이 나가게 된다. 술 마실 때 큰돈을 쓰게 되는 것은 대부분 술이 술을 먹는 단계에 이르러 '한방 쏘는 것'이다. 옷을 사거나 책을 구입하는 데는 인색하다가도 2차 3차를 가서는 망설임 없이 카드를 긁는다. 오히려 서로 긁겠다고 난리다.

그래서 재테크 전문가들은 하나같이 "돈을 모으고 싶다면 술과 흡연을 끊어야 한다"고 충고하는 것이다. 특히 음주는 밑 빠진 독에 물붓기와 다름없다. 아무리 열심히 돈을 모아도 결국 술집과 병원, 교통비로 자신도 모르는 사이에 돈이 새어나간다. 따라서 술을 끊으면 이렇게 헛되게 사라지는 돈을 굳힐 수 있다. 자정이 넘어 택시를 타거나 대리운전을 불러 귀가하게 되면 몇만 원은 우습게 사라진다. 또한 아침에 늦게 일어나 쓰린 속을 부여잡고 지각을 면하기 위해 서둘러 택시를 이용하게 되면 다시 교통비가 발생한다. 과음한 이튿날 사우나에 가서 쓰는 돈은 또 어떤가? 과음으로 인한 과다지출이 얼마나 될지는 술을 많이 마셔본 사람은 뼈저리게 느낄 것이다. 이런 과다지출이 1년, 10년 동안 발생한다면? 계산기를 두드려보면 절로 입이 쩍 벌어질 것이다. 그래서 술 좋아하는 사람치고 진정한 부자가 없는 것이다.

과도한 음주는 개인에게는 신체적 질병, 심리적 정서적 문제를 유발시킨다. 가깝게는 가족구성원에게 여러 스트레스를 유발시킬 수 있으며, 크게는 지역사회 및 국가 전체에까지 영향을 미칠 수 있다. 따라서 연세대학교 보건대학원 정우진 교수는 과도한 음주로 인한 발생하는 사회경제적 비용을 아래와 같이 산출한 바 있다.

사회적 측면에서 술과 관련된 문제는 음주운전으로 인한 사고, 각종 범죄 및 의료비 지출과 같은 막대한 사회경제적 비용을 초래한다. 특히 직장인의 음주는 사업장에게까지 영향을 미쳐 과도한 음주로 인한 숙취로 생산성의 저하를 가져온다거나 산업재해를 유발하는 요인으로 작용할 수도 있다. 이렇게 발생하는 음주로 인한 사회적 비용을 추산한 결과에 의하면 10조 원에 다다른다. 통계청에 따르면 2017년 알코올 관련 사망자 수는 총 4,809명에 달했다. 도로교통공단은 2018년 전체 교통사고 중에서 음주운전으로 인한 경우는 9%, 19,517건이었고 사상자는 10%, 33,803명이었다. 대검찰청 통계에서는 2017년 살인과 강도, 강간 등 강력 흉악 범죄의 30% 이상이 음주 상태에서 발생했다. 소방청에 따르면 2017년 구급대원 폭행자의 92%가 주취상태였다. 주취 폭력으로 경찰관, 구급대원, 택시기사 등이 큰 피해를 보고 있었다. 질병관리본부의 2016년 응급실 손

상환자 심층 조사결과에는 자살, 자해 손상 환자의 42%는 음주와 관련이
있었다.

음주로 인한 사회적 손실은 이루 헤아릴 수 없을 만큼 심각하다. 이러
한 손실만큼 중요한 것은 음주로 인해 정작 중요한 대인관계나 자기계
발, 노후 설계, 건강 유지를 할 수 없다는 것이다. 인생에서 가장 중요한
이런 일들에 투자해야 할 시간과 돈이 술집에 쏟아 붓기 때문이다. 그것
도 한 순간의 쾌락을 위해 말이다.

술을 마셨을 때 느끼는 쾌락은 한 순간이다. 그러나 인생은 생각보다
길다. 그 긴 인생을 행복하고 풍요롭게 만들기 위해선 절주와 끊임없는
자기계발이 필요하다.

술은 '적당히' 마시면 신체리듬과 정신 건강에도 도움이 된다. 특히 적
절히 음주를 즐기면 술을 마시지 않는 사람보다 관상동맥질환 위험이 낮
다는 연구 결과도 있다.

어쩔 수 없이 술자리에 참석해야 할 때가 있다. 그럴 경우 수시로 자신
의 음주량을 체크해야한다. 보통 인체에 긍정적으로 작용하는 알코올 양
은 하루 30~50그램 정도라고 전문가들은 말한다. 맥주, 소주, 양주 등
주종에 따른 잔으로 석 잔의 양에 해당된다. 이보다 많은 양의 술을 마시
게 되면 술은 인체에 부정적으로 작용하게 된다. 즉 밑 빠진 독이 된다는
것이다. '나'는 온데간데없고 술이 술을 마시게 되는 상황이 되는데, 이때

부터 경제적 손실이 발생하기 시작한다.

과도한 지출 때문에 몇 주 동안 신용카드를 자를까, 말까 고민하던 일도 잊고 당당하게 긁는다. 거나하게 술을 마신 후 무의식적으로 대리운전 비용이라도 아끼기 위해 운전대를 잡는다. '설마 이 새벽에 음주 측정하겠어?'라는 안일한 생각이 든다. 그런데 감기는 눈을 억지로 힘주어 운전하는데 전방에 정체되어 있는 차량이 보인다. 순간 정신이 퍼뜩 든다.

'헉! 어쩌지?'

자신에게 돌아오는 것은 허탈함과 비참함, 그리고 후회, 음주운전 범칙금 고지서, 여기에다 술집에서 과감하게 긁은 카드명세서….

여러분 가운데 이 이야기 '내 얘긴데' 하는 사람도 있을 것이다. 주위를 둘러보면 생각보다 이런 밑 빠진 독 같은 사람들이 의외로 많다. 나 역시 그런 유형의 사람이지만 지금은 '절주'하기 위해 노력하고 있다.

음주를 하는 순간 '밑 빠진 독'이 된다는 것을 기억하자. 아무리 열심히 돈을 모으고, 업무 생산성을 끌어올리기 위해 노력해도 허사가 된다. 술은 모든 것을 한순간에 물거품 만들기에 좋은 '수소폭탄'이다.

절주를 하는 순간 음주운전으로 몇 백만 원의 벌금을 내거나 교통사고를 일으키는 일, 업무 사고, 술자리에서 다쳐 치료를 받는 일 등으로부터 해방될 수 있다. 밑 빠진 독으로부터 경제적 손실을 줄일 수 있다

자기계발로
경쟁력을 강화할 수 있다

|

몇 년 전에 근무했던 회사의 한 팀장은 술을 무척 좋아했다. 부하 직원에게 무슨 문제가 발생하거나 또는 그 문제가 해결되기라도 하면 그날은 바로 부서 회식을 하는 날이었다. 매주 그런 술자리가 이어졌다. 따라서 아무리 술을 좋아한다고 하더라도 매주 한두 번 질펀한 술자리가 이어지면 질릴 수밖에 없다.

하루는 한 동료가 부서 회식을 알리는 팀장에게 선약이 있다고 말한 적이 있었다. 그때 팀장으로부터 "부서 회식도 업무의 연장이라는 거 모르나?"라는 핀잔을 들어야 했다. 또한 팀장은 툭하면 "미팅을 겸해서 한 잔 하자"고 말했다. 그러면서 은근히 "일과 사생활 가운데 어느 쪽이 더 중요하냐?"라는 말도 덧붙였다. 때문에 약속이 있더라도 팀장의 일방적인 약속을 깨뜨릴 수 없었다.

그런데 동료 중 한 사람은 팀장과의 술자리에서 벗어나는 데 성공했다. 계기는 사내 건강검진이었다. 간에 이상이 발견되어 의사가 술을 끊어야 한다고 충고했던 것이다. 그 후부터는 아무리 팀장이 미팅을 겸해서 한 잔 하자고 해도 자연스레 술자리에서 제외될 수 있었던 것이다.

어느 날 간이 좋지 않아 술을 못 마신다는 동료가 내게 술 한잔하자는 것이었다. 순간 나는 깜짝 놀랐다. '무슨 좋지 않은 일이 있나?' 하며 불안한 표정으로 그를 바라보는데 웃으며 "간은 예전에 다 회복되었어."라고 말하는 것이었다. 다른 사람에게는 비밀로 해달라는 당부도 잊지 않았다.

그는 내내 미소를 짓고 있었다. 이유는 팀장과의 술자리를 피하면서부터 일찍 귀가할 수 있었고 덕분에 자유 시간이 많아졌다는 것이다.

"예전 같았으면 팀장 때문에 억지로 몇 시간씩 술자리에 붙들려 있어야 했지만 지금은 아니야. 부족한 일본어 공부도 하고 틈틈이 수영도 하고 있어."

"……."

"덕분에 몸에 살도 좀 빠졌고 건강도 좋아졌어."

"아, 그렇구나."

나는 깜짝 놀랐다. 한마디로 다른 동료들은 팀장과 미팅을 겸한 술을 마시고 있을 때 그는 자기계발을 하고 있었던 것이다.

몇 달 후 회사가 어려워지면서 구조조정이 시작되었다. 그때 몇몇 동료들은 하루아침에 직장을 잃어야 했지만 그는 업무 능력을 인정받아 살아남았다. 뿐만 아니라 얼마 후 과장으로 승진했다.

대부분의 직장인들은 자기계발을 하고 싶어도 시간이 없어 못한다고 말한다. 물론 그 중에 업무가 워낙 바쁜 나머지 시간을 좀처럼 내지 못하는 사람도 있을 것이다. 하지만 이런 사람은 극소수에 불과하다. 그들의 하루일과를 자세히 살펴보면 많은 시간을 엉뚱한 일에 빼앗긴다는 것을 알 수 있기 때문이다. 이를 테면, 친구나 동료와 수다를 떨거나 음주를 하면서 시간을 보낸다는 것이다.

최근 삼성SDI가 주 52시간 근무제 도입 이후 '퇴근 후 시간을 어떻게 활용하는지' 임직원을 상대로 설문조사했다. 그 결과 응답자 1,284명 중 '자기계발을 하고 있다.'는 답변이 59.4%였다. 하루에 투자하는 시간은 30분~1시간이 38.2%로 1위를 차지했다. 1~2시간이 37.8%, 2시간 이상이 7.6%로 그 뒤를 이었다.

잘되는 회사들은 한 가지 특징이 있다. 직원들이 자기계발에 열성이라는 것이다. 각자 지금보다 한 단계 높은 목표를 가지고 있고 그 목표를 향해 몰입하고 있다. 개인이나 회사나 잘되기 위해선 자기계발이 이뤄져야 한다. 하지만 그렇더라도 직원들에게 자기계발에 투자할 수 있는 시간을 적극적으로 지원해주는 회사는 찾아보기 힘들다. 자기계발은 개인이 알아서 하는 것이기 때문이다.

'시간이 없어서' 자기계발을 못한다는 것은 핑계에 불과하다. 시간이 없으면 자투리 시간을 활용하면 되기 때문이다. 사실 시간이 남아서 자기계발하는 사람은 드물다. 와다 히데키의『1일 15분 활용의 기술』(이스트북스)에 보면 이런 글이 있다.

집으로 직행할 경우 3시간의 자유 시간을 가질 수 있다는 것은, 가끔 술자리가 있는 날이라도 일찍 파하고 들어간다면 어느 정도는 여유 시간을 즐길 수 있다는 의미이다.

저녁 식사 겸 술로 한잔하는 거라면 일단 식사는 한 셈이다. 8시까지만 마시고 9시 반에 집에 도착해도 아직 시간은 충분하다. 천천히 씻고 나와도 10시니까 집으로 직행한 경우와 비교해도 한 시간 밖에 차이가 안 난다는 말이다.

즉, 정말로 한잔하는 데서 그친다면 퇴근 후의 술자리도 그리 나쁘지 않다. 하지만 그게 어디 말처럼 쉬운가? 한 잔이 두 잔이 되고 세 잔이 되어 어느덧 자정을 가리키기 일쑤이다.

가볍게 술을 마시고 일찍 집으로 가는 것이 좋다는 것쯤은 누구나 아는 사실이다.

그럼에도 늘 3차, 4차까지 가는 이유는 밤이 길다고 생각하기 때문이리라. 술자리에서 시계를 보니 8시였다. 그러면 분명 "아직 8시 밖에 안됐잖아."라고 생각할 게 뻔하다. 그리고 생각해보면 밤이 길다는 말은 틀린 말도 아니다.

하지만 그 순간에 과감하게 자리를 뜰 수 있다면 10시부터는 자신을 위해 시간을 투자할 수 있다. 공부를 하든 그저 조용히 휴식을 취하든, 잠들기 전에 자유롭게 쓸 수 있는 시간이 두 시간이나 되는데도 마냥 술에 취해 흘려보낸다는 건 너무 아깝지 않은가?

여기서도 끝내기의 중요성을 알 수 있다.

퇴근 후에도 자유 시간이니 술로 스트레스를 푸는 걸 뭐라 할 수는 없다. 하지만 술을 마시더라도 8시까지만이라고 시간을 정해두고 적정한 수준에서 술자리를 끝내는 것이 중요하다.

그러니 모임에 참석할 때도 1차까지만 가기로 애초에 마음을 굳게 먹자.

술집에 들어서는 순간부터 "8시가 되면 먼저 일어나야지." 다짐하고, 가게를 나서면서는 "집에 가면 할 일이 있다"고 스스로 주문을 외우자. 사실 집에 가서 할 일이 많지 않은가? 만취상태에서는 아무것도 할 수 없지만 가볍게 한잔한 정도라면 가능한 일들이 상당히 많다. 술자리에서 하루를 마무리하는 것은 인생에서 결코 플러스가 되지 않는다.

그렇다. 자기계발에 드는 시간은 마음만 먹으면 만들 수 있다. 가장 쉬운 것이 술자리에서 일어나는 시간을 앞당기는 것이다. 그렇게 얻은 2~3시간은 충분한 자기계발 시간이 된다. 시간을 확보했다고 해서 두서없이 보내면 안 된다. 그러면 십중팔구 예전의 자신으로 돌아가기 때문이다. 다음 5가지를 염두에 두고 자기계발해보자.

첫째, 선택과 집중하라

욕심이 많거나 늘 계획만 가지고 있는 사람은 실천으로 이어지기 힘들다. 1년 단위나 3년 단위로 단기적 목표를 세워서 한 가지 일에 집중하는 것이 중요하다. 그러면 자연히 경쟁력을 높일 수 있다.

둘째, '80/20 법칙'을 활용하라

일의 우선순위를 정해서 시간을 투자하라는 것이다. 이 일 저 일 두서없이 하다 보면 시간은 시간대로 허비하고 남는 것은 없게 된다. 파레토의 '80/20 법칙'을 활용하게 되면 행동반경과 시간활용을 도식화하고 시스템화할 수 있다. 그런 다음 업무 성과를 높일 수 있도록 시간을 배분하고, 자투리 시간을 제대로 활용하면 자기계발을 위한 시간을 확보할 수 있다.

지금 하는 일에서 덜 중요한 일과 하지 않아도 될 일을 찾아내는 것이 중요하다. '시간도둑'을 찾아낼 때 자기계발할 수 있는 시간은 늘어나기 때문이다. 늘어난 시간에 자신의 에너지를 집중해 자기계발해보자.

셋째, 하고 싶은 일과 해야 할 일을 구분하라

하루 일과를 들여다보면 하지 않아도 될 일에 시간을 허비한다는 것을 알 수 있다. 그만큼 자기계발할 수 있는 시간이 줄어들게 된다. 따라서 하고 싶은 일과 해야 할 일을 구분하는 것이 중요하다.

넷째, 가장 잘하는 분야를 찾아라

모든 사람에게는 강점과 약점이 있다. 강점을 더욱 강화시키면 자연히 약점은 보완되게 된다. 목숨 걸고 집중할 만한 분야를 찾아보자. 그 분야에 집중할 때 자신이 지니고 있는 가치를 극대화할 수 있다.

다섯째, 수입의 10%를 자기계발에 투자하라

수입의 10%를 자기계발에 투자해야 한다. 수입 가운데 10%는 그다지 큰 액수는 아니다. 그런데 인색한 사람이 있다. 그 대신 사치하거나 음주가무에 별 망설임 없이 카드를 긁는다. 장밋빛 미래는 자기계발에 있다. 이제부터라도 반드시 수입의 10%를 자기계발에 투자하자.

세상에서 가장 어리석은 사람은 술을 마시며 시간과 돈을 탕진하는 사람이다. 처칠은 "우리가 어느 날 마주칠 재난은 우리가 소홀히 보낸 어느 시간에 대한 보복"이라고 말한 바 있다. 과거에 보낸 시간에 따라 행복한 미래 혹은 불행한 미래를 맞이할 수 있다.

세상에서 가장 값진 투자는 '나' 자신에게 투자하는 것이다. 다른 재산은 잃어버릴 수 있지만 '나'라는 재산은 그 누구도 훔쳐갈 수 없다. 무엇보다 나 자신에게 투자할 때 인생을 가치 있고 풍요롭게 보낼 수 있다.

사랑하는 사람과 함께 하는
시간이 많아진다

|

40대 직장인 김 모씨는 요즘 술만 마시면 도통 기억이 나지 않는다. 김씨는 몇 년 전만해도 술 마시는 게 좋지 않았다. 하지만 승진을 위해 회사 접대 일을 자진해서 떠맡기도 했다. 덕분에 승진도 빨라졌다.

그러나 부장이 된 4년 전부터는 자신이 온갖 핑계로 술자리를 만들기 시작했다. 또 술자리의 목적과 상관없이 자신이 먼저 취해버리는 것이었다. 술자리에 가장 늦게까지 남는 사람은 자신이었고 말단 직원이 그를 집에까지 바래다주었다.

이제는 술을 마셨다하면 숙취로 며칠 동안 고생한다. 숙취 때문에 가족들과의 약속을 지키지 못한 것이 한두 번이 아니다. 술을 마셨다하면 끝장을 보는 탓에 가족들이 모두 잠든 새벽녘에야 집에 들어오기 때문에 아이들과 이야기를 나눈 기억도 까마득하다. 아내뿐 아니라 아이들의 불만이 가득하다. 폭발하기 일보직전이다. 그렇더라도 술을 자제하거나 끊을 수는 없다. 술에 취해있을 땐 마치 세상을 다 가진 것 같은 생각이 든다. 그러면서 마음이 편안해진다. 무엇보다 업무에서 오는 스트레스를 술이 어느 정도 해소해준다고 믿기 때문이다.

올해는 술 마시는 날이 일주일에 4번가량 되고, 술을 마시면 3차, 4차까지 사람들을 끌고 다녔다. 술자리가 파한 후에도 바에서 혼자서 부족한 술을 더 마시곤 했다. 정신을 잃은 상태에서 사람들에게 시비를 걸어 싸움을 하는 경우도 빈번했다. 심한 경우에는 길에 쓰러져 잠이 들 때도 있었다.

술 마신 다음 날 김 씨는 이제 슬슬 불안하다.

"내가 어제 또 무슨 실수를 한 건 아닐까?"

그러면서 애써 자신이 알코올중독자는 아니라고 자위한다.

"하지만 난 알코올중독은 아니야. 일주일에 두세 번 과음할 뿐이고, 마셔야 소주 한두 병이잖아. 모두들 이 정도는 마시잖아."

직장인들은 업무 성과를 발휘하기 위해 하루 중 절반을 직장에서 보낸다. 윗사람들에게 능력을 인정받고 승진하여 지금보다 높은 급여를 받기를 바란다. 그러면 지금보다 가족들에게 더 나은 삶의 혜택을 제공해줄 수 있기 때문이다. 따라서 가족을 안녕을 위해 직장에서 밥벌이를 있다고 해도 과언이 아니다.

그런데 표면상 가족을 위한다고 하면서 그 반대의 모습을 보이는 사람들도 있다. 퇴근 후 바로 귀가하지 않고 온갖 핑계를 대가며 술집에서 시간을 죽이는 것이다. 그 시간에 아내와 아이들은 빨리 귀가해 함께 시간을 보내기를 바란다. 하지만 술이 주는 쾌락에 빠져 소중한 사람들의 바람을 철저하게 외면해버린다.

더글러스 태프트 전 코카콜라 회장은 다음과 같은 말을 했다.

"인생을 공중에서 5개의 공을 돌리는 게임(juggling)이라고 상상해 보십시오. 각각의 공을 일(work), 가족(family), 건강(health), 친구(friends), 영혼(spirit)이라고 명명한다면, 당신은 그 모든 공을 공중에서 돌리고 있습니다. 조만간 당신은 일이라는 공은 고무공이어서, 그것을 떨어뜨리더라도 그 공은 바로 튀어 오른다는 것을 알게 될 것입니다. 그러나 다른 4개의 공들(가족, 건강, 친구 그리고 영혼)은 유리로 되어 있다는 것도 알게 될 것입니다. 만일 당신이 이 중 하나라도 떨어뜨리게 되면 떨어진 공들은 닳고, 상처입고, 긁히고, 깨지고, 흩어져버려 다시는 전과 같이 될 수 없을 것입니다. 당신은 이 사실을 이해하고 당신은 인생에서 이 5개의 공들의 균형을 위해 노력해야 할 것입니다. 그럼 어떻게 균형을 유지할 수 있을까요?

자신을 다른 사람들과 비교함으로써 당신 자신을 과소평가하지 마십시오. 왜냐하면 우리들 각자는 모두 다르고 특별한 존재이기 때문입니다. 당신의 목표를 다른 사람들이 중요하다고 생각하는 것들에 두지 말고, 자신에게 가장 최선이라고 생각되는 것에 두십시오. 당신 마음에 가장 가까이 있는 것들을 당연하게 생각하지 마십시오. 당신의 삶처럼 그들에게 충실하십시오. 그들이 없는 당신의 삶은 무의미합니다. 과거나 미래에 집착해 당신의 삶이 손가락 사이로 빠져 나가게 하지 마십시오. 당신의 삶이 하루에 한 번인 것처럼 삶으로써, 인생의 모든 날들을 살게 되는 것입니다.

아직 줄 수 있는 것이 남아 있다면 결코 포기하지 마십시오. 당신이 노력을 멈추지 않는 한 아무 것도 진정으로 끝난 것은 없습니다. 당신이 완전하지 못하다는 것을 인정하기를 두려워 마십시오. 우리들을 구속하는 것이 바로 이 덧없는 두려움입니다. 위험에 부딪치길 두려워 말고, 용기를 배울 수 있는 기회로 삼으십시오. 찾을 수 없다고 말함으로써 당신의 인생에서 사랑의 문을 닫지 마십시오. 사랑을 얻는 가장 빠른 길은 주는 것이고, 사랑을 잃는 가장 빠른 길은 사랑을 너무 꼭 쥐고 놓지 않는 것이며, 사랑을 유지하는 최선의 길은 그 사랑에 날개를 달아 주는 것입니다. 시간이나 말을 함부로 사용하지 마십시오. 둘 다 다시는 주워 담을 수 없습니다. 인생은 경주가 아니라 그 길의 한 걸음 한 걸음을 음미하는 여행입니다. 어제는 역사이고, 내일은 미스테리이며, 그리고 오늘은 선물입니다. 그렇기에 우리는 현재(present)를 선물(present)이라고 말합니다."

더글러스 태프트 코카콜라 회장의 말은 인생에서 가장 소중한 것이 무엇인지 잘 일깨워준다. 우리는 '일'이라는 공 때문에 다른 4개의 공에 상처 입히고 있지는 않은지 돌아보아야 한다.

하버드대학교 정치경제학 교수를 거쳐 현재 캘리포니아대학 정책대학원 교수로 있는 로버트 라이시. 그는 클린턴 행정부에서 노동부장관을 지내다가 어느 날 갑자기 사임했다. 사임한 이유를 그는 자신의 저서 『부유한 노예』(김영사)에서 밝혔는데 다름 아닌 '가족' 때문이었다.

매일 귀가가 늦어져 아이를 보기조차 힘들어지던 어느 날 아들이 출근하는 그에게 "오늘 밤 아빠가 집에 오거든 아무리 늦더라도 저를 깨워주세요."라고 말했다. 왜 그러느냐고 묻는 그에게 아들은 "그냥 아빠가 집에 있는지 없는지 알고 싶어서요."라고 말했다. 아들의 대답을 들은 그는 그동안 간과하고 있었던 가족의 소중함에 대해 깨닫게 되었다. 그동안 가족에게 소홀히했던 것에 일종의 반성으로 노동부장관직을 사임했던 것이다.

세상에서 가장 소중한 것은 '가족'이다. 가족은 그 무엇과도 바꿀 없다. 가족을 위해 몸이 부서져라 일을 하고 돈을 번다. 돈을 벌기 위해 가족에게 소홀히 해선 안 된다. 절대 주객이 전도되어선 안 된다.

가족에게 소홀한 사람이 직장생활에서 성공하는 사람은 드물다. 반면에 가족에게 충실한 사람은 직장생활에서 역시 성공한다. 가정도 지키고 직장에서도 살아남을 수 있는 방법은 없을까? 업무 외의 시간을 줄여 가족과 함께 하는 시간을 늘리면 된다. 그 시간에 아내와 함께 쇼핑 카트를 끌며 가벼운 대화를 나눌 수 있는 여유와 커피를 마실 수 있는 시간, 가끔 아이들 손을 잡고 산책을 하고 아내를 대신해 아이들의 숙제를 봐줄 수 있다면 이미 절반의 성공을 거둔 셈이다.

30대 여성으로부터 한통의 메일을 받았다.

저희 아버진 20년 동안 술로 가족들과의 불화를 계속 만들어오셨습니다. 한번 술 드시면 15일 이상을 식사도 거른 채 매일 술만 드셨지요. 그렇게 살아온 세월이 어느덧 20년이 흘렀습니다. 그동안 어머니의 고생은 말도 못합니다. 매일 장사하면서 밤에는 아버지의 술주정으로 잠도 못 주무시는데, 문제는 아버지가 가족에게 잘못한 점을 깨닫지 못한다는 것입니다.

연세가 드실수록 점점 더 심해지네요. 저도 점점 거칠어지고 아버지를 대할 때마다 점점 화가 납니다. 뉴스를 보면 술에 취해 가족을 괴롭히다 자식들로부터 죽임을 당한 사람들 이야기가 나옵니다. 저도 그런 사람들 이야기를 접하면 욕부터 나왔지만 지금의 제 처지를 생각해보면 '오죽했으면…'이라는 생각도 듭니다.

정말 겪어보지 못한 분들은 이해할 수 없을 것입니다. 저도 점점 폭력적으로 변한다는 것을 저 스스로도 느끼면서 자식으로서 해선 안 될 행동도 하게 됩니다. 정말 미칠 것 같다는 생각이 듭니다. 아버지의 행동을 도저히 이해할 수가 없습니다.

위의 메일을 읽으면서 내내 가슴이 아팠다. 이 분이 얼마나 힘든 세월을 감내했을까 하는 생각 때문이었다. 가정에 알코올중독자가 있으면 가족 모두가 고통을 받게 된다. 따라서 가족을 지탱해주는 고리는 끊어지고 불화가 생겨 가족이 해체된다.

매일 술에 취해 가족들에게 폭력을 행사하는 부모라면 이미 부모로서 자격이 없다. 낳아주었다고 해서 부모가 아니다. 부모는 자식들이 올바른 인성을 가지고 자신의 길을 가도록 가르칠 의무가 있다. 자식들은 그런 부모의 모습을 통해 세상에 '꿈'이라는 씨앗을 심고 꽃을 피우기 위해 도전하게 된다.

그런데 부모 가운데 알코올중독자가 있다면? 신촌세브란스 정신과 남궁기 교수의 말을 참고해보자.

"알코올의존 환자의 자녀가 다시 알코올의존 환자가 될 확률이 높다. 가족 중에 알코올로 인한 문제를 일으킨 사람이 있다면 스스로 조심해야 한다."

진정으로 자식이 잘되기를 바란다면 술을 끊거나 자제해야한다. '딴 짓'하는 시간을 줄여 가족과 함께 하는 시간을 가져야 한다. 가족은 '관계' 이다. 관계의 기본은 신뢰이다. 신뢰는 친밀감에서 비롯되고, 친밀감은 건강한 가족, 행복한 가정을 만든다.

그렇다면 친밀감은 어떻게 형성할 수 있을까? 가족들과 함께 할 때 저절로 형성된다. 가족들과 함께 시간을 보내며, 함께 여행을 하며, 함께 공감하고, 함께 의견을 나누고, 함께 비전을 나누는 것이라고 할 수 있다.

일주일의 스케줄을 정할 때 꼭 가족과 함께 하는 시간을 정하라. 함께 저녁 식사를 하거나 함께 영화를 보는 일, 함께 자원봉사를 하거나 함께 야구장을 찾아 특정 팀을 응원한다든지, 함께 낚시, 등산 등의 레포츠를 즐기거나 함께 집안 대청소를 하는 것도 좋다. 이런 일을 함께 할 때, 가족 간의 친밀감이 쌓인다. 이런 일을 계획할 때 계획 단계부터 온 가족이 함께 모여 의논하고, 토론하고 결정하는 것이 중요하다. 이런 과정을 거침으로써 가족 간의 소통 뿐 아니라 결속력이 강해지게 된다는 것이다.

우리의 인생에 있어서 가장 중요하고 소중한 것은 '가족'이다. 가족이야말로 우리가 지켜야 할 최고의 '가치'이며 우리가 충실해야 할 최고의 '사명'이다.

자기 자신을 철저히 체크하고
새사람이 되라!

에필로그 대신 술을 마실 때 자신이 얼마나 취했는지 스스로 알아볼 수 있는 몇 가지 기준을 소개하려고 한다. 이 책을 읽는 분들이 술자리가 있을 때마다 자신의 상태를 잘 체크하여 기분 좋고 건강한 음주를 함으로써 새사람으로 태어날 수 있기를 바란다.

취기를 알아내는 테스트

1. 발음

술이 취하면 혀가 제대로 돌아가지 않는다. 발음을 해봐서 특히 '라랴, 저져, 로료, 루류, 르리랴'의 발음이 잘 안될 때는 자신이 취했다는 증거이다. 즉 'ㄹ' 발음이 잘 안 된다면 알코올에 의한 마취성 구음 장애의 시작이다. 그런데도 계속 술을 마시게 되면 우물우물하는 느낌의 말이 된다. 이쯤 되면 더 이상 술을 마시지 말아야 한다.

2. 시간 장소 식별

취하면 틀리기 쉬운 것이 시간감각이다. 따라서 지금 몇 시인가를 시계를 보지 않고 맞혀본다. 아직 9시로 생각하고 있었는데 10시가 지났다면 이미 주량을 넘어선 것이다. 망설임 없이 바로 술자리에서 일어서야 한다. 가끔 넓은 술집에서 화장실로 갔다가 돌아와서 어느 것이 자기 좌석인 줄 모르고 헤매는 경우도 있다. 이는 장소감각의 상실로 시간감각의 상실과 마찬가지로 많이 취한 상태이다.

3. 비틀거림

두 발을 모으고 서서 눈을 감으면 몸이 흔들리는 현상을 점검하면 쉽게 취기를 알아낼 수 있다. 먼저 한쪽 발을 들고 눈을 감는다. 그리고 1초 간격으로 헤아려 몇 초가 되었을 때 발이 땅바닥에 닿느냐에 따라 판정한다. 대게 노인은 2~3초, 젊은 사람은 30초 이상이다. 평상시 15초 이상 눈을 감고 서 있을 수 있는 사람이 음주 후 5초나 10초로 시간이 단축되면 상당히 취했다고 생각하면 된다. 또한 비틀거림의 빈도가 현저히 잦아지면 알코올이 소뇌를 마비시킨다는 신호이므로 더 이상 마셔선 안 된다.

4. 태도의 변화

술에 취하면 말이 많아지고 평소의 비밀을 발설하기도 하고 남의 험담을 하는 사람이 있다. 이렇게 비밀이나 험담을 털어놓고 싶은 심정은 적량 이상의 술을 마셨을 때 일어나기 쉽다. 이외에 취하면 떠드는 사람, 고성 방가하는 사람, 우는 사람, 시비 거는 사람 등 술버릇이 나쁜 사람은 자기 스스로 느끼거나 주변 사람이 주의를 주거나 하면 그 단계에서 술을 마시지 말고 자리에서 일어나야 한다.

5. 기억력

노래를 부를 때 평소에 알던 가사를 잊어버리거나 이야기 중 옆 사람의 이름을 잊어버리는 경우가 있다. 이런 증상은 가벼운 취중에서도 나타나지만 대개의 경우 술이 적량을 초과했을 때 일어난다. 기억력이 약해졌을 때는 자신이 술에 취했다는 뜻이므로 곧장 귀가하는 것이 좋다.

참고 문헌

"윤창호 사건 뭐기에? 카투사 복무 중 음주운전 차량에 뇌사" 〈금강일보〉 2019.01.14
"필름 끊긴 채 운전하다 버스 들이박고 도망…만취 30대 구속" 〈중앙일보〉 2019.01.09
『술의 사회학』, 박재환 외, 한울아카데미 – 알코올중독 자가진단 테스트 2
"술만 마시면 '필름 뚝'…알코올성 치매 위험" 〈헤럴드경제〉 2017.12.12
"술에 취한 아버지, 닮아가는 아들" 〈쿠키뉴스〉 2017.08.24
"'폭력에 멍드는 가정' 해마다 늘어…제주도 일평균 11.8명꼴" 〈뉴스1〉 2018.10.31
"25년간 의처증·폭행 시달리다 남편 살해한 아내 징역 3년" 〈연합뉴스〉 2017.07.13
"스트레스·흡연·폭음… 2030직장인의 건강이 위험하다" 〈세계일보〉 2017.12.04
『알코올백과』, 재단법인 한국음주문화연구센터
"직장內 괴롭힘 대응 "퇴사" 가장 많아" 〈문화일보〉 2018.11.14
『지옥을 체험하고 싶은 자, 알코올중독자가 되라』, 박원빈, 청어람
"신동엽 "이재룡—유호정 신혼집서 만취해 나체로 자" 〈헤럴드경제〉 2018.07.30
"'컬투쇼' 조한선, 문세윤에 "화장실 수리비 물어줘" 음성편지 폭소" 〈뉴스엔〉 2017.05.13
"조니 뎁 스태프 폭행사건 전말…욕설·폭행·조롱까지" 〈매일경제〉 2018.07.10
『술 권하는 사회』, 류병호, 예림미디어
"길가에 쓰러진 취객 명품지갑 슬쩍…부축빼기 2인조 10대 검거" 〈부산일보〉 2018.12.10
"'음주 고속도로 역주행' 사망·의식불명 사고낸 20대에 징역 7년, 유가족 분노" 〈서울경제〉 2019.01.08
"음주·보복운전 처벌 강화" 〈KTV국민방송〉 2019.01.08
다사랑한방병원 홈페이지, '단주체험단' 게시판, "음주운전은 이 우리사회를 좀먹는 가장 추악하고 더러운 범죄입니다" 2008.12.01. 서준식

『생존본능』, 송영목, 청년정신

『탈모드』, 한정순, 무한

"한국인 4명중 1명은 술 못 먹는 체질" 〈매일경제신문〉 2007.12.06

다사랑한방병원 홈페이지, '단주체험단' 게시판, "안타까운 사연" 2008.12.02. 허진영

『술 알고 마시면 건강이 보인다』, 고정삼, 유한문화사

『건강에 목숨 걸지 마라』, 이승남, 브리즈

"술로 사망할 확률, 남성이 여성의 7배" 〈뉴시스〉 2018.09.19

"술 , 잘 알고 잘 마시자" 〈제민일보〉 2018.12.26

「술친구」, 〈글로벌동향브리핑(GTB)〉(한국과학기술정보연구원(KISTI) , 2005.12.03), 한명희, 2006.10.20.

"담배와 술이 싫은 세 가지 이유" 가운데 첫 번째 이유, 인터넷 사이트 '몽환비밀실험실', 2007.11.14. WindFish님

"가족 살해 혐의 홍콩 여행객 "술 취해 기억 안 나"" 〈연합뉴스〉 2018.01.16

〈매일경제〉, MK상담실, 2008.10.20. 나○○ (33세 남성, 미혼)

『네 안에 잠든 거인을 깨워라』, 앤서니 라빈스, 씨앗을뿌리는사람

"올해 새해계획 꾸준히 지킨 성인남녀 28% 뿐" 〈광주매일신문〉 2018.12.25

"분당서울대병원, '정신과 치료 필요 알코올 장애' 男↓ 女↑" 〈아주경제〉 2015.11.16

"'알코올 사용장애' 남성 줄고 여성은 늘어…원인은?" 〈YTN〉 2015.11.18

'남자 대항해 술 마시는 직장여성 술로 고통', 〈정경뉴스〉, 2008.11.07

""숨겨놓은 술을 치울 수가 없어요", 키친드링커" 〈하이닥〉 2018.09.17

"만취해서 경찰까지 폭행" 〈광남일보〉 2018.12.17

『술의 사회학』, 고영삼, 한울아카데미

"술 권하는 사회, 열에 일곱은 억지음주 경험… 王게임으로 성적수치심도" 〈에듀동아〉 2018.09.12

"장기자랑에 술 강권, 금요회식까지… 직장인 57%, "송년회식 싫어요"" 〈아시아경제〉 2017.12.12

"폭탄주가 좋은 9가지 이유" 〈디트뉴스24〉, 2009.07.01

"연말 술자리 살아남기 6계명" 〈뉴시스〉, 2006.12.26

"술로 시작해 술로 끝나는 추석…효과적인 숙취해소법은" 〈이데일리〉 2018.09.24

『자기설득 파워』, 백지연, 랜덤하우스코리아

"직장인 30% '술로 버티며 직장생활 한다'" 〈뉴시스〉 2010.10.13

「직장인의 음주문화」, 〈'Well-being 건강소식지' 참살이〉, 관악구보건소

『회사가 붙잡는 사람들의 1%』, 신현만, 위즈덤하우스

『빅브라운』, 그레그 니먼, 비즈니스맵

「술과 연애」 네이버 어느 블로그, 김C싸롱님

"압박질문 인담자 90% '인재발굴에 효과적' 〈아시아투데이〉 2017.11.11

「피곤한 직장인의 하루」 옆집eye 블로그, 건양의대 김안과 병원이야기, 2008.05.02

"연말 늘어나는 술자리, 알코올성 간질환 위험↑" 〈한국스포츠경제〉 2018.12.26

"삼성SDI, '저녁 있는 삶' 사내 캠페인 화제" 〈디지털타임스〉 2018.09.11

『1일 15분 활용의 기술』, 와다 히데키, 이스트북스

『부유한 노예』, 로버트 라이시, 김영사